O VOLEIBOL
DE ALTO NÍVEL

CARLOS "CACÁ" BIZZOCCHI

O VOLEIBOL DE ALTO NÍVEL
DA INICIAÇÃO À COMPETIÇÃO

5ª edição
revisada e atualizada

Copyright © 2016 Editora Manole Ltda., por meio de contrato com o autor.

Editor gestor: Walter Luiz Coutinho
Editoras: Eliane Usui e Juliana Waku
Produção editorial: Eliane Usui

Capa: Rubens Lima
Imagens da capa: www.bigstockphoto.com/muzsy
Projeto gráfico: Acqua Estúdio Gráfico
Editoração eletrônica: Fred Aguiar e Departamento Editorial da Editora Manole
Ilustrações: Alexandre Akermann

Dados Internacionais de Catalogação na Publicação (CIP)
(Câmara Brasileira do Livro, SP, Brasil)

Bizzocchi, Carlos "Cacá"
    O voleibol de alto nível: da iniciação à competição / Carlos "Cacá" Bizzocchi. – 5ª ed. rev. e atual.. – Barueri, SP: Manole, 2016.

    Bibliografia.
    ISBN 978-85-204-5090-1

    1. Voleibol 2. Voleibol – Estudo e ensino
I. Título.

16-03109   CDD-796.32507

Índices para catálogo sistemático:
1. Voleibol: Estudo e ensino: Esporte 796.32507

Todos os direitos reservados.
Nenhuma parte deste livro poderá ser reproduzida, por qualquer
processo, sem a permissão expressa dos editores.
É proibida a reprodução por xerox.

A Editora Manole é filiada à
ABDR – Associação Brasileira de Direitos Reprográficos.

1ª edição – 2003
2ª edição – 2004
3ª edição – 2008
4ª edição – 2013
5ª edição – 2016

Direitos adquiridos pela:
Editora Manole Ltda.
Avenida Ceci, 672 – Tamboré
Barueri – SP – Brasil – 06460-120
Tel.: (11) 4196-6000 – Fax: (11) 4196-6021
www.manole.com.br
info@manole.com.br

Impresso no Brasil
Printed in Brazil

Sempre fui de opinião que se uma pessoa não consegue dizer o que quer em vinte minutos, deve ir embora e escrever um livro a respeito.
Lorde Brabazon

SUMÁRIO

Agradecimentos xi

Prefácio xiii

Apresentação xv

Capítulo 1 – História

O jogo de voleibol 1

Criação e evolução 2

O voleibol no Brasil 7

Vôlei de praia 16

As grandes seleções 18

Capítulo 2 – Entendendo o jogo

Os elementos técnicos 44

A tática 58

Formações ofensivas 65

A proteção de ataque 70

O uso tático do saque 70

Formações defensivas 71

A comissão técnica 74

As principais regras 76
A evolução das regras 90

Capítulo 3 – Aprendizagem e treinamento

Introdução 99
Aproveitando a alta adaptabilidade do voleibol 102
A idade ideal 104
As habilidades envolvidas direta e indiretamente
no voleibol 106
O processo metodológico 108
O processo pedagógico 113

Capítulo 4 – Técnica

Posições básicas 117
Movimentações específicas 121
Toque por cima 128
Manchete 135
Saque por baixo 142
Cortada 144
Bloqueio 151
Saque tipo tênis 158
Saque tipo tênis (flutuante) 160
"Viagem" 163
"Chapado" 164
Defesa 165
Rolamento 170
Mergulho 174
Recursos 178

Capítulo 5 – Tática

Considerações iniciais 187
Tática individual 187
Tática coletiva 189
Metodologia para ensino da tática coletiva 192
Sistemas de recepção 194
Metodologia 202
Treinamento e aplicação 202

Sistemas de jogo 207
Formações ofensivas 217
Uso tático do saque 239
Formações defensivas 244

Capítulo 6 – Meios auxiliares
Preparação física 261
Preparação psicológica 268
Planejamento 280
Análise técnica e tática 299
Direção de equipes 303

Capítulo 7 – Estruturação
Departamento de voleibol 317
Comissão técnica 318
Montagem de equipes 335

Referências e sugestões bibliográficas 343
Índice remissivo 347

AGRADECIMENTOS

Gostaria de agradecer, do fundo do coração, a todos que, direta ou indiretamente, fizeram parte de minha caminhada dentro do voleibol, influenciando minha carreira.

A meus professores no Experimental da Lapa, que ensinaram os primeiros fundamentos do esporte; meus treinadores no Palmeiras, no Pinheiros, no Círculo Militar e na USP; meus professores na faculdade; meus ídolos da "geração de prata" e àqueles que os antecederam; aos técnicos nos quais me apoiei como modelos no início da carreira; aos profissionais que me auxiliaram (assistentes-técnicos, preparadores físicos, médicos e supervisores, entre outros).

Não posso deixar de agradecer à minha família, que exerceu influência marcante na minha formação e na direção da minha carreira. Nela existem esportistas e professores de Educação Física, que me encantavam com as histórias e as glórias do esporte, enquanto me formavam como homem e cidadão.

Antônio Branco da Silva Filho, meu primeiro técnico, deu-me a oportunidade de estrear na profissão como seu assistente nas categorias pré-mirim e mirim do Clube Atlético Monte Líbano. João Crisóstomo Bojikian, professor no Curso de Especialização, apresentou-me o voleibol de alto nível, mostrando que esse esporte ia muito além do que eu imaginava. Hélio Vieira França permitiu minha entrada na docência universitária. José Roberto Guimarães, ao levar-me para o Pão de Açúcar Esporte Clube, concedeu-me a primeira oportunidade em equipes de ponta e depois, além de me estender a chance de trabalhar com seleções nacionais, assinou embaixo algumas indicações. Washington Costa, meu supervisor no Sollo-Tietê, foi o primeiro a acreditar na possibilidade de meu trabalho acontecer à frente de uma grande equipe.

Ao amigo José Góes, saudoso jornalista esportivo, que me deu a oportunidade de comentar jogos de voleibol na TV Cultura de São Paulo, fato que abriu várias portas tempos depois.

Ao preparador físico e amigo Fábio Correia, que ajudou a elaborar as atualizações e revisões do título "Preparação física", no Capítulo 6.

Um agradecimento especial ao amigo Bernardinho, pelas palavras do Prefácio.

Agradeço também a todos que, de uma forma ou de outra, compartilharam os acertos e erros que cometi, possibilitaram meu crescimento dentro do voleibol e contribuíram para que eu vivesse os fatos que ora descrevo e que são produto de um longo e difícil, porém gratificante e emocionante, aprendizado.

Cacá Bizzocchi

PREFÁCIO

Foi com grande satisfação que recebi o convite de Cacá Bizzocchi para escrever o prefácio de seu livro.

Trata-se de uma obra completa, na qual o autor discorre sobre todos os temas relacionados ao voleibol, desde sua origem, passando por um histórico do esporte no Brasil, até a análise das diversas escolas do voleibol mundial, demonstrando grande conhecimento e capacidade de pesquisa.

Cobre todos os fundamentos técnicos do esporte, analisando suas variações e aplicações. O autor revela não apenas seu conhecimento teórico, mas também sua ampla experiência prática, ao comentar os diversos recursos associados à execução desses fundamentos.

Usando ainda sua vivência como treinador em grandes equipes, elabora um estudo completo sobre as questões táticas, de extrema utilidade para técnicos que queiram ampliar seus conhecimentos no tocante à armação de suas equipes.

Para tornar a obra ainda mais abrangente, avalia todos os aspectos que circundam o trabalho específico do treinador, desde a preparação física até a psicológica, assunto extremamente atual e de grande importância.

Há, ainda, um capítulo destinado à avaliação da montagem e estruturação de uma equipe, tema fundamental para a elaboração de projetos.

O livro, portanto, é de grande valia para um enorme e variado público: de treinadores de equipes de base a treinadores de equipes profissionais; de professores a alunos; de árbitros a dirigentes; e, principalmente, atletas que querem – e devem – aprofundar seus conhecimentos sobre tudo o que envolve o voleibol.

Cacá revela, nesta obra, toda a sua paixão por esse esporte, o que fez dele um grande conhecedor e estudioso do assunto, assim como um excelente técnico, com passagens por equipes de todos os níveis (da iniciação a seleções, femininas e masculinas).

Parabéns, Cacá, por essa iniciativa. Seu livro se tornará certamente referência bibliográfica para estudos futuros.

Um grande abraço

Bernardinho

APRESENTAÇÃO

Antes de apresentar esta quinta edição, convém lembrar que o título do livro faz menção a "alto nível" não como o trabalho realizado unicamente com equipes profissionais ou seleções nacionais. Entendo como sendo de alto nível todo o desenvolvimento planejado, sensato e bem elaborado para a formação de um atleta – desde quando a criança se apresenta ao professor de Educação Física, com maturação necessária para realizar atividades de rebater – ou de uma equipe – a partir do momento em que um grupo de alunos tem habilidades suficientes para entrar em quadra e disputar uma partida de seis contra seis. O alto nível do trabalho desenvolvido por todas as pessoas envolvidas no processo de formação levará o atleta e a equipe a um nível competitivo de excelência.

Como acontece a cada reedição, o primeiro capítulo, referente à história do vôlei, foi ampliado e atualizado, sendo incluídos os últimos resultados das principais seleções masculinas e femininas que dominam o cenário mundial voleibolístico.

No segundo capítulo ("Entendendo o jogo"), o leitor encontrará os elementos técnicos e táticos básicos para uma compreensão

O VOLEIBOL DE ALTO NÍVEL – DA INICIAÇÃO À COMPETIÇÃO

geral de como o voleibol é jogado, além das regras oficiais e as principais reformulações ao longo do tempo.

O terceiro capítulo aborda questões elementares sobre a teoria da aprendizagem, idade ideal e os processos mais utilizados para o ensino do esporte.

Na sequência, o livro se aprofunda nos aspectos técnicos e táticos a serem desenvolvidos desde a aprendizagem, passando pelo aperfeiçoamento até chegar ao treinamento de cada elemento e das consequentes combinações e aplicações em situações de jogo entre eles. A organização coletiva para a competição também é abordada de forma didática e evolutiva.

A preparação física está no capítulo seis, junto de outros meios que complementam o trabalho técnico e tático não só na formação do aprendiz, mas também na otimização do trabalho desenvolvido diante de uma equipe.

No capítulo sete, a estrutura administrativa de um departamento profissional de voleibol dá uma ideia ao leitor de como é possível, fora das quadras, dar sustentabilidade ao trabalho de alto nível que o técnico desenvolve com seus atletas.

Pela abrangência e quantidade de informações, esta quinta edição é destinada não só a professores e estudantes de Educação Física e Esporte, atletas e treinadores de equipes escolares, de clubes ou profissionais, mas também ao público em geral, interessado em conhecer mais o esporte, e àqueles que trabalham no gerenciamento e na administração esportiva.

No entanto, o aprofundamento em questões de treinamento e estudo de técnicas e táticas faz com que a abordagem mais densa interesse diretamente àqueles que militam no voleibol competitivo e de formação e que desejam desenvolver o voleibol de alto nível com seus alunos e atletas. Serve também ao professor que visa desenvolver a aprendizagem do esporte em escolas e centros de prática esportiva.

Este trabalho expõe experiências adquiridas nos anos que passei em salas de aula, dentro dos ginásios, em treinos, jogos, sobre livros, diante das telas de computadores e de televisores, no

APRESENTAÇÃO

dia a dia e na paixão que consomem o técnico de voleibol. Nele não existem verdades absolutas. Procurei muitas vezes expor correntes de pensamentos diversas, pois a divergência de opiniões é o motor em qualquer campo de atividade.

O que é certeza hoje pode tornar-se obsoleto amanhã, e o voleibol evolui constantemente. Tudo se modifica, e é preciso estar atento às mudanças, para não ser ultrapassado pelos demais e atropelado pelo tempo. As informações no mundo moderno chegam cada vez mais rápido e em maior quantidade. Em um meio no qual os resultados são decididos em frações de segundo ou detalhes, a renovação de pensamentos e métodos de trabalho é decisiva. Atualmente, o que é feito de maneira simplista tende a ser deixado de lado ou ultrapassado. É preciso excelência, porque a competitividade profissional não oferece espaço aos meramente bons.

Cacá Bizzocchi
caebizz@yahoo.com.br

1

HISTÓRIA

O JOGO DE VOLEIBOL

O voleibol é um jogo praticado entre duas equipes de seis jogadores, dentro de uma quadra retangular dividida em dois quadrados iguais, separados por uma rede.

O objetivo do jogo é fazer com que a bola passe sobre a rede e caia dentro dos limites da quadra adversária. Cada equipe pode tocar três vezes na bola e cada jogador não pode fazê-lo seguidamente. Os golpes na bola – geralmente desferidos com as mãos e com os antebraços – devem ser instantâneos, não sendo permitido retê-la.

Os pontos são disputados a partir de uma ação denominada saque e consegue o ponto em disputa a equipe que alcançar o objetivo do jogo. As partidas são disputadas em *sets* de 25 pontos – exceto o quinto *set*, jogado em 15 pontos –, saindo-se vitoriosa a equipe que vencer três *sets*.

CRIAÇÃO E EVOLUÇÃO

O voleibol foi criado por William George Morgan em 1895, na cidade de Holyoke, Estado de Massachusetts, Estados Unidos. Alguns autores consideram a invenção americana uma adaptação de um jogo italiano difundido nos países latinos na Idade Média (séculos v a xv) e levado à Alemanha em 1893, onde ficou conhecido com o nome de Faust-Ball. Adaptado de outros jogos e baseado ou não neles, o voleibol foi criado com características próprias e dinâmica diferente de seus possíveis predecessores.

Morgan nasceu em 23 de janeiro de 1870, em Lockport, Nova York, e faleceu em 27 de dezembro de 1942, na mesma cidade. Em 1895, mudou-se para Holyoke, onde assumiu o cargo de diretor do Departamento de Atividades Físicas da ACM local. O pastor Lawrence Rinder pediu-lhe que desenvolvesse um jogo para ser praticado pelos associados de meia-idade dentro dos ginásios, durante o inverno.

Baseando-se no basquetebol e no tênis, esportes já bastante populares entre os norte-americanos, Morgan apresentou, em dezembro desse mesmo ano, um jogo de rebater batizado com o nome de mintonette. A rede do tênis foi elevada a aproximadamente 1,98 m e a câmara da bola de basquetebol serviu de elemento do novo jogo estruturado em dez regras básicas. A própria bola de basquete substituiu a câmera usada inicialmente, para que o jogo ficasse mais dinâmico. No entanto, o peso excessivo obrigou Morgan a encomendar uma bola de couro de cerca de 300 g a uma empresa especializada.

O nome mintonette (*minton* + *net*), segundo alguns pesquisadores, baseou-se na similaridade do novo jogo com o *badminton*, já praticado na Inglaterra, e que teve sua difusão em solo americano iniciada naquele mesmo ano. Muitos acreditam que a escolha da altura da rede foi baseada no próprio *badminton*.

O jogo foi bem aceito e, em agosto de 1896, Morgan foi convidado para apresentá-lo na Conferência dos Diretores dos Depar-

HISTÓRIA

tamentos de Atividades Físicas das ACM da região de Springfield. A apresentação transformou-se na sensação do evento. O dr. A. T. Halstead, docente da escola de Springfield, sugeriu que o nome do jogo fosse substituído por *volleyball*, já que a bola permanecia em constante voleio (*volley*, em inglês) sobre a rede. A partir desse dia, o voleibol foi introduzido nas ACM vizinhas e depois difundido nas unidades de outras regiões do país. A primeira revista a anunciar o novo esporte e publicar suas regras foi a *Physical Education*, em 1986.

Apesar da euforia inicial, o voleibol teve difusão muito pequena nos anos subsequentes. Dois acontecimentos contribuíram para a difusão do voleibol pelo país no século seguinte: em 1915, uma resolução governamental recomendou sua prática nos programas de educação física das escolas norte-americanas e, em 1916, uma ação coordenada entre a ACM e a NCAA – órgão que coordenava os eventos esportivos dos *colleges* norte-americanos – publicou suas regras oficiais. Ao final desse ano, um artigo da revista *Spalding Volleyball Guide* estimou em 200 mil o número de praticantes do voleibol entre várias faixas etárias no território norte-americano, em unidades da ACM, escolas e *colleges*.

A criação de núcleos internacionais da ACM, no início do século XX, carimbou o passaporte de viagem do voleibol ao redor do mundo. O Canadá foi o primeiro país estrangeiro a experimentar o novo esporte, em 1900, ao passo que Cuba o conheceu em 1906. Apesar da rápida difusão entre os países da região, somente em 1968 foi fundada a Norceca (North, Central America and Caribbean Volleyball Confederation).

Na América do Sul, o primeiro país a receber o voleibol foi o Peru, em 1910. Em 1912, foi a vez do Uruguai e da Argentina. No Brasil, alguns autores defendem que a primeira exibição ocorreu em Pernambuco, em 1915, enquanto outros dizem ter sido na ACM de São Paulo, em 1916. A Confederação Sul-Americana de Voleibol foi fundada em 1946 e o primeiro campeonato no continente foi disputado em 1951. O voleibol estreou nos Jogos Pan-Americanos em 1955, no México.

Chegou à Ásia no ano de 1905 e logo foi introduzido nas escolas chinesas. Em 1908 desembarcou no Japão e em 1910 nas Filipinas. Este foi o primeiro continente a promover torneios entre seus países, em 1913, nos Jogos do Extremo Oriente. As competições femininas, apesar da popularidade do esporte entre as mulheres, só começaram a ser disputadas dez anos depois. Desde o início o continente asiático adotou regras peculiares para o novo esporte, jogando-o, por exemplo, em quadras maiores, com oito ou nove jogadores de cada lado e sem rodízio obrigatório até o final da década de 1950. Acredita-se que essa foi a forma de jogo que o professor Elwood S. Brown apresentou nas Filipinas, com o objetivo de potencializar a participação de um número maior de praticantes, e que foi adotada em todo o continente.

Chegou à Europa em 1917 por intermédio das Forças Armadas norte-americanas que desembarcaram no continente para a Primeira Guerra Mundial. Os primeiros países a conhecer o voleibol foram a Rússia, a ex-Checoslováquia e os Países Bálticos. A ex--Checoslováquia fundou a primeira federação nacional do mundo, em 1922, e foi neste país que nasceu, em 1946, a ideia de fundar uma federação internacional. A cidade de Roma, Itália, sediou no ano de 1948 o primeiro campeonato europeu.

Confira a chegada do novo esporte em alguns pontos do mundo (Figura 1.1).

Até a Segunda Guerra Mundial, o voleibol possuía o rótulo de esporte recreativo, praticado majoritariamente por mulheres e pessoas de meia-idade, principalmente nos países fora da Europa. Graças aos soldados norte-americanos – que disputavam torneios entre as tropas e os comandos – e ao início das disputas intercontinentais, o voleibol se tornou vigoroso e dinâmico, exigindo condições técnicas e físicas bastante apuradas de seus praticantes.

Em 1940, o voleibol ganhou a primeira revista dedicada especialmente a ele. Lançada nos Estados Unidos, a *National Volleyball Review* trazia resultados e notícias do voleibol americano. Pouco tempo depois foi rebatizada de *International Volleyball Review*, com cobertura de eventos e jogos em vários países.

HISTÓRIA

FIG. 1.1 – ANO DE CHEGADA DO VOLEIBOL EM ALGUNS PONTOS DO MUNDO

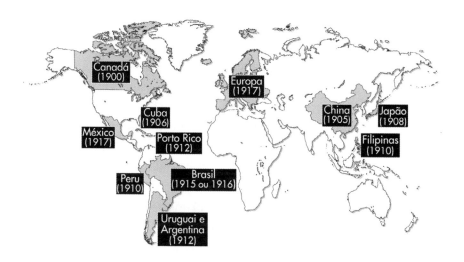

Em 1947, foi fundada a Federação Internacional de Voleibol (FIVB), por 14 países, inclusive o Brasil. Dois anos depois aconteceu o I Campeonato Mundial Masculino, em Praga, na ex-Checoslováquia. A primeira disputa da categoria feminina ocorreu em 1952, em Moscou, ex-URSS.

Nos anos 1960, o voleibol foi considerado o esporte mais popular em 25 países (incluindo Japão, ex-Checoslováquia, ex--URSS e China) dentre mais de cem filiados à FIVB. Era o terceiro esporte coletivo mais praticado no mundo, possuindo número estimado de mais de 60 milhões de praticantes.

O Comitê Olímpico Internacional incluiu o voleibol no programa oficial dos Jogos de 1964, em Tóquio. Pela primeira vez um esporte fazia a estreia olímpica simultaneamente nos torneios masculino e feminino.

Após a primeira disputa olímpica, os campeonatos europeus lotaram constantemente os ginásios em que eram disputados. Os ingressos para os jogos entre países socialistas se esgotavam rapidamente (há referência de um público de 40 mil pessoas em uma partida entre URSS e Checoslováquia, no Estádio do Dínamo, de Moscou). Nos Jogos Olímpicos de 1968, no México, todas as partidas tiveram lotação máxima: 5 mil pessoas. Em 26 de julho de 1983 foi registrado o recorde mundial de público no jogo amistoso disputado entre Brasil e URSS, no Estádio do Maracanã, no Rio de Janeiro: 95.887 pessoas vibraram com a vitória brasileira por três *sets* a um.

De 1984 a 2008, o mexicano Rubén Acosta presidiu a FIVB, sendo um dos maiores responsáveis em transformar o voleibol em um evento espetacular, televisivo e de investimento para o *marketing* empresarial. Em 2012, o brasileiro Ary Graça Filho foi eleito para um mandato de quatro anos à frente da entidade maior do esporte.

A Liga Mundial foi disputada pela primeira vez em 1990, distribuindo US$ 1 milhão em prêmios. De lá para cá, o torneio se fortaleceu, chegando a 2016 com 36 das melhores equipes do mundo podendo receber até US$ 7 milhões em premiação. Em 2010, 31 canais de televisão transmitiram os jogos da competição a cerca de 1,3 bilhão de residências nos cinco continentes. Em 2011, a entidade somava 220 afiliados, dos quais 141 disputavam ao menos um dos torneios masculinos oficiais da entidade ao redor do mundo.

Em 1993, tinha início a disputa do Grand Prix, a versão feminina da Liga Mundial. Em 2010, os jogos foram transmitidos a 92 países por 26 emissoras de televisão a cerca de 1,4 bilhão de residências. Na edição de 2016, 28 seleções brigaram pelo título.

Calculava-se que em 2007 mais de 500 milhões de pessoas praticavam o voleibol; e mais de 160 milhões o faziam de forma competitiva. Destes, 33 milhões eram federados.

Vôlei de praia

Praticado desde o início do século XX em cidades litorâneas, principalmente dos Estados Unidos e, posteriormente, do Brasil, o vôlei de praia possuía um caráter exclusivamente recreativo. Com o tempo, foi ganhando ares mais sérios e virando esporte competi-

HISTÓRIA

tivo. Após a FIVB contornar problemas com os norte-americanos, que organizavam torneios profissionais e paralelos, os campeonatos de vôlei de praia foram oficializados. Em 1993, foi realizado o primeiro Circuito Mundial, o torneio mais importante do calendário, desenvolvido durante quase todo o ano. Em 2011, as etapas dos circuitos feminino e masculino foram disputadas por 702 atletas de 51 nacionalidades em 16 países e distribuíram US$ 7,64 milhões em prêmios. Os jogos televisionados foram assistidos por 184 milhões de pessoas ao redor do mundo.

Foi aceito como esporte olímpico e disputado pela primeira vez em Atlanta, em 1996. Nos Jogos Olímpicos de Londres, em 2012, 48 duplas representaram seus países nas disputas masculina e feminina.

O VOLEIBOL NO BRASIL

Há controvérsias quanto à chegada do voleibol no Brasil. Alguns autores informam que ocorreu em Recife, Pernambuco, em 1915. Outros dizem que foi na ACM de São Paulo, em 1916. Ambos os Estados têm registros fotográficos dessas apresentações sem, no entanto, a precisão das datas. O fato de ter sido exibido na capital paulista em uma unidade da ACM, instituição em que o voleibol foi exclusivamente praticado nos primeiros anos aqui no Brasil, oferece mais crédito, embora não definitivamente, à segunda versão.

Até o final da década de 1920 o voleibol foi praticado de forma quase exclusivamente recreativa. Ganhou aos poucos espaço em clubes e escolas, mas sofreu um revés indireto em 1933, quando foi instituída a profissionalização do futebol, com leis que concediam vantagens fiscais aos clubes que mantivessem equipes profissionais deste esporte. Isso inibiu investimentos nos esportes amadores.

Para reverter essa situação, alguns clubes amadores cariocas fundaram, em 1938, o que viria a ser futuramente a Federação de Voleibol do Rio de Janeiro. No início da década de 1940, vários outros estados inauguraram suas federações. Apesar de a Confederação Brasileira de Voleibol (CBV) ter sido fundada somente em

1954, a Confederação Brasileira de Desportos (CBD) organizou o primeiro Campeonato Brasileiro em 1944 e, em 1951, o I Campeonato Sul-Americano de Voleibol Masculino, do qual o Brasil foi sede e campeão. Nesse período, apesar do amadorismo absoluto, alguns atletas já se destacavam pela técnica. Entre eles, Oscar da Cunha Pinheiro (Oscarzinho), Mário Figueroa Sobrinho (Janca), Nicolau e Gil Carneiro.

O primeiro campeonato nacional sob organização da CBV aconteceu em 1956. Nesse mesmo ano ocorreu a primeira participação brasileira em campeonatos mundiais. Sob o comando de Sami Mehlinski (que seria em 1992 o supervisor da seleção campeã olímpica em Barcelona), a equipe ficou em 11° lugar. Sem intercâmbio e longe do principal polo voleibolístico da época, a Europa, constatou-se que o padrão técnico e tático dos adversários estava muito acima do amador e quase recreativo jogo dos brasileiros. Mesmo assim, Urbano Brochado e Lúcio Figueiredo foram escolhidos entre os melhores jogadores do campeonato.

Depois desse Mundial, o Brasil passou a copiar o estilo de jogo da campeã Checoslováquia. No entanto, acumulando as dificuldades próprias do amadorismo e sem identidade própria, nunca chegava às primeiras colocações. O primeiro título fora da América do Sul veio surpreendentemente com a seleção feminina, que trouxe de Chicago a medalha de ouro dos Jogos Pan-Americanos de 1959. As mulheres eram dirigidas pelo mesmo Sami Mehlinski, que acumulava a função de técnico de ambas as seleções. Quatro anos depois conquistou o bicampeonato, quando os Jogos foram disputados em São Paulo, desta vez com a companhia da seleção masculina no degrau mais alto do pódio.

Na década de 1960, assim como no futebol, o Santos Futebol Clube (SP) e o Botafogo de Futebol e Regatas (RJ) dominaram o voleibol nacional masculino. Entre as mulheres destacavam-se o Fluminense e o Flamengo no Rio de Janeiro, o Pinheiros e o Paulistano em São Paulo, e o Minas Tênis em Minas Gerais. Este último teve no técnico Adolfo Guilherme seu principal propulsor. Guilherme foi técnico das seleções brasileiras feminina e masculi-

HISTÓRIA

na e o primeiro a adotar o sistema ofensivo com fintas no Brasil, depois de observar as principais seleções femininas no Campeonato Mundial de 1960.

Entre as jogadoras que se destacaram nessa época está Zilda Ulbrich, a Coca, que, além de defender a seleção brasileira de voleibol nos anos 1950 e início dos 1960, foi escolhida a segunda melhor jogadora de basquete do mundo após o Mundial de 1957. João Carlos Quaresma, Urbano Brochado, Borboleta e Carlos Eduardo Feitosa eram considerados os melhores jogadores do Brasil. Em 1960, o Rio de Janeiro sediou o Mundial e o Brasil conquistou um honroso quinto lugar no masculino, sob a direção de Geraldo Fagiano, e o quarto no feminino, com Zuolo Rabelo no comando técnico.

Nos Jogos Olímpicos de 1964 a equipe masculina viajou somente com dez jogadores – entre eles, Carlos Arthur Nuzman, que seria, onze anos mais tarde, presidente da CBV. O Brasil ficou em sétimo lugar, com destaque para Feitosa e Décio Viotti. A arbitragem nacional também marcou presença: o carioca Newton Leibnitz, o Chapinha, foi árbitro da primeira partida do torneio feminino, entre Romênia e URSS.

Para os Jogos Olímpicos de 1968, Paulo da Matta substituiu Sami Mehlinski no comando técnico e só Feitosa, Viotti e Victor Barcelos permaneceram no plantel. Foram convocados dois novatos que seriam, mais tarde, juntamente de Barcelos, considerados dos mais completos jogadores brasileiros de todos os tempos: João Jens e Antônio Carlos Moreno. O Brasil ficou em penúltimo lugar.

No final dos anos 1960 e início da década de 1970 surgiram José Marcelino "Negrelli", Sérgio Danillas, Luiz Eymard – escolhido como um dos seis melhores do planeta na Copa do Mundo de 1969 –, Paulo "Russo" Seviciuk e Bebeto de Freitas. Nos Jogos Olímpicos de 1972, o maior feito da equipe dirigida pelo técnico Valderbi Romani foi derrotar a poderosa equipe romena na fase classificatória. No feminino, Célia Garritano, Helenice de Freitas e Sílvia Montanarini figuravam entre as principais atletas. Em 1970 a equipe feminina do Esporte Clube Pinheiros sagrou-se campeã sul-americana em Lima.

Os principais clubes das décadas anteriores continuaram mandando no voleibol brasileiro e fomentando as seleções nacionais. No Fluminense, destaque para o trabalho do técnico Benedito da Silva, o Bené, que foi treinador de vários atletas famosos. Nessa época também fazia trabalho semelhante o professor Lázaro de Azevedo Pinto, em Santo André, revelador de outros tantos talentos.

Em 1975, Nuzman assumiu a presidência da CBV. Nos Jogos Olímpicos de Montreal, em 1976, a equipe foi comandada por Carlos Souto e entre os convocados estava o levantador José Roberto Guimarães, que seria o técnico da equipe que conquistou o título olímpico em Barcelona.

A partir de 1977, ideias inovadoras de Nuzman começaram a frutificar. A seleção juvenil masculina obteve o terceiro lugar no Mundial da categoria, a primeira medalha do vôlei brasileiro em competições fora do continente. O técnico era Jorge Bettencourt. Foram revelados nomes do quilate de Renan Dal Zotto, José Montanaro Júnior e Amauri Ribeiro. O feminino, com Edinílton Aquino no comando, ficou em quarto lugar, apresentando Jaqueline Silva e Isabel Salgado como destaques. Nas seleções adultas, o Brasil saltou do nono lugar para o sexto no Mundial masculino de 1978 e, no feminino, passou do 15º lugar, conquistado havia quatro anos, para o sétimo. Paulo Russo foi o técnico dos homens e Ênio Figueiredo, o das mulheres.

Ainda em 1978, o emergente Campeonato Italiano apostou nas promessas brasileiras e levou William Silva, Bernard Rajzman, Montanaro e Antônio Carlos "Badalhoca" Ribeiro. O Brasil ficou em quinto lugar nos Jogos Olímpicos de Moscou em 1980, causando uma ótima impressão, principalmente na partida em que venceu a Polônia, campeã olímpica em Montreal. A mesma base, que agora jogava nas equipes italianas, conseguiu a medalha de bronze na Copa do Mundo do Japão no ano seguinte.

Em 1981, a Pirelli, que já vinha investindo modestamente na cidade paulista de Santo André, apostou nos novos caminhos do voleibol e montou um supertime masculino, trazendo de volta alguns "italianos". No Rio de Janeiro, a Atlântica Boa-Vista (que depois se

HISTÓRIA

associaria ao Bradesco) montou outra equipe de ponta. Ambas monopolizaram as disputas nacionais na primeira metade da década, ganhando a companhia do Minas Tênis Clube e de equipes do Rio Grande do Sul nas disputas pelos principais títulos nacionais nos anos seguintes. A Pirelli conquistou o Mundial de Clubes em 1984.

Em 1981, a seleção masculina juvenil conquistou a medalha de prata nos Estados Unidos, com Mário Xandó sendo considerado o melhor jogador do mundo da categoria. Bebeto de Freitas assumiu o comando da seleção adulta e investiu em jogadores altos e versáteis, implantando uma forma mais veloz e criativa de jogo. Meses antes do Mundial de 1982, o Brasil promoveu o Mundialito e venceu a quase imbatível URSS. A seleção brasileira introduziu o ataque de fundo com velocidade e levou na bagagem para o Mundial uma novidade aplicada por William e Renan: o saque em suspensão (como se estivessem efetuando uma cortada), apelidado pelos brasileiros de "Viagem ao Fundo do Mar". Na final, os soviéticos ficaram com a medalha de ouro, mas mesmo assim o Brasil conquistou a melhor colocação de toda a sua história.

A mesma geração chegou a Los Angeles dois anos mais tarde na condição de grande favorita, pois a seleção soviética e o bloco socialista não foram aos Jogos Olímpicos, em razão do boicote político. O Brasil venceu com facilidade os Estados Unidos na primeira fase, mas, na final, os norte-americanos venceram pelos mesmos três *sets* a zero e ficaram com o ouro. Com a repetição da colocação do Mundial de dois anos antes, nossos melhores jogadores, até então, ficaram conhecidos como a "Geração de Prata".

O feminino entrou na década de 1980 com a quebra de um tabu continental e outros importantes resultados. Após vários anos de supremacia peruana, o Brasil ganhou o Sul-Americano de 1981 e, no Mundialito Feminino de 1983, a equipe brasileira venceu fortes adversárias, como a ex-URSS e a Coreia do Sul.

No âmbito nacional, Pirelli e Atlântica Boa-Vista também montaram equipes femininas de ponta. Transbrasil, Supergasbrás e Lufkin igualmente investiram no voleibol e patrocinaram fortes times, monopolizando as conquistas do Campeonato Brasileiro.

Graças ao desempenho de nossas seleções, principalmente a masculina, o voleibol virou coqueluche nacional na década de 1980. Era o primeiro esporte na preferência dos adolescentes e ocupava o segundo lugar entre os esportes mais praticados pelos brasileiros. No final da década idealizou-se a formação de uma liga. A partir de 1988, o Campeonato Brasileiro passou a se chamar Liga Nacional e, em 1994, ganhou o formato aproximado de hoje, passando a se denominar Superliga e a ser uma marca independente.

Após os Jogos de Los Angeles, houve uma fase de renovação no masculino. Sob o comando do sulcoreano Young Wan Sohn, ficamos em quarto lugar nos Jogos Olímpicos de Seul, em 1988 – mesmo resultado conseguido no Mundial da França dois anos antes. Nessa época surgiram nomes do nível de André "Pampa" Ferreira, Paulo "Paulão" Silva e Antônio Carlos "Carlão" Gouveia.

Duas medalhas de ouro foram conquistadas nos Mundiais Juvenis Femininos, em 1987 e 1989. Sob o comando de Wadson Lima, o país viu surgir Fernanda Venturini, Ana Flávia Sanglard, Márcia Fu, Virna Dias e Ana Moser – considerada a melhor jogadora juvenil do mundo em 1987. Era o começo da melhor geração até então do voleibol feminino brasileiro.

Foi nessa época que a Sadia acreditou na nova geração feminina que surgia e montou um time com as melhores jogadoras do país. A consequência disso foi a hegemonia absoluta do time paulista por vários anos. Em 1991, pouco antes de desistir desse investimento, a Sadia conquistou o Campeonato Mundial de Clubes. Outras empresas que investiram e conquistaram títulos a partir da década de 1990 foram a Colgate, o Pão de Açúcar, a L'Acqua di Fiori, o BCN e a Nestlé, além da cidade de Ribeirão Preto (SP).

Bebeto de Freitas, reconduzido ao cargo de técnico da seleção masculina, montou para o Mundial de 1990, no Rio de Janeiro, uma equipe com jogadores recém-saídos das categorias de base. Convocou Maurício Lima (efetivando-o como levantador titular), Marcelo Negrão, Alexandre "Tande" Samuel e Giovane Gávio. Disputou o terceiro lugar e o perdeu para a URSS, mas deixou a impressão de estar revelando uma geração promissora.

HISTÓRIA

Em 1992, José Roberto Guimarães (que havia sido assistente de Bebeto no Mundial) assumiu a seleção masculina. Convocou praticamente o mesmo grupo de 1990 para os Jogos Olímpicos de Barcelona e efetivou Giovane, Carlão, Tande, Maurício, Marcelo Negrão e Paulão como titulares. O Brasil chegou à final contra a Holanda e, após vitória por três *sets* a zero, o voleibol tornou-se o primeiro esporte coletivo a ganhar uma medalha de ouro para o país em toda a história dos Jogos Olímpicos. Em 1993, o mesmo grupo venceu a Liga Mundial.

O voleibol masculino interno viu novas equipes nascerem e algumas se firmarem graças a patrocínios incentivados pelas conquistas internacionais. A cidade de Suzano (SP), a Olympikus, a Frangosul e a Sadia juntaram-se ao Banespa, que já vinha se firmando como um dos principais clubes do país, e travaram equilibradas disputas nos principais torneios regionais e nacionais ao longo da década que se iniciava.

No feminino, a geração que conquistara os títulos juvenis formou a base da equipe adulta no início da década de 1990 e, sob direção técnica de Bernardo Rezende, o Bernardinho (levantador na "Geração de Prata"), alcançou resultados que o vôlei feminino jamais havia conseguido em torneios internacionais. Entre 1994 e 2000, as conquistas mais expressivas foram três títulos do Grand Prix (versão feminina da Liga Mundial), duas medalhas de bronze olímpicas em 1996 e 2000 e o vice-campeonato mundial disputado no Brasil em 1994. Bernardinho deixou o comando após os Jogos Olímpicos de Sydney para assumir o grupo masculino.

Entre os clubes, o Rexona patrocinou uma equipe feminina competitiva vinculada a um projeto social paralelo, acompanhando uma tendência crescente que teve o BCN como pioneiro. Foi nesse período que as universidades enxergaram no esporte um meio de divulgação interessante para a proliferação de suas unidades educacionais. Uniban, Ulbra, Unisul, UCS, entre outras, patrocinaram equipes, sem, no entanto, se assemelhar ao modelo norte-americano de esporte universitário de formação.

Radamés Lattari assumiu o comando da seleção masculina de quadra após o quinto lugar nos Jogos Olímpicos de Atlanta, em 1996. Com uma equipe que já não contava com Tande, Giovane e Paulão, ficou em quarto lugar no Mundial de 1998. Surgiram e se firmaram nomes como Gilberto "Giba" Godoy Filho, Nalbert Bitencourt e Gustavo Endres – eleito o melhor bloqueador do Mundial.

No feminino, o Brasil assistiu ao crepúsculo de uma geração, que chegou também ao quarto lugar no Mundial. O período que se seguiu à saída de Bernardinho, para dirigir a equipe masculina em 2001, não foi expressivo. O novo técnico, Marco Aurélio Motta, enfrentou vários problemas e foi obrigado a promover uma reformulação total. O Brasil disputou o Mundial de 2002 com algumas jogadoras que nunca haviam defendido a seleção principal em competições desse vulto. O sétimo lugar foi a pior colocação em 12 anos.

Em 2001, o voleibol brasileiro conquistou o maior número de títulos já conseguidos por um país na história do voleibol em um único ano: 17 ouros e 3 pratas em 22 competições oficiais internacionais. Nesse mesmo ano, a CBV registrava 85.125 atletas de voleibol de quadra e 2.856 de praia inscritos entre as 27 federações filiadas. Sob a presidência de Ary Graça Filho, pelos títulos conquistados em diversas categorias masculinas e femininas e pela qualidade do trabalho desenvolvido, a CBV recebeu da FIVB o prêmio de "A mais bem--sucedida Federação Nacional do Mundo" no triênio 1997-1999.

Apostando na experiência de Giba, Nalbert, Giovane, Gustavo e Maurício, e promovendo uma reformulação paralela, o Brasil de Bernardinho venceu a Liga Mundial em 2001, após sete anos de jejum nessa competição, e conquistou o título inédito de campeão mundial em 2002. O levantador Ricardo "Ricardinho" Garcia começava a aparecer como o provável substituto de Maurício – o titular dos 12 anos anteriores – e em 2003 já era titular da equipe que venceu a Liga Mundial pela terceira vez.

Nos Jogos Olímpicos de Atenas, em 2004, a seleção brasileira confirmou o favoritismo e conquistou o biolímpico com a base formada por Ricardinho, André Nascimento, Gustavo, André Heller, Dante Amaral e Giba, com Sérgio "Escadinha" Santos como líbero.

HISTÓRIA

Após o sétimo lugar no Grand Prix, em 2003, Marco Aurélio Motta foi substituído por José Roberto Guimarães. O Brasil retomou uma caminhada vencedora, com a reinclusão de jogadoras como Fernanda, Virna, Walewska Oliveira, Érika Coimbra e Hélia "Fofão" Souza. Após o vice-campeonato na Copa do Mundo em 2003 e o título do Grand Prix em 2004, a seleção feminina chegou a Atenas como uma das favoritas ao inédito título olímpico. Porém, perdeu para a Rússia a semifinal e amargou o quarto lugar, após ser derrotada por Cuba na disputa do bronze.

Dois anos depois da conquista na Grécia, a seleção masculina comprovou sua absoluta superioridade no cenário internacional. Após bater a Polônia na final por três *sets* a zero, tornou-se bicampeã mundial. Com um estilo de jogo extremamente veloz para os padrões masculinos, a equipe brasileira foi coroada no Campeonato Mundial do Japão como uma das melhores de todos os tempos. Giba foi eleito o melhor jogador do planeta, repetindo o título individual conquistado em Atenas. A seleção de Bernardinho encerrou o ano de 2007 com 21 títulos, 4 vice-campeonatos e 1 terceiro lugar em 26 torneios disputados desde que o treinador assumira o comando da equipe em 2001.

No Mundial de 2006, com o grupo feminino totalmente renovado, com várias jogadoras que tiveram a primeira oportunidade com Marco Aurélio, o Brasil chegou à final contra a Rússia. Depois de uma campanha invicta e um retrospecto de dois títulos nas edições anteriores do Grand Prix, as brasileiras perderam novamente para as algozes de dois anos antes, por três *sets* a dois. A medalha de prata igualou a melhor marca até então do vôlei feminino nacional na história dos Mundiais, conquistada em 1994.

O grande momento da história do voleibol feminino, no entanto, estava para acontecer. Em 2008, nos Jogos Olímpicos de Pequim, ao vencer os Estados Unidos por três *sets* a um na final, Mari, Paula, Walewska, Fofão, Sheilla, Fabiana e Fabi – o hepteto titular – conquistaram a primeira medalha de ouro da modalidade para o Brasil.

Após a medalha de prata nos Jogos Olímpicos de Pequim, a seleção brasileira masculina passou por uma reformulação. Alguns veteranos como Giba, Murilo e Dante juntaram-se a jovens promissores do quilate de Lucão, Sidão, Bruno, que já vinham sendo testados. O resultado foi o tricampeonato mundial em 2010 e dois títulos seguidos da Liga Mundial (2009 e 2010), que deixaram o Brasil como o maior vencedor desse torneio, com nove conquistas.

Depois da medalha de ouro olímpica, as meninas do Brasil acalentavam o sonho do inédito título do Campeonato Mundial. Porém, ele foi adiado mais uma vez pelas russas, que, comandadas pela excepcional Ekaterina Gamova, venceram a final por três *sets* a dois. No Grand Prix, o Brasil disparou na frente dos demais países ao conquistar em 2009 o oitavo título na história do torneio.

Os Jogos Olímpicos de Londres guardavam para a seleção feminina a consagração do bicampeonato olímpico. Com Fernanda Garay e Jaqueline substituindo Paula e Mari na equipe titular, a central Thaísa no lugar de Walewska e a levantadora Dani Lins, as brasileiras venceram as até então invictas norte-americanas por três *sets* a um. O masculino repetiu a prata de Pequim, perdendo a final dessa vez para a Rússia, de virada, por três a dois.

O quarto título mundial seguido, conquista inédita na história do torneio, não foi alcançado pela seleção masculina. Na edição de 2014, os poloneses derrotaram os brasileiros na final. Para as meninas, o lugar mais alto do pódio no Mundial continuou inalcançável. Depois de dois vice-campeonatos, a seleção nacional teve de se contentar com o bronze.

VÔLEI DE PRAIA

Desde que o vôlei de praia foi oficializado e teve o Circuito Mundial instituído e organizado pela FIVB, o Brasil vem mostrando sua superioridade na areia. Na primeira edição, em 1993, Franco e Roberto Lopes (que repetiriam a façanha em 1995) chegaram à frente entre os homens e Adriana Samuel e Mônica empataram com Isabel e Roseli (que tornaram a vencer em 1994) em primeiro, no feminino. Daí em diante a coleção de medalhas só aumentou.

HISTÓRIA

Emanuel e Zé Marco (1996 e 1997), Sandra Pires e Jaqueline (1995 e 1996), Guilherme e Pará (1998), Adriana Behar e Shelda (1998, 1999, 2000, 2001 e 2004), Loiola e Emanuel (1999), Zé Marco e Ricardo (2000), Emanuel e Tande (2001), Emanuel e Ricardo (2003 a 2007), Sandra Pires e Ana Paula (2003), Juliana e Larissa (2005 a 2007 e 2009 a 2012), Harley e Pedro (2008) e Emanuel e Alisson (2011) foram as duplas brasileiras que faturaram o título do Circuito Mundial desde 1993. Em 19 edições do masculino até 2011, o Brasil só não ficou com o ouro quatro vezes, enquanto no feminino, somente em duas ocasiões isto não aconteceu.

O histórico vitorioso do voleibol de praia brasileiro ainda coleciona quatro campeonatos mundiais no feminino e cinco entre os homens. O torneio é disputado desde 1997, a cada dois anos, dentro do próprio circuito.

O voleibol de praia chegou aos Jogos Olímpicos em 1996 e, comprovando a superioridade brasileira nos torneios mundiais, o país teve duas duplas na final feminina: Jaqueline Silva e Sandra Pires venceram Mônica e Adriana Samuel. Ainda entre as mulheres, o Brasil sofreu derrotas inesperadas nos Jogos Olímpicos de Sydney, em 2000, principalmente com as supercampeãs mundiais Adriana Behar e Shelda, que perderam a final. Mesmo assim o Brasil ficou com esta medalha de prata e mais uma de bronze. No masculino, os favoritos Emanuel e Loiola ficaram no meio do caminho, enquanto Zé Marco e Ricardo chegaram à decisão, mas ficaram somente com a prata.

Em 2004, Emanuel foi a Atenas com novo parceiro, o medalhista de prata em Sydney, Ricardo, e conseguiram o ouro olímpico. No feminino, Adriana Behar e Shelda mais uma vez perderam a final. Em Pequim tivemos uma prata (Fábio e Márcio Araújo) e um bronze (Ricardo e Emanuel) no masculino. No feminino, o sonho olímpico de Juliana e Larissa foi adiado por causa de uma contusão no joelho da primeira, que a impediu de disputar a competição. Em Londres, a dupla ficou com a medalha de bronze. Com o sétimo título do Circuito Mundial conquistado em 2012, Juliana e Larissa bateram o recorde anterior de Adriana Behar e Shelda. No final daquele ano, a dupla se separou.

Em 2007, Ricardo e Emanuel conquistaram o Circuito Mundial pela quinta vez consecutiva, ultrapassando a dupla norte-americana Sinjin Smith e Randy Stoklos. Emanuel Rego, eleito pela FIVB o melhor atleta da modalidade na década de 1990, detém o maior número de títulos no vôlei de praia desde a oficialização dos torneios pela Federação: três medalhas olímpicas, dez vezes campeão do Circuito Mundial e três vezes campeão mundial, além de vários prêmios individuais. Em março de 2016, aos 42 anos, Emanuel abandonou as quadras.

AS GRANDES SELEÇÕES

Com o início das disputas internacionais, as seleções de cada país passaram a apresentar ao mundo técnicas, métodos de treinamento, estilos e táticas que só elas conheciam e aplicavam em seus territórios. As diferenças entre as seleções podiam ser influenciadas por vários fatores, que iam desde as características físicas do povo até as condições geográficas e climáticas do país.

Os campeões eram os primeiros a serem imitados e o país que servia de modelo era considerado "escola". Hoje é comum que aspectos de várias seleções sejam absorvidos para construir um estilo de jogo mesclado nas diversas tendências, sendo até difícil enquadrar alguma equipe em uma das escolas tradicionais.

Consideram-se três escolas, surgidas entre as décadas de 1950 e 1960, nas quais as outras se espelharam, nessa época, para construir um padrão de jogo: a soviética, a checa e a asiática. A partir delas, grandes equipes despontaram, com algumas adaptações que lhes deram um toque peculiar e diferencial.

Os soviéticos apresentavam um voleibol vigoroso, com jogadores altos e fortes demonstrando frieza e controle emocional invejáveis. Tinham no bloqueio a característica técnica marcante, ao passo que a tática ofensiva de jogo baseava-se na segurança de bolas altas e lentas. Os seguidores imediatos dessa escola foram os países socialistas, na época sob domínio político da URSS.

HISTÓRIA

Os checos contribuíram com a beleza plástica dos fundamentos técnicos. A perfeição dos movimentos realizados pelos jogadores checos deu ao esporte o toque de espetacularidade e de esmero técnico, copiado inclusive pela seleção brasileira, logo após o Mundial de 1956.

A velocidade e a agilidade, adquiridas em extenuantes treinamentos, constituíam o alicerce técnico e tático utilizado pelos japoneses para vencer adversários fisicamente mais fortes e altos. Inicialmente com as mulheres e depois com a equipe masculina, o Japão, seguido pelos demais asiáticos, mostrou ao mundo o voleibol ágil e veloz.

O início da década de 1980 coincidiu com o declínio soviético e japonês e o "desaparecimento" da Checoslováquia do cenário do voleibol. Essa lacuna foi preenchida pelos Estados Unidos, que revolucionaram a forma de treinar e jogar, baseando-se na especialização das funções táticas e introduzindo, assim, a escola americana.

A "Geração de Prata", na década de 1980, desenvolveu um estilo de jogo que acabou sendo denominado por alguns como a "escola brasileira", baseada na versatilidade e força ofensivas dos jogadores. Esse modo de jogar diferencia até hoje os jogadores brasileiros.

A seleção brasileira comandada por Bernardinho escreveu um novo capítulo na história do voleibol, a partir de 2001. Foi a primeira a buscar constantemente a velocidade, sem se valer de bolas altas. Jamais o vôlei masculino teve a ousadia de ser tão veloz. Essa nova forma de jogar já é praticada por quase todas as principais seleções, as quais buscam imprimir maior velocidade ofensiva para vencer os bloqueios cada vez mais altos. Pela inovação e pela adoção do estilo de jogo brasileiro pelos adversários, não se pode negar que esse time se constituiu em uma nova escola dentro do voleibol.

União Soviética (URSS)

A extinta URSS é, hoje, representada principalmente pela Rússia. Curiosamente, o feminino ainda guarda mais vestígios da velha escola, enquanto o masculino já adota um jogo mais veloz e moderno.

Os soviéticos, entre 1949 e 1964, venceram os principais torneios internacionais. No início dos anos 1950, além das características já comentadas, a URSS introduziu alguns expedientes táticos que até hoje são utilizados: a infiltração de um jogador da defesa para fazer levantamentos, o bloqueio duplo e a troca de posições. Nos primeiros oito anos desse domínio, um jogador se destacou e é considerado um dos melhores do mundo em todos os tempos: Konstantin Reva.

Após as derrotas entre 1970 e 1976 nos Campeonatos Mundiais e Jogos Olímpicos, a equipe soviética se reestruturou e reconquistou os primeiros lugares nos anos seguintes com a ajuda de jogadores legendários, como o atacante Alexandr Savin e o levantador Vjatcheslav Zajtesev (considerados os melhores do mundo em suas posições durante muito tempo).

Após reconquistar a medalha de ouro nos Mundiais de 1978 e 1982 e nos Jogos Olímpicos de 1980, o boicote político impediu essa maravilhosa geração de participar das Olimpíadas de Los Angeles, em 1984. Os soviéticos chegaram ao Campeonato Mundial de 1986 com uma equipe reformulada, com valores como Yaroslav Antonov e Vladimir Shkurikhin. Sem Savin e sem um levantador à altura, Zajtesev foi reconduzido ao posto de titular para os Jogos Olímpicos de 1988, quando já se preparava para encerrar a carreira. Dois vice-campeonatos mantiveram os soviéticos entre os melhores, mas o prenúncio de uma fase escassa de valores era evidente.

O ex-técnico Viacheslav Platonov – reconhecido como um dos melhores técnicos de todos os tempos – reassumiu o comando da seleção com a missão de resgatar o voleibol soviético, mas só conseguiu o terceiro lugar no Mundial de 1990. Entre os jovens, apenas Dmitry Fomin mereceu destaque. Em Barcelona, após a dissolução da URSS e jogando com o nome de CEI (Comunidade dos Estados Independentes), a equipe obteve o pior resultado de sua história em campeonatos internacionais: sétimo lugar.

HISTÓRIA

Defendendo a bandeira da Rússia e com o técnico Guenadi Chipouline, reconquistou o respeito internacional a partir do final da década de 1990. Reformulando a forma de jogar e contando com jogadores como os atacantes Roman Yakovlev, Serguei Tetioukine e Pavel Abramov, a Rússia chegou, entre 2000 e 2002, às finais de duas Ligas Mundiais, dos Jogos Olímpicos de Sydney e do Mundial na Argentina.

Desentendimentos entre comissão técnica e alguns jogadores, o que provocou o afastamento de Yakovlev – um dos principais jogadores das campanhas vitoriosas –, atrapalharam os planos do time nos Jogos Olímpicos de Atenas. O grupo, porém, mesmo fragilizado, alcançou a medalha de bronze.

Em 2005, porém, a Rússia conquistou os dois Campeonatos Mundiais de categorias de base. Em 2011, depois de nove anos, com o retorno de Vladimir Alekno e a presença do jovem oposto e melhor jogador do torneio Maxim Mikhaylov, a Rússia venceu novamente a Liga Mundial, com vários dos campeões juvenis e infantojuvenis de seis anos atrás. Com praticamente o mesmo grupo, os russos voltaram a ganhar uma medalha de ouro olímpica depois de 32 anos. Em uma virada espetacular sobre o Brasil, com o deslocamento do central Muserskyi, de 2,18 metros, para a posição de oposto no terceiro *set*.

No ano seguinte, a Rússia conquistou o título da Liga Mundial. E de lá para a frente, ficou longe do pódio na maioria dos torneios intercontinentais.

A equipe feminina da URSS seguiu, desde o início, o mesmo caminho vitorioso da masculina, vencendo os dois primeiros Mundiais e monopolizando as principais disputas internacionais com as japonesas – com as quais fizeram oito finais em nove torneios, entre Mundiais e Jogos Olímpicos, de 1960 a 1976. A forma de jogar das soviéticas era idêntica à do masculino: bolas altas e de segurança, bloqueio eficiente e defesa em quadrado clássico (com uma jogadora responsável exclusivamente pelas bolas largadas atrás do bloqueio). Nesse período se destacou uma das melhores jogadoras de todos os tempos, Ina Riskal, que defendeu a seleção de seu país por 13 anos. O técnico Givi Akhvlediani, responsável por esse supertime, é reconhecido como um dos maiores da história do voleibol.

Somente no início da década de 1980 elas passaram a utilizar algumas variações de ataque mais velozes. A única inovação soviética – copiada posteriormente por quase todos – foi a adoção do sistema de recepção com três jogadoras, no início dos anos 1990, e com duas em algumas situações, no final dessa mesma década.

Entre 1982 e 1986, a seleção soviética feminina teve resultados medíocres, foi sétima colocada nos Mundiais disputados nesse período. Em 1988, nos Jogos Olímpicos de Seul, a geração de Irina Parkhomthcuka (melhor levantadora do mundo nesse período), Valentina Ogienko, Marina Nikulina e Tatiana Sidorenko, comandada por Nikolay Karpol (de volta ao posto – havia sido técnico de 1979 a 1982 –, substituindo Wladmir Patkin), conquistou a medalha de ouro. Foi o último torneio olímpico com o nome de URSS. Em Barcelona jogou como CEI e foi medalha de prata, perdendo para Cuba.

Uma nova geração começou a despontar somente a partir de 1997, após a conquista do Grand Prix e da medalha de bronze no Mundial de 1998. Nas primeiras disputas do século XXI, a equipe russa, ainda dirigida por Karpol, ficou no meio do caminho. No Mundial em 2002, perdeu grande chance de conquistar o título que a maioria acreditava já estar nas mãos da levantadora Tatiana Gracheva e das atacantes Evguenia Artamonova, Ekaterina Gamova, Elizaveta Tichtchenko – escolhida a melhor atacante do torneio – e suas companheiras.

Após uma atrapalhada caminhada rumo aos Jogos Olímpicos de Atenas (a equipe só conseguiu a vaga no terceiro torneio classificatório e ficou em sétimo lugar no Grand Prix, disputado duas semanas antes do início das Olimpíadas), a Rússia contrariou todos os prognósticos e chegou à final. Mesmo com Artamonova no banco de reservas, com Lioubov Sokolova recém-integrada à equipe e Tichtchenko voltando de uma cirurgia, as russas fizeram valer a tradição e chegaram ao pódio olímpico pela nona vez em dez ocasiões que disputaram a competição.

HISTÓRIA

Surpreendentemente, o comandante Nikolay Karpol se afastou após a conquista da prata em Atenas e foi substituído pelo italiano Giovanni Crapara. A reestruturação tática e a renovação de parte do elenco levaram a Rússia ao primeiro lugar no Mundial de 2006, depois de alguns tropeços nas competições anteriores. Contando com Sokolova, Elena Godina e Gamova, a Rússia bateu o Brasil e conquistou o primeiro título após a dissolução da URSS.

Depois de uma campanha fracassada nos Jogos Olímpicos de Pequim, em que a equipe ficou fora das semifinais pela primeira vez na história, a troca do treinador italiano pelo russo Vladimir Kuzyutkin proporcionou à Rússia o bicampeonato mundial em 2010, com a oposta Gamova ganhando o prêmio de melhor jogadora do torneio. Em 2012, em Londres, mais uma vez a Rússia fica fora da briga por medalha, desta vez derrotada pelo Brasil nas quartas-de-final.

Desde então, a melhor colocação das russas em torneios intercontinentais foi a medalha de prata no Grand Prix de 2015.

Polônia

A Polônia, enquanto seguiu a "madrinha" URSS, nunca conseguiu mais do que modestos resultados nos campeonatos internacionais. Entretanto, quando apresentou um estilo de jogo mais agressivo, que mesclava os levantamentos altos e seguros com algumas combinações de ataque dos japoneses, conquistou o título mundial de 1974 e o olímpico de 1976. Apresentou ao mundo, nesse período vitorioso, um expediente largamente utilizado hoje em dia, o ataque de fundo, com Tomaz Wojtowicz.

Após décadas de ostracismo, os poloneses retornaram à disputa olímpica em Atenas com a geração campeã mundial juvenil de 1997. Venceram jogos difíceis, mas não conseguiram ir além das quartas-de-final. O amadurecimento dessa geração pôde ser sentido em 2010, quando o jovem grupo chegou à final do Mundial do Japão. No entanto, encontraram pela frente os poderosos brasileiros. Em 2012 conquistam a Liga Mundial pela primeira vez, a poucas semanas dos Jogos Olímpicos. Porém, em Londres, não conseguem fazer valer o favoritismo e ficam sem medalhas.

A maior conquista dos últimos tempos estava reservada para ser alcançada em casa, no Mundial de 2014. Depois de 40 anos, a Polônia fica com o ouro ao bater o Brasil na final por três *sets* a um.

O vôlei feminino polonês conquistou dois torneios europeus, em 2003 e 2005, mas não conseguiu repetir a boa atuação regional em campeonatos intercontinentais.

Alemanha Oriental

Outra representante da escola soviética, a Alemanha Comunista, fez do "não errar" a principal regra de seu estilo de jogo. Foi campeã mundial em 1970 e só não conquistou o título olímpico, em 1972, porque o Japão apareceu em seu caminho. Nesse período revelou um dos melhores levantadores da época, Eckehard Pietzsch, que tinha a companhia de outro levantador, Wolfgang Weise, no sistema 6 × 2 (sistema de jogo em que dois levantadores, valendo-se de infiltrações, se alternam no levantamento).

Dali para frente o grupo masculino desapareceu e somente a seleção feminina passou a representar o país nas competições internacionais. Esta conseguiu bons resultados nos campeonatos europeus, usando o ataque de fundo, até então exclusivo das equipes masculinas. A conquista mais expressiva foi a medalha de prata nos Jogos Olímpicos de Moscou. Ute Oldenburg foi considerada, nos anos 1980, uma das melhores atacantes do mundo. Com a queda do Muro de Berlim, esperava-se que a Alemanha unificada montasse equipes que pudessem figurar entre as primeiras; porém, até os dias atuais, essa previsão ainda não se concretizou.

Cuba

O representante do voleibol-força no continente americano possuía um estilo de jogo muito parecido com o da Alemanha Oriental, pois ao final da década de 1960 trouxera um técnico deste

HISTÓRIA

país para desenvolver o esporte em Cuba. Após as Olimpíadas de Munique, em 1972, promoveu o aumento da estatura da equipe. Nos Jogos Olímpicos de 1976 e no Mundial de 1978, Cuba chegou ao terceiro lugar e começou a assustar os principais favoritos, chamando atenção com o excepcional poder de salto de seus atletas.

Entretanto, a política atrapalhou o desenvolvimento do voleibol cubano. Os boicotes aos Jogos Olímpicos de 1984 e 1988 tiraram a chance de duas gerações fortíssimas, tanto a masculina como a feminina, de disputar essas competições.

Cuba sempre se caracterizou por um jogo extremamente forte no ataque e deficiente no sistema defensivo. Resistente a mudanças, até 1986 a equipe masculina ainda insistia no sistema de jogo 6 × 2, sendo a última seleção entre as melhores do mundo a adotar o sistema 5 × 1. Em 2012, as mulheres ainda utilizavam o 6 × 2 e adotavam o sistema de recepção com quatro ou cinco jogadoras.

Na década de 1980, Raul Vilches, Abel Sarmientos e Leonardo Sillie eram os principais jogadores dessa geração. Cuba foi vice-campeã no Mundial de 1990, tendo entre seus destaques o veterano Sarmientos, o gigante Ihosvany Hernandez, o levantador Raul Diago e o excepcional Joel Despaigne. Ficou em quarto lugar nos Jogos Olímpicos de Barcelona e em 1998, pela primeira vez, conquistou a Liga Mundial.

Deserções e tentativas de fuga de alguns dos atletas cubanos enfraqueceram a seleção nacional, que não conseguiu manter o mesmo elenco nos anos seguintes. Fora dos Jogos Olímpicos de Pequim, Orlando Samuels reassumiu como técnico. Apesar das constantes reformulações, o jovem grupo, que tinha no atacante Wilfredo León seu principal nome – chegou a titular da seleção principal aos 16 anos –, conseguiu dois importantes vice-campeonatos: o da Copa dos Campeões em 2009 e o do Campeonato Mundial de 2010, sucumbindo em ambos diante do Brasil. Depois de três ausências seguidas nos Jogos Olímpicos, Cuba retornou à disputa no Rio-2016.

O primeiro grande feito da seleção feminina cubana deu-se em 1978, quando venceu as japonesas na final do Mundial. Após os dois boicotes olímpicos, em 1986 foram vice-campeãs mundiais, comandadas por Eugenio George – escolhido pela FIVB, em 2001, como o melhor técnico de equipes femininas do século XX – e pelo talento de Josefina Capote, Lázara Gonzales e Josefina O'Farril. A ascensão cubana coincidiu com a decadência chinesa e, a partir de 1992, com a conquista inédita da medalha de ouro em Barcelona, Cuba dominou quase todas as competições internacionais. Colocou entre os grandes atletas de todos os tempos jogadoras como Regla Torres e Magaly Carbajal e confirmou o talento da fora de série Mireya Luis, a maior impulsão do voleibol feminino, chegando a alcançar 3,35 m, enquanto suas adversárias alcançavam, no bloqueio, algo em torno de 3 m. Conquistou o bi mundial em 1998 e o tri olímpico em Sydney e consagrou Regla Torres como a melhor jogadora do século XX, em escolha da FIVB.

A exemplo da masculina, a seleção feminina passou, após as Olimpíadas de 2000, por uma reformulação total, devido à aposentadoria e ao pedido de asilo político de boa parte das atletas, e enfrentou um jejum de títulos. No entanto, a nova equipe feminina conseguiu se manter entre as cinco melhores no Mundial de 2002. Nos Jogos Olímpicos de Atenas, se não foi brilhante como a geração anterior, derrotou o Brasil na disputa pelo bronze. Entre os destaques do time, estavam a remanescente Yumilka Ruiz e as jovens Zoila Barros, Daimi Ramirez e Nancy Carrillo.

A atuação na Grécia, entretanto, não se repetiu nas competições seguintes. O sétimo lugar no Mundial de 2006 e o 12º em 2010 decepcionaram e foram o prenúncio de tempos sombrios que culminaram com a eliminação da equipe de duas edições seguidas dos Jogos Olímpicos, em Londres e no Rio de Janeiro.

Checoslováquia

Nos primeiros campeonatos internacionais, os checos eram os principais adversários da URSS. Com o tempo, aliaram a seu jogo extremamente técnico o estilo mais vigoroso dos soviéticos e acabaram por vencer o Campeonato Europeu de 1955 e o Mundial de

HISTÓRIA

1956. Os checos voltaram a amargar a segunda colocação, sempre atrás dos rivais, até o Mundial de 1966, quando venceram em casa, depois de a URSS ter perdido nas semifinais.

O voleibol chegou a ser considerado o principal esporte da Checoslováquia por vários anos, a partir da década de 1950. Nos anos 1960 revelou um dos melhores levantadores de todos os tempos: Josef Musil. Os checos utilizavam um tipo peculiar de saque para o alto – o precursor do "Jornada nas Estrelas" –, chamado de "saque checo".

Nos Jogos Olímpicos de 1968, pela primeira vez em sua história, a seleção ficou fora da final de um torneio importante. Após os anos 1960, a Checoslováquia não conseguiu mais retornar ao pelotão de elite do vôlei mundial. Deu sinais de recuperação em 1985 ao conseguir o vice-campeonato europeu e o terceiro lugar na Copa do Mundo, mas não apresentou fôlego para manter a ascensão.

Hoje, com a divisão política que separou o antigo domínio soviético em dois países independentes, não tem sequer disputado os principais torneios internacionais, nem como República Checa tampouco como Eslováquia. A República Checa ainda participou do Mundial de 2006, mas, com uma campanha pífia, ficou em 13º lugar. Ambas participam desde 2014 da Liga Mundial.

Romênia

A Romênia tinha um jogo muito parecido com o da Checoslováquia, figurava sempre entre os quatro primeiros nas edições iniciais dos campeonatos mundiais, chegando ao vice-campeonato em 1966. Depois disso, praticamente desapareceu, voltando nos Jogos Olímpicos de Moscou, nos quais conquistou a medalha de bronze. A principal característica do voleibol romeno, com a qual influenciou algumas equipes no mundo, era o comportamento emocional durante as partidas. Os jogadores romenos extravasavam em quadra as emoções, fazendo delas um apoio para as ações de jogo. O que hoje se chama de "viver o jogo" tem muito a ver com a influência do voleibol da Romênia nos anos 1960.

Japão

Japão e URSS eram responsáveis pelos mais interessantes confrontos femininos desde os primeiros campeonatos internacionais: de um lado, a força e a energia ofensivas e o poderoso bloqueio das altas soviéticas e, do outro, a excepcional capacidade de defender, a velocidade e a habilidade de ataque das baixas japonesas.

Em 1964, durante os Jogos Olímpicos de Tóquio, a equipe japonesa ganhou a medalha de ouro de forma invicta e surpreendeu o mundo com novidades no plano técnico: rolamentos e mergulhos acrobáticos adaptados como recursos de defesa; utilização de um tipo de saque dado de lado para a quadra, em que a bola "flutuava" – imediatamente apelidado de saque japonês; e o aprimoramento da manchete – fundamento até então usado como recurso extremo de defesa – na recepção do saque. A seleção japonesa do período entre 1960 e 1965 recebeu da FIVB, em 2001, o prêmio de melhor equipe feminina do século XX. O treinador Hirofumi Daimatsu é, também, reconhecido como um dos mais importantes para a evolução do voleibol.

A partir do final da década de 1970, as japonesas começaram a declinar lenta e gradualmente. O Japão não conseguiu acompanhar o aumento geral da média de altura das novas forças que despontavam e dos adversários que se fortaleciam, apesar de ainda servirem de exemplo nas técnicas defensivas e na variação das combinações ofensivas. Ainda deram o último suspiro nos Jogos Olímpicos de Los Angeles, nos quais ficaram com a medalha de bronze e, nos de Seul, com a quarta posição.

No Mundial de 1998, sediado pelo próprio Japão, a equipe feminina ficou com a oitava colocação. Não bastasse isso, os investimentos financeiros particulares diminuíram consideravelmente, enfraquecendo os campeonatos nacionais.

HISTÓRIA

Sob o comando de Soichi Yanagimoto, a equipe feminina reconquistou um pouco do respeito perdido. Porém, sem força para brigar por medalhas, perdeu nas quartas-de-final dos Jogos Olímpicos de Atenas. Buscando uma renovação baseada no aumento da estatura e no aumento do poder ofensivo, a seleção japonesa obteve a melhor colocação em Mundiais, desde 1982, ficando em sexto lugar no torneio de 2006.

O voleibol feminino vem, apesar das dificuldades, se reerguendo e batendo adversários até então superiores. Liderado pela espetacular levantadora Yoshie Takeshita, de apenas 1,59 de altura, conquistou, após 24 anos, o campeonato asiático, em 2007, e ficou com a medalha de bronze no Mundial três anos depois. O principal resultado veio nos Jogos de Londres, com a medalha de bronze contra a rival Coreia do Sul, depois de 28 anos sem subir ao pódio olímpico. Depois disso, o vice-campeonato no Grand Prix de 2014 confirmou a evolução do voleibol feminino japonês.

O time masculino, apesar de bem-visto no cenário mundial, não chegava a ser considerado favorito para a conquista de títulos. Depois de obter o respeito internacional pelo terceiro lugar em 1964 e de ter vencido a campeã URSS na fase classificatória, o técnico Yasutaka Matsudaira – eleito o melhor técnico de equipes masculinas do século XX pela FIVB – convenceu os dirigentes com um projeto de oito anos que culminaria com a conquista do título olímpico em 1972.

Nos Jogos Olímpicos de 1968, com uma seleção com média de altura maior, conquistaram a medalha de prata. A partir daí, otimizaram algumas combinações de ataque, aceleraram os levantamentos, intensificaram a preparação física, assumiram quase integralmente o sistema de jogo 5 × 1 e aprimoraram ainda mais a defesa. Finalmente, na Olimpíada de Munique, conforme o planejado, conquistaram a medalha de ouro e escreveram uma nova página na evolução do voleibol. Os destaques individuais foram o levantador Katsutoshi Nekoda – considerado um dos melhores de todos os tempos –, assim como os atacantes Jungo Morita, Seiji Oko, Yoshihide Fukao, Kenji Kimura, Tadayoshi Yokota, Kenji Shimaoka, Masayuki Minami e Tetsuo Sato.

O VOLEIBOL DE ALTO NÍVEL - DA INICIAÇÃO À COMPETIÇÃO

Sem material humano para acompanhar a constante elevação da média de altura dos que passaram a dominar o voleibol mundial, os japoneses tinham grandes dificuldades para enfrentar os "gigantes" que passaram a copiar seu revolucionário sistema de jogo. A seleção japonesa começou a ser superada quase de imediato. Nos Jogos Olímpicos de Montreal, em 1976, ainda ficaram em quarto lugar e a partir daí iniciou-se uma queda vertiginosa. No Campeonato Asiático de 2003 ficou em sexto lugar. Entre os jogadores que surgiram nesse período merecem destaque apenas os gigantes Hideyuki Otahke e Katsuyuki Miname, além do hábil ponteiro Yuichi Nakagaichi.

A equipe masculina ainda não apresenta uma garantia de que novos tempos poderão levar o Japão de volta aos primeiros lugares. Uma seleção esforçada, que precisou recorrer a jogadores quase na casa dos 40 anos de idade, ficou em oitavo lugar no Mundial de 2006. Nas competições intercontinentais mais recentes tem amargado muitas vezes as últimas colocações.

China

A representante mais moderna da escola asiática nunca teve sucesso com sua seleção masculina, mas a feminina vem construindo um considerável currículo de vitórias. Hibernou por várias décadas, até que no início dos anos 1980 o voleibol chinês integrou um projeto nacional com o intuito de vencer as principais competições internacionais em vários esportes.

A China passou a dominar o mundo em 1982, quando venceu o Campeonato Mundial. Em 1984, foi campeã dos Jogos Olímpicos de Los Angeles. Em 1986, conquistou o bicampeonato mundial e consagrou-se como a grande força do voleibol feminino na década de 1980. As chinesas venceram todos os torneios oficiais de 1981 a 1986 e, por dois anos consecutivos, mantiveram-se quase imbatíveis, perdendo somente uma partida para Cuba. O técnico era Deng Ruozeng e a constelação de estrelas incluía a excepcional levantadora Yang Xilan e as atacantes Xiau Jun Yang, Meizhu

HISTÓRIA

Zeng e aquela que é considerada por muitos a mais completa jogadora de todos os tempos, Lang Ping.

A China foi precursora de várias fintas. Apresentou ao mundo, na década de 1980, o ataque realizado em projeção horizontal em um pé só, por trás da levantadora e junto da antena. Essa técnica, hoje largamente utilizada pelas equipes femininas em todo o mundo, foi apelidada imediatamente de "china". Quando os adversários começaram a acompanhar essa movimentação, as chinesas passaram a utilizar a mesma dinâmica do novo ataque, porém, o levantamento não era mais feito para a extremidade, mas logo atrás da levantadora.

Essa geração, apesar de cansada e com novatas sem o mesmo nível técnico, conseguiu o terceiro lugar nos Jogos Olímpicos de Seul, em 1988, e o vice-campeonato no Mundial de 1990. Já sem as principais estrelas, foi a penúltima colocada em Barcelona e oitava no Mundial de 1994. Lang Ping foi, então, convidada a assumir a direção técnica da equipe, com o desafio de recolocar seu país entre os primeiros. Nas Olimpíadas de 1996, em Atlanta, a China ganhou a medalha de prata, assim como no Mundial dois anos depois.

Depois do quinto lugar em Sydney, a equipe passou por uma renovação, já visando aos Jogos Olímpicos de Pequim, em 2008. Comandada por Chen Zhonghe, a jovem geração foi vice nas edições de 2001 e 2002 do Grand Prix e campeã na de 2003. Era considerada uma das favoritas ao título mundial em 2002, porém, ficou somente em quarto lugar, além de ser acusada de perder partidas propositalmente para escolher adversários mais fracos. Ganhou o ouro nos Jogos de Atenas, com um grupo que teria, em sua totalidade, condições de defender o país nos Jogos de Pequim em 2008. Entre as principais atletas desse novo grupo, destacam-se a central Zao Ruirui e a levantadora Kun Feng, ambas consideradas entre as melhores de suas posições no voleibol mundial.

A evolução desse grupo depois de Atenas não se confirmou. Para os chineses, que pensavam em aplaudir a conquista de um ouro olímpico em casa, a medalha de bronze nos Jogos de Pequim foi decepcionante. Depois de perder duas edições seguidas do Campeonato Asiático, a seleção chinesa só foi reconquistar o título continental em 2011. Ficou, ainda, em quinto lugar no Mundial de 2006 e em 10º quatro anos depois.

Com Lang Ping de volta ao comando técnico, a seleção feminina conquistou o segundo lugar no Grand Prix de 2013 e no Mundial de 2014, além do título da Copa do Mundo de 2015.

Peru

A América do Sul teve um representante absolutamente fiel ao estilo de jogo asiático. Na década de 1960, a Federação Peruana de Voleibol iniciou um intercâmbio com o Japão e o resultado desse trabalho se tornou visível no início da década de 1970, quando o Peru passou a vencer confrontos contra o Brasil e a exercer domínio absoluto no continente.

O sul-coreano Man Bo Park foi um dos maiores responsáveis pelo sucesso do voleibol peruano. Formou uma forte seleção nacional e alcançou em 1982 o segundo lugar no Mundial, repetindo a dose em 1986 com uma equipe formada por Rosa Garcia, Gabriela Perez, Gina Torrealba, Denisse Fajardo, Cenaida Uribe e Cecília Tait. De estatura baixa (com exceção de Gabriela), superava-se na habilidade individual de ataque e na perfeição do sistema defensivo. A chance da medalha de ouro olímpica veio nos Jogos de Seul, mas perderam um jogo praticamente ganho para as soviéticas e ficaram com a medalha de prata.

O Peru viu a melhor geração de sua história migrar para o Campeonato Italiano em busca de melhor remuneração e não conseguiu substitutas que pudessem acompanhar o crescente aumento da média de estatura do voleibol mundial. Natália Málaga e Isabel Heredia, remanescentes daquela geração, sem companheiras de nível internacional, viram a seleção de seu país ficar fora dos Jogos Olímpicos de Barcelona.

Dali em diante o Peru não conseguiu mais se classificar para a disputa dos principais torneios internacionais e, desde 1997, vinha

HISTÓRIA

deixando com a Argentina o posto de segunda força na América do Sul nos torneios continentais. Em 2007 voltou a ser finalista, perdendo o ouro para o Brasil.

O retorno ao Campeonato Mundial de 2006 serviu apenas para que o nome do Peru não ficasse esquecido definitivamente, já que a colocação da equipe foi insignificante (17º lugar), um lugar abaixo do que conseguiu em 2010. Em 2014 sequer participou.

Argentina

Para disputar o Mundial masculino de 1982, do qual seria sede, a Argentina contratou o técnico sul-coreano Young Wan Sohn e conquistou um honroso terceiro lugar. O estilo de jogo imposto pelo novo técnico associava muito da velocidade de jogo da escola asiática. Depois do Mundial, todos os principais jogadores migraram para o exterior, retornando para conquistar a medalha de bronze sobre os brasileiros nos Jogos Olímpicos de Seul. O sexteto formado por Esteban Martínez, Daniel Castellani, Jon Uriarte, Waldo Kantor, Raúl Quiroga e Hugo Conte figura na galeria de honra do voleibol argentino, que, depois disso, passou a viver problemas internos de política esportiva e teve seu desempenho bastante prejudicado.

Após passar a década de 1990 com resultados entre inexpressivos e inconstantes, o quarto lugar nos Jogos Olímpicos de Sydney acenou com uma boa participação no Mundial, do qual seria anfitriã em 2002. A renovação não aconteceu a contento, obrigando o veteraníssimo Hugo Conte, aos 39 anos, a disputar o torneio como titular. O levantador Javier Weber, aos 36 anos, e o atacante Marcos Milinkovic, aos 31 – maior pontuador e escolhido o melhor jogador do campeonato e do mundo nesse ano –, foram as últimas estrelas dessa geração que perdeu nas quartas-de-final para a surpreendente França e terminou em sexto lugar.

A ascensão de Javier Weber ao posto de técnico coincidiu com o aparecimento de uma talentosa geração formada por alguns filhos e sobrinhos de ex-campeões. Com estilo técnico apurado,

Nicolás Uriarte, Facundo Conte e Rodrigo Quiroga levaram a Argentina ao quarto lugar na Liga Mundial de 2011.

Depois de consagrar-se como um dos maiores técnicos do vôlei internacional, Julio Velasco retornou ao país para recolocar a seleção masculina entre as principais, com uma geração promissora que foi vice-campeã mundial juvenil em 2011 e 2015.

A participação feminina se limita aos torneios continentais, ficando à frente do Peru nas últimas competições, mas sem chegar a ameaçar a hegemonia brasileira. A participação nas últimas edições do Grand Prix, uma tentativa de criar um intercâmbio com as melhores seleções do mundo e alavancar o esporte entre as mulheres no país, resultou na classificação inédita aos Jogos Olímpicos de 2016.

Estados Unidos

No país em que nasceu, o voleibol sempre foi muito praticado nas praias, principalmente da Califórnia, sendo o de quadra pouco aceito na maioria dos estados. Até os anos 1980, a única contribuição significativa para o desenvolvimento técnico ou tático do esporte havia sido o saque "tipo tênis flutuante", introduzido no Mundial de 1956.

Após o boicote aos Jogos Olímpicos de Moscou, em 1980, os norte-americanos começaram a se estruturar para fazer um bom papel quatro anos depois, nos Jogos de Los Angeles. Montou-se um grupo com os melhores jogadores da praia e alguns universitários.

Comandados por Doug Beal, os Estados Unidos apresentaram um voleibol revolucionário. Três fatores fundamentavam a nova concepção americana: a formação de recepção do saque com dois passadores – as demais equipes utilizavam até cinco para isso –, jogadores com as posições e funções de jogo estritamente definidas e a estatística do jogo como suporte ao técnico.

Pat Powers, Karch Kiraly – escolhido pela FIVB o melhor jogador do século XX –, Dusty Dvorak, Craig Buck, Steve Timmons e

HISTÓRIA

Aldis Berzins conquistaram o ouro em Los Angeles. Com Marv Dumphy no lugar de Doug Beal e o passador Dave Saunders no de Berzins, venceram a URSS na final do Mundial de 1986.

O levantador Dvorak foi substituído por Jeff Stork para os Jogos Olímpicos de Seul, em 1988. Doug Partie e Bob Ctvrtlik eram novatos na equipe que só mantinha Timmons, Kiraly e Buck do sexteto titular de Los Angeles. Com a conquista do bicampeonato olímpico, os ensinamentos norte-americanos foram definitivamente seguidos pelos adversários. Hoje, todas as grandes seleções baseiam seus planos táticos na escola americana.

Com a intenção de preparar uma nova equipe para conquistar o tricampeonato olímpico em Barcelona, os americanos disputaram descompromissadamente o Mundial de 1990. Porém, em 1992, tropeçaram na equipe brasileira nas semifinais e ficaram somente com o bronze. Recorreram a alguns veteranos para disputar o Mundial da Grécia, em 1994, e chegaram ao terceiro lugar, deixando claro que a nova geração – com Brian Ivie e o levantador Lloy Ball como estrelas solitárias – era bem diferente daquela que fez história. Tanto que ficou de fora dos oito primeiros colocados nos Jogos Olímpicos de Atlanta, em 1996.

Para o Mundial de 2002, um grupo jovem – sob a liderança do já veterano Ball – e a volta de Doug Beal não foram suficientes para recolocar os Estados Unidos entre os oito primeiros do voleibol mundial. Em Atenas, evoluíram para o quarto lugar, mas sem empolgar. Tanto que voltaram a despencar na classificação final do Campeonato Mundial de 2006, quando ficaram apenas com o 10º lugar.

Com a chegada do neo-zelandês Hugh McCutcheon ao posto de técnico, os norte-americanos venceram a Liga Mundial em 2008 e voltaram ao lugar mais alto do pódio olímpico, pela terceira vez, ao bater o Brasil por três *sets* a um em Pequim. A saída do treinador Hugh McCoutcheon e do levantador Lloyd Ball fez com que a seleção caísse de produção.

Após uma fase de poucas conquistas, os Estados Unidos, renovados, voltaram a vencer. O primeiro lugar na Liga Mundial em 2014 e na Copa do Mundo de 2015 indicam a retomada de rumo.

A seleção feminina pegou carona na forma de jogar e no sucesso da masculina. Apesar de alguns bons resultados anteriores, foi a partir do terceiro lugar no Mundial de 1982 e da medalha de prata em Los Angeles que as americanas conquistaram certa regularidade e o respeito das adversárias. Em 1984, o técnico foi o holandês Ariel Selinger (que seria vice-campeão olímpico em 1992, dirigindo a equipe masculina da Holanda) e os destaques, Jeanne Beauprey, Rose Magers, Paula Weishoff e a atacante Flo Hyman – que morreria anos mais tarde, durante uma partida, acometida por um mal cardíaco súbito.

Com o fim dessa geração, Selinger foi substituído por Terry Liskevych. Do novo grupo, entre elas Liz Masakayan, Caren Kemmer, Prikeba Phipps e Kim Oden, algumas optaram depois pelo voleibol de praia, enfraquecendo a equipe de quadra.

Em 1990, obtiveram o terceiro lugar no Mundial e repetiram o resultado nos Jogos Olímpicos de Barcelona. Em Atlanta, ficaram em sétimo lugar e no Mundial de 1998 foram desclassificadas na fase inicial.

Após o quarto lugar em Sydney, o técnico japonês Yoshida Toshiaki devolveu a competitividade às americanas. O título do Grand Prix em 2001 precedeu a inesperada chegada à final no Mundial de 2002. Depois de vencerem a favorita Rússia na semifinal, foram surpreendidas, no entanto, pela emergente Itália. As experientes Danielle Scott, Prikeba Phipps e Tara Cross Battle, que tanto contribuíram para essa retomada, tiveram que se contentar com a prata.

No ocaso dessa geração, a derrota para o Brasil nas quartas-de-final em Atenas tirou de vez o sonho de uma medalha de ouro olímpica. Comandadas pela chinesa Lang Ping, a seleção norte-americana, tendo veteranas como Logan Tom, Danielle Scott, Heather Bown e Ah Mow-Santos, ficou com a medalha de prata nos Jogos Olímpicos de Pequim, ao perder a final para o Brasil por três *sets* a um. Sob a batuta do técnico campeão olímpico com a

HISTÓRIA

seleção masculina, Hugh McCutcheon – auxiliado pelo ex-atacante Karch Kiraly –, a equipe feminina venceu o Grand Prix duas vezes seguidas (2010 e 2011) e conquistou a segunda colocação na Copa do Mundo em 2011. Nos Jogos Olímpicos de Londres, fez uma campanha invicta até a final, quando foi derrotada novamente pelas brasileiras por três *sets* a um.

Sob o comando do campeoníssimo Karch Kiraly e com uma impressionante massificação do esporte entre as mulheres nas High Schools e universidades do país, a seleção feminina venceu a disputa do Mundial de 2014 e do Grand Prix do ano seguinte.

Itália

A decadência da seleção masculina norte-americana foi simultânea à ascensão do voleibol italiano. Durante vários anos organizando o campeonato regional mais forte do mundo e reunindo atletas de vários países, a Itália resolveu, em meados dos anos 1980, montar uma seleção nacional em condições de brigar com as melhores. Contratou, para isso, o técnico argentino Julio Velasco, assistente-técnico da seleção argentina no início da década – reconhecido como um dos melhores técnicos de todos os tempos.

Os italianos vieram ao Mundial no Brasil, em 1990, com a equipe que conquistara o inédito título europeu no ano anterior. Baseados na filosofia norte-americana de treinamentos e de jogo, conquistaram o título mundial jogando com os atacantes Luca Cantagalli, Lorenzo Bernardi, Andrea Lucheta, Andrea Gardini e Andrea Zorzi, mais o levantador Paolo Tofoli. Chegaram a Barcelona como grandes favoritos à medalha de ouro, mas esbarraram na Holanda ainda nas quartas-de-final e acabaram em um decepcionante quinto lugar. Nos Jogos Olímpicos de Atlanta, em 1996, novamente como favoritos, foram derrotados mais uma vez pelos holandeses, desta vez na final.

Os italianos conquistaram o tricampeonato mundial (1990, 1994 e 1998). No terceiro campeonato da série, o técnico foi o brasileiro Bebeto de Freitas. Os jogadores Gardini e Andrea Giani –

um dos mais completos jogadores da história – participaram de todas as conquistas. Essa campanha vitoriosa na década valeu ao time italiano o prêmio de melhor seleção masculina do século XX, em eleição promovida pela FIVB.

O fantasma olímpico perseguiu a Itália em Sydney e a deixou em terceiro lugar. Após o quinto lugar no Mundial de 2002, a Itália recorreu aos veteranos Giani e Tofoli para tentar a inédita medalha de ouro olímpica em Atenas. Alessandro Fei, Luigi Mastrangelo, Samuele Papi, Andrea Sartoretti, Valerio Vermiglio e companheiros chegaram à final, mas perderam para os brasileiros.

A Itália continua respeitada pelos adversários, mas sem forças para brigar em igualdades de condição pelo título nos principais torneios masculinos, apesar de figurar entre os quatro primeiros colocados nos Jogos Olímpicos desde 1986. Em 2015, o vice-campeonato na Copa do Mundo foi o maior feito da seleção masculina nos últimos tempos, muito graças à atuação do cubano naturalizado Juantorena.

Enquanto os homens tinham a principal seleção do voleibol mundial, as italianas passavam por um processo semelhante ao que eles se submeteram. O quinto lugar no Mundial de 1998 foi um prenúncio de tempos vitoriosos.

O trabalho de formação de um grupo competitivo – que contou com o campeoníssimo Julio Velasco nas etapas iniciais – culminou com o surpreendente título mundial em 2002, ao vencer os Estados Unidos na final, um ano depois de ficar em segundo lugar no Campeonato Europeu. A atacante Elisa Togut foi considerada a melhor jogadora do torneio, auxiliada pela atacante Simona Rinieri e pela levantadora Eleonora Lo Bianco, outros destaques dessa equipe com jogadoras entre 20 e 25 anos.

O objetivo de conquistar o inédito título olímpico que a poderosa equipe masculina jamais conseguiu ficou nas quartas-de-final dos Jogos de Atenas, após derrota para Cuba, para decepção do técnico Marco Bonitta.

No Mundial de 2006, de técnico novo – Massimo Barbolini – ficou em quarto lugar. Em 2007, porém, a seleção recebeu o refor-

HISTÓRIA

ço da recém-naturalizada Taismary Aguero, atacante cubana bicampeã olímpica, o que deu à Itália um novo ânimo. Nesse mesmo ano foi campeã europeia e da Copa do Mundo.

Em crise interna – que culminou com a desistência de Aguero em continuar na seleção após Pequim –, não avançou à semifinal dos Jogos Olímpicos de 2008. Voltou a vencer o Europeu em 2009 e foi bi da Copa do Mundo dois anos depois, mas ficou de fora das semifinais dos Jogos Olímpicos de Londres.

Renovada e mais uma vez dirigida pelo campeão mundial de 2002 Marco Bonitta, tenta recolocar-se entre as principais seleções e promover a renovação do elenco.

Holanda

A história da Holanda, algoz dos italianos em duas Olimpíadas, entre os grandes do voleibol mundial também é recente. Depois do quinto lugar em Seul, em 1988, a seleção holandesa foi vice-campeã na primeira edição da Liga Mundial dois anos depois, despontando como uma das equipes mais altas da época (a média dos titulares superava os dois metros). Ariel Selinger assumiu o comando da seleção antes dos Jogos de Barcelona, em 1992, e ajudou a conquistar a primeira medalha olímpica do voleibol holandês: prata. O levantador Peter Blange (de 2,05 m de altura) e Ron Zwerver (escolhido o melhor jogador dos Jogos Olímpicos de 1992) continuaram como alicerce para a equipe que, quase sem modificações, chegou ao ouro olímpico em 1996, então sob o comando técnico de Joop Alberda.

Em 1998, no Mundial, a Holanda obteve o sexto lugar, mostrando uma seleção remodelada, que não conseguiu repetir as grandes atuações da geração anterior. A Holanda do atacante Bas Van der Goor, um dos melhores do mundo na época, ficou em quinto lugar nos Jogos Olímpicos de Sydney e foi desclassificada na segunda fase do Mundial de 2002. O nono lugar em Atenas foi o prenúncio de tempos piores. Em 2005, a Holanda não conseguiu sequer se classificar para o Mundial do ano seguinte.

Enquanto o masculino despencava, uma nova geração feminina disputou os principais torneios internacionais a partir de 2005 e, ao contrário dos homens, conseguiu uma vaga para disputar o Campeonato Mundial de 2006, em que ficou com a oitava colocação. Em 2007, conquistou o título mais importante até então: o Grand Prix.

Com uma geração de qualidade – Meijners, Slöetjes, De Kruijf e Buijs, entre outras – e comandadas pelo italiano Giovanni Guidetti, tenta alcançar o principal patamar do vôlei internacional.

Sérvia e Montenegro (Ex-Iugoslávia)

Apesar de fazer parte da escola soviética durante todo o domínio político ao qual ficou sujeita antes da derrocada do sistema totalitário comunista, a Iugoslávia só conseguiu seu lugar entre os grandes do vôlei mundial quando adotou o sistema moderno de jogo baseado na escola americana e exportou seus principais craques para o Campeonato Italiano.

A geração dos irmãos Nikola e Vladimir Grbic e dos atacantes Ivan Miljkovic, Dula Mester, Goran Vujevic e Andrija Geric surgiu em uma escalada gradativa que levou a Iugoslávia ao bronze em Atlanta, em 1996, à prata no Mundial de 1998 e ao ouro olímpico em Sydney, em 2000. A derrota para os brasileiros na semifinal do Mundial de 2002 tirou dos iugoslavos a chance de um título inédito, que coroaria esse grupo espetacular. Eles seriam derrotados novamente pelo Brasil na final da Liga Mundial em 2003, defendendo agora a Sérvia e Montenegro – denominação do país advindo da divisão da Iugoslávia.

Todos esperavam a despedida dessa geração nas Olimpíadas de 2004, já que o resultado foi muito abaixo do esperado. Desmotivados e sem a mesma força dos torneios anteriores, os sérvios foram desclassificados nas quartas-de-final pelos russos. Porém, praticamente o mesmo grupo ainda conseguiu chegar ao quarto lugar no Mundial de 2006 e, mais renovada, ao terceiro em 2010. Na Liga

HISTÓRIA

Mundial colecionou ainda mais três vice-campeonatos (2005, 2008 e 2009).

A nova divisão geopolítica que separou a Sérvia de Montenegro enfraqueceu um pouco a Sérvia, que passou a representar a outrora Iugoslávia, já tão fragmentada. Mesmo assim, alcançou o vice-campeonato na Liga Mundial de 2015. No entanto, mesmo com este ótimo resultado, ficou fora dos Jogos Olímpicos do Rio de Janeiro.

No feminino, apesar de contar com um elenco reduzido de boas jogadoras, conseguiu resultados expressivos nos últimos anos: medalha de bronze no Mundial de 2006 e, em 2011, terceiro lugar no Grand Prix e o inédito título europeu. Com o vice-campeonato na Copa do Mundo de 2015 classificou-se para o Rio-2016 e disputará pela terceira vez seguida os Jogos Olímpicos.

ENTENDENDO O JOGO

O jogo de voleibol tem uma dinâmica especial entre os esportes coletivos mais conhecidos, pois não permite o contato físico entre os jogadores, as equipes se mantêm separadas em seu próprio campo de jogo, a bola não pode ser retida ou conduzida e as exibições de habilidade ficam restritas a momentos instantâneos. Em contrapartida, não permite que haja firulas, retardamentos, individualismos ou lances que não visem ou não levem diretamente ao ponto.

Devido à altura da rede, foi natural que o voleibol se desenvolvesse ao longo de seus mais de cem anos de existência (e continuasse a ser praticado, apesar de hoje ser permitido que qualquer parte do corpo toque a bola) a partir de habilidades de rebater com as mãos, punhos e antebraços. Mesmo assim, os membros inferiores exercem fundamental importância na execução de qualquer um dos fundamentos, pois são responsáveis por deslocar o corpo pela quadra e impulsioná-lo em direção à bola para alcançá-la em uma altura maior.

As habilidades motoras realizadas pelos praticantes do voleibol são chamadas de fundamentos e geralmente são padronizadas. O conjunto de fundamentos constitui a técnica do esporte. As variações entre as formas de utilizar determinado fundamento estão relacionadas às diversas situações de jogo e, em alguns casos, ao estilo particular ou às formas desenvolvidas por cada país. Os meios de se conseguir eficácia por intermédio de modificações dos padrões básicos de execução recebem o nome de recursos.

Podemos dizer que os principais fundamentos do voleibol são: saque, manchete, toque por cima, cortada, bloqueio e defesa. Outros elementos motores estão ligados aos fundamentos e são importantes para a correta execução dos primeiros: posição básica, movimentações específicas e quedas específicas. Os fundamentos são aplicados nas situações básicas de jogo, que se sucedem dentro da dinâmica dos ralis. São elas: saque, recepção, levantamento, ataque, bloqueio e defesa. A sequência dos elementos do jogo está na Figura 2.1.

Os capítulos a seguir obedecem à ordem de jogo, embora não seja esta a sequência ideal para o desenvolvimento de um processo de aprendizagem. Nos capítulos referentes a aprendizagem e treinamento, os fundamentos serão reagrupados na ordem correta, dentro de uma metodologia ideal com esse fim.

OS ELEMENTOS TÉCNICOS

O saque

O jogo é iniciado e reiniciado com o saque. Vários tipos de saque foram deixados de lado com o tempo, mas a dinâmica dos que são hoje utilizados varia de três formas básicas: o saque por baixo, o tipo tênis e o balanceado.

O saque por baixo é hoje utilizado apenas por iniciantes e praticantes sem muita habilidade ou força para executar saques

ENTENDENDO O JOGO

Fig. 2.1 – Sequência dos elementos do jogo

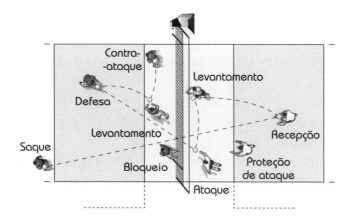

mais potentes. Nos anos 1950, nos jogos disputados ao ar livre, o saque por baixo realizado de lado para a quadra era muito utilizado, principalmente pelos checos. O "saque checo" imprimia bastante força à bola, fazendo-a subir vários metros. A recepção adversária era dificultada pela velocidade com que a bola descia, pela interferência do vento – que fazia com que sua trajetória oscilasse – e pela ação do Sol – que ofuscava a visão do passador. Nos anos 1980, o brasileiro Bernard resgatou essa técnica e a aplicou com sucesso em ginásios altos e com iluminação central. O saque foi apelidado de "Jornada nas Estrelas", referência à famosa série de televisão.

Os saques tipo tênis e balanceado são realizados acima da cabeça. O primeiro – realizado de frente para a quadra – surgiu espontaneamente, pois o voleibol é um esporte baseado no tênis, ao passo que o segundo – dado com o corpo posicionado lateralmente para a quadra – foi uma adaptação do ataque de lado, largamente utilizado na década de 1940.

Na medida em que se tornava uma arma de ataque, o saque passou a ser executado cada vez mais afastado da linha de fundo, o que fez com que as regras limitassem o espaço atrás da quadra para a realização desse fundamento. Outra modificação nas regras diretamente relacionada foi a proibição do bloqueio do saque. A possibilidade de bloqueio obrigava o saque a ser realizado com trajetória mais alta e lenta, o que, consequentemente, provocava uma recepção mais fácil e um ataque quase impossível de ser marcado. Assim, o jogo se prolongava por horas, pois só marcava ponto a equipe que sacava.

Até os anos 1970, quando o jogador (principalmente o ocidental) desejava empregar à bola o efeito flutuante – a bola não descreve movimento giratório durante o percurso, oscilando levemente e caindo repentinamente quando perde a velocidade –, o saque tipo tênis era o mais utilizado. Esse tipo de saque foi lançado pela seleção masculina dos Estados Unidos em 1956.

Quando a intenção era empregar rotação – a força e a maneira de tocar na bola fazem com que ela gire e caia mais rapidamente –, o saque balanceado tornava-se o preferido. Ele foi muito usado pelas equipes orientais e dos países do bloco socialista. Na década de 1960, os japoneses utilizaram a flutuação no saque balanceado, tipo que ficou conhecido como "saque japonês".

Atualmente, para imprimir rotação à bola, a versão preferida é do tipo tênis em suspensão, utilizando um movimento semelhante ao da cortada. Foi lançado na mesma época do "Jornada", pelos também brasileiros Willian e Renan, e batizado de "Viagem ao

FIG. 2.2 – SAQUE TIPO TÊNIS E BALANCEADO

Fundo do Mar" – referência a outra série de televisão. Anteriormente à aplicação pelos brasileiros, um tipo rudimentar e sem muita potência era esporadicamente utilizado.

Há alguns anos, jogadores utilizam um tipo de saque em que, apesar de saltar, dão o efeito de flutuação à bola. Esse saque é chamado de "chapado", entre outras denominações. O objetivo do salto (não muito potente) é ganhar alguns centímetros em relação à rede e dar mais efeito à bola. O "chapado" tem vários outros apelidos, alguns que ferem a língua pátria: "viaginha" ou "viaginho", "saltando" ou "flutuante saltado".

Em resumo, entre os três mais comuns atualmente, costuma-se chamar de saque tipo tênis o flutuante dado de frente para a quadra; de "viagem", o saque realizado em forma de cortada; e de "chapado", o flutuante em suspensão.

Algumas pessoas chamam equivocadamente de saque balanceado aquele em que a bola flutua. Para tirar dúvidas: o saque balanceado é efetuado de lado para a quadra, com o braço estendido acima da cabeça, ao passo que o saque flutuante tem relação exclusiva com a trajetória da bola, independentemente da mecânica do fundamento.

A gíria do voleibol tem uma denominação específica para outro tipo de saque. Quando o sacador, em vez de sacar o "via-

FIG. 2.3 – SAQUE "VIAGEM"

FIG. 2.4 – "CHAPADO"

gem", alivia a força e apenas encosta na bola, fazendo-a descrever uma curva e cair à frente do passador, este saque em meia-força é chamado de "caixinha".

A manchete

Foi um dos últimos fundamentos a aparecer no jogo de voleibol. Em livros da década de 1950 há citações de seu emprego em situações de defesa, mas de forma primitiva, semelhante à "carregada", executada com as mãos espalmadas por pessoas sem muita habilidade técnica. No início dos anos 1960, começou a ser praticada sistematicamente pelos japoneses na recepção de saques mais potentes e revolucionou a técnica do voleibol, provocando mudanças significativas na forma de jogar. Após os Jogos Olímpicos de 1964, já era usada por quase todas as equipes.

É o fundamento mais indicado para a recepção do saque, realizado com os braços estendidos à frente do corpo. Os dedos se unem, os punhos se tocam e os cotovelos se aproximam a fim de dar maior simetria aos antebraços (o ponto de contato com a bola).

É utilizada, também, na recuperação de bolas, na defesa e na proteção de ataque. Pode ser empregada eventualmente em levantamentos, apesar de ser preterida, nesse caso, pelo toque por cima.

A forma básica e mais utilizada é a manchete realizada à frente do quadril. Possui, ainda, as seguintes variações:

FIG. 2.5 – MANCHETE NORMAL

ENTENDENDO O JOGO

- manchete alta – realizada ao lado do corpo, à altura dos ombros;
- manchete invertida – realizada com os braços elevados e semiflexionados à frente do rosto;
- manchete com um dos braços – em bolas rápidas ou que se afastam do corpo;
- manchete de costas – realizada de costas para onde se quer dirigir a bola, utilizada geralmente em recuperações de bolas que se afastam da quadra.

O toque por cima

Há muito tempo, quando o saque era menos potente, constituindo apenas uma forma de colocar a bola em jogo, o toque por cima era o recurso utilizado para recebê-la. Nas décadas de 1950 e 1960, o toque por cima com rolamento era muito empregado na recepção, mesmo nas situações mais difíceis, sendo esta uma das razões de o voleibol jogado naquele tempo ser considerado mais técnico do que é hoje. Com o advento da manchete e sua corrente utilização por quase todos, tornou-se raro usar o toque na recepção, uma vez que a arbitragem frequentemente apontava dois toques ou condução.

O levantamento é preferencialmente realizado em toque por cima – também conhecido simplesmente por toque. O toque é realizado à altura da cabeça ou acima dela, as mãos se flexionam para trás, deixando que a bola se encaixe nos dedos e seja enviada de imediato para o local desejado.

Com a liberação dos dois toques no recebimento da bola que vem do campo adversário, o toque voltou a ser utilizado, também, na recepção de saques mais altos ou ataques menos violentos. Porém, a partir de 2013, a proibição dos dois toques na recepção em toque por cima obriga novamente os passadores a utilizar quase que exclusivamente a manchete.

O toque por cima é o fundamento preferido para a realização do levantamento por dois motivos básicos: maior precisão e abre-

FIG. 2.6 — TOQUE

viamento do percurso da bola que sai das mãos do levantador para a mão do atacante.

Existem três tipos de toque por cima, conforme a direção tomada pela bola e a posição do corpo do executante:
- toque para a frente – o mais comum;
- toque para trás (ou de costas) – utilizado para fintar os bloqueadores e/ou levantar para as posições 1 e 2;
- toque lateral – usado, principalmente, em bolas que ficam muito próximas da rede.

Pode, ainda, variar conforme os recursos utilizados para se alcançar a bola que se afasta do corpo. Os mais comuns são:
- toque em suspensão – o executante salta para alcançar bolas altas e a ação acontece na fase aérea;
- toque com uma das mãos – realizado com a ponta dos dedos e com o braço quase completamente estendido, utilizado para impedir que passes imprecisos se dirijam à quadra adversária.

A cortada

Há referências de que a primeira vez que a Ásia viu algo parecido com a cortada foi nas Filipinas, em 1916. Essa forma efetiva de ataque começou a ser usada na Europa na década de 1920. A maioria delas era executada de lado. No final dos anos 1940, todo o bloco socialista atacava com a mão aberta, enquanto os demais ainda o faziam com a mão fechada. Até meados da década de 1950, a maioria dos ataques era realizada pela posição 3 em bolas altas e meias-bolas. Muitos desses ataques de meio eram efetuados em um pé só, inclusive a famosa "bola mexicana", levantada mais baixa que o normal.

A partir daí, a altura dos levantamentos diminuiu, tornando o jogo mais veloz. Nos anos 1960, as equipes femininas aumentaram consideravelmente a velocidade do jogo com fintas coletivas. Porém, foi a partir de 1972, com os japoneses que atuaram nos Jogos Olímpicos de Munique, que o voleibol assumiu uma feição ofensiva mais dinâmica. Outro fato que contribuiu para esse dinamismo foi a utilização do ataque de fundo, apresentado entre 1975 e 1976 pela Polônia.

A cortada é a forma de ataque mais eficiente, potente e espetacular. É uma combinação de movimentos que coordena corrida, salto, ataque e queda.

A corrida – ou passada – tem de dois a três passos e é responsável por levar o atacante à posição em que a bola será atacada, além de contribuir para um salto mais alto e/ou mais distante. O salto é realizado nos dois pés, com a utilização de membros inferiores, tronco e braços para auxiliar no ganho de maior impulsão.

Fig. 2.7 – Cortada

O ataque é realizado com o braço estendido, a mão aberta e com a flexão do corpo sobre a bola, visando ao ganho máximo de força. A aterrissagem deve ser segura e equilibrada.

O bloqueio

Desde 1938 as regras modificaram-se muitas vezes para equilibrar as forças entre ataque e bloqueio (ver "A evolução das regras", mais adiante). O bloqueio triplo era um recurso utilizado pelas equipes mais altas quando os campeonatos mundiais começaram a ser disputados e os ataques eram realizados em sua maioria pelo meio de rede. Porém, a velocidade crescente do ataque e a diversificação dos sistemas ofensivos fizeram com que os bloqueadores tivessem cada vez mais dificuldade para marcar os atacantes. As modificações das regras reequilibraram, de certa forma, esse confronto. O aumento progressivo da média de altura dos jogadores também contribuiu para melhorar o desempenho desse fundamento.

O bloqueio consegue, em partidas masculinas internacionais, anular ou amortecer em torno de 15% dos ataques. As equipes femininas eram capazes de amortecer mais os ataques do que bloqueá-los diretamente para o chão adversário, porém, essa estatística vem se modificando, com o número de bloqueios diretos para o chão adversário apresentando uma crescente evolução entre as mulheres. No Campeonato Mundial de 2006, as estatísticas confirmaram essa tendência. Dos pontos conseguidos pelos homens no torneio, 1.260 foram de bloqueios, ao passo que entre as mulheres esse total chegou a 1.293. Na média por *set*, o índice das equipes femininas ficou em 5,32 pontos, e das masculinas, 5,12.

A dinâmica do bloqueio possui, em geral, quatro fases de execução: a passada, o salto, o bloqueio propriamente dito e a queda. A primeira etapa é constituída de uma a três passadas, para levar o bloqueador ao local em que será executado o ataque adversário. O salto, precedido de um breque do deslocamento, é feito quase que só verticalmente. O bloqueio propriamente dito, ou seja, o toque

ENTENDENDO O JOGO

Fig. 2.8 – Bloqueio

na bola, é realizado com o corpo todo estendido e os braços buscando o maior alcance possível, ao mesmo tempo que se dirigem à quadra contrária. As mãos devem estar abertas e voltadas para a bola. A queda e a ação subsequente são determinadas pela continuidade ou não do jogo após o bloqueio.

O bloqueio possui duas variações, dependendo da posição das mãos e do caminho tomado pela bola após o contato com os bloqueadores:

- defensivo – quando a vantagem (condições de pontuar) é do atacante, o objetivo é amortecer o ataque e criar condições para a bola ser recuperada por sua própria defesa e contra-atacada;
- ofensivo – quando o bloqueador está em vantagem, busca-se enviar a bola diretamente ao solo adversário.

O bloqueio eficaz, que envia a bola junto da rede, com velocidade e sem chances de recuperação ao adversário, é chamado popularmente de "caixote". Essa denominação deriva de um método de treinamento antigo em que se colocava um caixote junto da rede com o objetivo de corrigir os braços e as mãos do executante, obrigando o bloqueador a fazer com que a bola caísse dentro dele.

Outra gíria relacionada a esse fundamento, também utilizada quando a ação é realizada em forma de cortada, é a "bola de xeque". É a oportunidade que o bloqueador tem de definir o ponto após um passe defeituoso do adversário que chega junto da rede, sem que oponente algum consiga impedi-lo. Sozinho, o jogador ataca ou bloqueia a passagem da bola. A denominação é referência ao lance final do jogo de xadrez, o xeque-mate.

A defesa

É toda ação próxima do solo que visa impedir o sucesso do ataque adversário. É realizada, de preferência, em manchete, mas vale-se de vários outros recursos, por se tratar de uma situação extrema, que envolve velocidade de reação e gestos rápidos.

As primeiras defesas eram realizadas com as mãos espalmadas. Com o passar do tempo, alguns recursos foram criados e outros abandonados ou modificados, ou para atender às alterações regulamentares ou para se valer delas. Entre os mais utilizados atualmente estão:

- manchete normal;
- com as mãos espalmadas acima da cabeça;
- com um dos braços;
- "abafa" – durante o "peixinho" o jogador apoia a mão no chão, deixando-a deslizar até chegar à bola, que bate no dorso da mão e sobe antes de tocar o solo;
- "tapinha" – realizado com o dorso de uma das mãos, geralmente em mergulhos;

FIG. 2.9 – DEFESA

ENTENDENDO O JOGO

- com a mão fechada – com o auxílio da flexão do punho, impulsiona para o alto as bolas próximas do chão;
- com os pés.

• A POSIÇÃO BÁSICA E AS MOVIMENTAÇÕES ESPECÍFICAS

Também chamada posição de expectativa, a posição básica é a postura assumida pelo corpo a fim de partir prontamente para a execução de determinada ação do jogo. É o estado de prontidão que o jogador assume, posicionando o corpo de forma a responder imediatamente a um estímulo e agir em condições ideais de velocidade e qualidade de movimento.

As movimentações específicas são os deslocamentos utilizados pelo jogador para chegar à bola em condições favoráveis de tempo, espaço e postura e que lhe permitam executar o fundamento com precisão. As movimentações específicas variam de acordo com o tipo de deslocamento, distância e fundamento a ser realizado na sequência.

Ambas apresentam variações em relação à postura, dependendo do fundamento que antecedem e a velocidade de reação requerida pela situação.

• QUEDAS

A disposição para evitar que a bola caísse levou os primeiros praticantes a se lançarem ao chão. Essas atitudes atabalhoadas não levavam a técnica em conta e muitas vezes provocavam contusões. A preocupação com a integridade física do jogador, a melhor execução do fundamento e o retorno mais rápido ao jogo levou à criação dos rolamentos e dos mergulhos utilizados hoje em dia.

Os checos já empregavam movimentos acrobáticos na defesa, mas foram as equipes femininas japonesas dos anos 1950 e 1960 as responsáveis pelo salto maior na evolução técnica desses fundamentos, adaptando movimentos da ginástica olímpica e do judô.

Fig. 2.10 – Rolamento

Atualmente, os rolamentos são mais utilizados por equipes femininas, ao passo que as masculinas preferem os mergulhos. Os rolamentos podem ser executados sobre o ombro ou sobre as costas e são utilizados principalmente na defesa e na recepção de saque, mas também nos levantamentos.

Com utilidade semelhante, o mergulho é um dos fundamentos mais espetaculares do voleibol e difere dos rolamentos por possuir uma fase em que não há apoio de qualquer parte do corpo no solo.

Existem dois tipos básicos de mergulho: o frontal – mais conhecido como "peixinho" –, utilizado largamente por equipes masculinas; e o lateral – chamado de deslize quando não há a fase aérea –, que, por razões anatômicas, é o mais indicado para mulheres.

Os recursos

Relacionados a técnicas diferenciadas, exigem habilidade refinada e são empregados quando a utilização dos fundamentos básicos restringe a ação eficaz do jogador. Os recursos ultrapassam os

Fig. 2.11 – Mergulho

ENTENDENDO O JOGO

padrões técnicos estabelecidos, por isso são variáveis e apresentam, em algumas situações, diferenças de estilo. Foram desenvolvidos a partir das evoluções técnicas e táticas e também como adaptação às alterações das regras. Os recursos podem ser aplicados em todas as situações de jogo. Alguns já foram citados anteriormente. A seguir estão relacionados os recursos ofensivos mais comuns: os de ataque e aqueles utilizados pelo levantador.

• Recursos de ataque

• *"Explorada"*

É a ação do atacante de, ao invés de atacar a bola em direção ao solo adversário, fazer com que ela toque o bloqueio contrário e vá para fora. É utilizada quando o bloqueio é superior ao ataque em altura ou posicionamento.

• *Largada*

É um gesto de ataque sutil, que transforma rapidamente a intenção da cortada em um leve toque com a ponta dos dedos. É utilizada quando o atacante percebe que há uma região da quadra adversária desprotegida.

• *"Empurrada"*

Chamada popularmente de "braço-de-ferro", é empregada em bolas coladas à rede. O atacante empurra a bola contra as mãos do bloqueador e busca ou fazê-la escorrer entre este e a rede ou enviá-la para fora da quadra depois de tocar as mãos do adversário.

• *Meia-força*

Semelhante à largada, o movimento da cortada é desacelerado antes do ataque e a palma da mão encosta na bola somente o suficiente para ela transpor o bloqueio e cair em algum lugar desguarnecido. É usada também contra o bloqueador, em levantamentos defeituosos, quando a melhor opção para o atacante é fazer com que a bola volte mais fraca do bloqueio, o que permite um contra-ataque mais eficiente a sua própria equipe.

- ## Recursos do levantador

  - *Largada de segunda*

  Assim chamada por vir do segundo toque da equipe, ou seja, substituindo o que seria o levantamento. É utilizada com uma das mãos empurrando a bola para baixo, podendo ser realizada para a frente ou para trás. Alguns levantadores executam largadas em forma de toque, após simular um levantamento, mudando a direção da bola no último momento.

  - *Ataque de segunda*

  É uma variação da largada, quando o levantador está na rede e executa uma cortada em vez de levantar ou largar.

  - *Simulação de ataque*

  O levantador gira o corpo como se fosse atacar a bola, porém, de frente para a rede, serve o atacante que está a seu lado.

A TÁTICA

No voleibol não é possível interferir nas ações adversárias, pois a rede e as regras impedem uma ação direta na tentativa de neutralizá-las. A individualidade é limitada pelo número de toques por equipe e pelo fato de que a bola não pode ser retida. Não há especialização absoluta, uma vez que todos precisam passar por funções de ataque e defesa. O resultado do rali é o ponto, a favor ou

ENTENDENDO O JOGO

contra, não existindo momentos absolutamente definidos de ataque e defesa. Um exemplo claro é o bloqueio, ao mesmo tempo em que ele está tentando evitar que o ataque adversário faça o ponto, podendo conquistá-lo caso envie a bola ao solo contrário.

Esses aspectos tornam o voleibol um esporte peculiar quanto à dinâmica coletiva. Com a finalidade de tornar mais didática a explanação sobre a tática do jogo, os sistemas táticos serão analisados seguindo uma ordem que facilite o entendimento deles e de suas inter-relações.

Sistemas de recepção

Na dinâmica do jogo, a recepção do saque é o primeiro elemento tático coletivo que aparece de modo claro. A partir dessa situação, as demais táticas se desenvolvem com a sequência das ações.

Os sistemas de recepção consistem na distribuição dos jogadores de uma equipe em quadra para receber o saque adversário, associada à facilitação da ação ofensiva subsequente.

As regras exigem que os jogadores estejam dentro da quadra de jogo no momento do saque, porém, não são todos que têm a função de receber o saque adversário. Existe uma área virtual de posicionamento, na qual se colocam os jogadores responsáveis pela recepção.

Pode-se imaginar a área de posicionamento dos passadores como um retângulo localizado no centro da zona de defesa (mais detalhes no Capítulo 5). Partindo desse espaço é possível, teoricamente, chegar à bola em qualquer lugar para o qual ela for enviada pelo sacador adversário.

Para cumprir as regras de posicionamento em quadra ou para facilitar sua própria movimentação ofensiva, alguns jogadores que não participam da recepção acabam ficando nesse espaço, sem, no entanto, atrapalhar os deslocamentos dos passadores.

A área de responsabilidade de cada passador depende da capacidade técnica e da posição de cada elemento envolvido na recep-

FIG. 2.12 – ÁREA DE POSICIONAMENTO

ção. Apesar de haver um padrão na distribuição dos passadores, esta varia de acordo com fatores próprios do jogo: tipo de saque, momento psicológico, combinação ofensiva traçada pelo levantador e outras situações momentâneas que devem ser analisadas pelos jogadores.

A recepção do saque pode ser realizada por cinco, quatro, três ou dois jogadores. Em todas essas formações, o levantador nunca participa da recepção, pois será responsável pelo segundo toque da equipe, o levantamento. Com a especialização das funções no voleibol, o número de passadores diminuiu e, quanto mais alto o nível técnico da equipe, menos jogadores terão especificamente a função de passe.

A recepção em cinco, conhecida também como recepção em "W", em razão do posicionamento dos jogadores em quadra, foi o primeiro sistema de recepção adotado e a forma preferida de todas as equipes orientais até pouco tempo, mas caiu em desuso, sendo ainda utilizada pelos iniciantes. Com o aumento da média de altura, o advento do ataque de fundo e a velocidade crescente do jogo, as equipes foram reduzindo o número de passadores.

Hoje, entre as equipes masculinas, a formação em dois jogadores prevalece e um terceiro elemento junta-se a esses dois para receber o saque "viagem", devido à potência deste. A maioria dos times costuma ter os atacantes de ponta e o líbero com a função de recepção.

No feminino, a recepção sempre foi problemática, por causa da altura da rede, que torna os saques mais difíceis de serem recepcionados. Por esta razão, as mulheres demoraram mais que os homens para reduzir o número de passadoras em seus sistemas de recepção. Até hoje algumas seleções hesitam em adotar formações mais modernas. As cubanas e algumas orientais recebem em quatro e até cinco passadoras na maior parte do tempo. A seleção russa foi pioneira na utilização de três jogadoras na recepção, no início dos anos 1990, e também introduziu a recepção com apenas duas jogadoras para determinados tipos de saque, alguns anos mais tarde. Com o advento do líbero, algumas equipes utilizam duas passadoras em várias situações. O líbero permite alterar consideravelmente a formação da equipe para a recepção. Um jogador com liberdade de entrar a qualquer momento do jogo no fundo da quadra e assumir a função de passador proporciona ao time a possibilidade de contar com atacantes não especializados na recepção do saque, mas que sejam mais fortes ofensivamente.

Duas situações defensivas, porém distintas, costumam ser confundidas em razão de nomenclaturas equivocadas. Toda ação que visa impedir o sucesso do saque adversário deve ser chamada de recepção; e toda ação que tem por objetivo impedir que o ataque do oponente toque o chão recebe a denominação de defesa. Pode-se usar o termo "passe" para indicar igualmente a ação de recepção e também de defesas originadas de ataques fracos ou fáceis. "Passe" era uma denominação utilizada antigamente para o levantamento, mas caiu em desuso.

Sistemas de jogo

Sistema de jogo, ou sistema de ataque, é a forma como a equipe distribui as funções de atacante e levantador entre os seis jogadores em quadra. Os mais utilizados desde a criação do esporte são: o 6 × 6, o 3 × 3, o 4 × 2, o 6 × 2 e o 5 × 1 (pronuncia-se "seis-seis", "três-três" e assim por diante).

- **6 × 6 (ou 6 × 0)**

É a denominação dada ao sistema em que todos levantam quando passam por determinada posição e, quando não estão nela, têm a função de atacar.

- **3 × 3 (ou sistema de duplas)**

Bastante empregado até o início da década de 1960, quando a maior parte dos ataques era feita em bolas altas e médias pela posição 3, esse sistema intercala um levantador e um atacante. Quando há dois levantadores na rede, um deles faz o papel de atacante. Não é mais utilizado atualmente. Era também chamado de sistema de duplas ou pares, pois costumava-se colocar lado a lado os jogadores que mais se afinavam em levantamento e ataque.

- **4 × 2 (ou 4 × 2 simples)**

Quatro atacantes e somente dois levantadores; e estes ocupam posições contrárias, sempre se revezando na rede e no fundo. O levantador da rede tem a função de levantar.

- **6 × 2 (ou 4 × 2 ofensivo ou, ainda, 4 × 2 com infiltração)**

O que distingue esse sistema do 4 × 2 simples é a infiltração, ou seja, o deslocamento do levantador que está no fundo da quadra para junto da rede com a intenção de realizar o levantamento. O objetivo da infiltração, que acontece durante a recepção ou a defesa, é ter o levantador que está na rede transformado em terceiro atacante.

O 6 × 2 é o sistema de jogo preferido pelos cubanos. Foi usado pela seleção masculina até meados dos anos 1980 e é empregado ainda hoje pela seleção feminina.

ENTENDENDO O JOGO

• 5 × 1

É, desde os anos 1980, quase unanimidade entre as melhores equipes do mundo. Envolve cinco atacantes e um único levantador, responsável por todos os levantamentos, esteja ele na rede ou no fundo. É produto da especialização no voleibol e da busca por um maior entrosamento entre os que atacam e um único levantador.

Último a aparecer na cronologia dos sistemas de jogo, o 5 × 1 foi introduzido, ainda que timidamente, no final dos anos 1960, em substituição ao 6 × 2. O atacante que assumiu o lugar do segundo levantador do sistema 6 × 2 recebeu a denominação "universal", pois possuía habilidade em todos os fundamentos – atacava bem, era peça fundamental na armação da recepção do saque e tinha a responsabilidade pelo levantamento quando a defesa era realizada pelo levantador. Nos primórdios do 5 × 1, o universal realizava até mesmo alguns levantamentos quando estava no fundo, transformando temporariamente o sistema em 6 × 2.

A desvantagem de, por três passagens, o levantador estar na rede e a equipe dispor somente de dois atacantes foi sanada com a substituição do "universal" por outro jogador mais alto e vigoroso, com ótimo rendimento em bolas atacadas do fundo e, muitas vezes, o melhor aproveitamento no ataque de bolas decisivas. Passou a receber o nome "diagonal" ou "oposto" por estar sempre cruzando com o levantador na formação inicial.

Para traçar uma diferença entre as características de um e de outro tipo, basta comparar os jogadores que exercem essa função na seleção brasileira no início dos anos 1980 (Renan e Bernard) e a partir dos anos 1990 (Marcelo Negrão e André Nascimento); jogadores completamente diferentes quanto a características técnicas e responsabilidades táticas. Algumas equipes femininas mantêm uma jogadora mais versátil naquela posição exatamente por causa da recepção do saque. No entanto, há a tendência de seguir o masculino e cada vez mais se aperfeiçoar o ataque de fundo com as opostas.

A adoção do 5 × 1 levou a uma especialização quase absoluta, com a determinação de características técnicas, físicas e psicológicas individuais ideais para ocupar cada posição:

- Os atacantes de meio, assim chamados porque jogam na posição 3, são altos e os principais personagens na organização do bloqueio conjunto da equipe. Atacam as bolas mais velozes na tática ofensiva, e geralmente dão lugar ao líbero no fundo de quadra.
- Os atacantes de ponta são geralmente bons passadores, de estatura elevada e com poder de salto para atacar bolas altas, nas quais os adversários chegam com bloqueio duplo ou triplo. Geralmente jogam nas posições 4 e 6.
- O atacante oposto tem, principalmente, poder de ataque diferenciado e condição física capaz de suportar a carga de decidir a maior parte dos ralis. Costuma jogar nas posições 1 e 2.
- O levantador tem bom toque de bola, visão periférica desenvolvida, raciocínio tático diferenciado, velocidade e agilidade, além de liderança tática. Por suas mãos passam todas as bolas para a construção do ataque e é dele a decisão sobre o destino do levantamento. Joga nas posições 1 e 2, alternando com o oposto.

Na distribuição da equipe em quadra, os jogadores de função semelhante devem estar dispostos de forma que, após o rodízio, quando um deixa a rede, o outro automaticamente assume a posição 4. Assim acontece com os atacantes de meio, os de ponta e entre o levantador e o oposto. A essa distribuição dá-se o nome de cruzamento, razão pela qual se diz que um jogador "cruza com outro" (conforme a Figura 2.13).

A inversão do 5 × 1 é uma tática de banco muito utilizada. Consiste na substituição simultânea do levantador (quando este sobe à rede) e do oposto (quando chega ao saque) pelos dois reservas com as mesmas funções. O detalhe é que o primeiro é substituído pelo atacante e o levantador reserva assume o posto do ata-

FIG. 2.13 – FORMAÇÃO BÁSICA DO 5 x 1

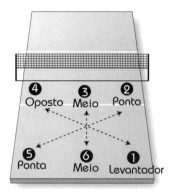

cante titular. Assim, teoricamente, por mais algumas passagens, a equipe contará com três atacantes na rede.

FORMAÇÕES OFENSIVAS

Formação ofensiva é a maneira como uma equipe se organiza para atacar. O ataque pode ser realizado a partir da recepção do saque ou da defesa, quando é denominado contra-ataque. Há maior facilidade de se organizar uma ação ofensiva a partir da recepção, pois o saque não é uma arma tão potente quanto o ataque e, consequentemente, a recepção é mais precisa que a defesa na maioria das vezes.

O sucesso da tática ofensiva depende de quatro fatores interligados: a eficácia do passe, a qualidade do levantamento, a escolha feita pelo levantador e a eficácia da ação de ataque. Percebe-se, portanto, que as formações ofensivas têm um elemento fundamental de organização: o levantamento.

Na linguagem do voleibol é mais comum chamar os levantamentos de "bolas". Portanto, costuma-se dizer "bolas altas", "bolas baixas", "meias-bolas" preferencialmente a "levantamentos altos" etc. De acordo com a velocidade e altura com que podem ser realizados, os levantamentos são classificados em:

- altos;
- rápidos;
- médios.

A bola alta é aquela em que o levantamento assume uma parábola maior e demora a chegar ao atacante. Em geral é utilizada quando o passe não sai em boas condições e o levantador tem como única opção dirigir a bola a uma das extremidades. Muitas equipes usam bolas altas mesmo com o passe chegando às mãos do levantador, ou dependendo do momento do jogo e das características do atacante que vai receber o levantamento.

Esse tipo é também chamado de bola de segurança, pois não é arriscado como as bolas rápidas e possibilita ajustes por parte do atacante em caso de imprecisão do levantador. As equipes da escola soviética utilizavam quase exclusivamente esse tipo de bola, por causa da superioridade de seus atacantes contra os adversários, em relação à estatura e ao poder ofensivo.

Os levantamentos rápidos, também chamados de bolas de velocidade, exigem entrosamento perfeito entre levantador e atacante e podem ser baixos ou rasantes, de acordo com a trajetória da bola. Os baixos são utilizados principalmente com os atacantes de meio, à frente ou atrás do levantador, e os mais comuns são o tempo-frente e o tempo-costas. Os rasantes (também conhecidos como "chutadas") podem ser utilizados com os meios (atacados a um ou dois metros do levantador) e com os atacantes de extremidade ou de fundo.

Nas "bolas de tempo", o ataque é realizado quando a bola atinge o ponto máximo de subida no levantamento, ou seja, deve ser atacada exatamente naquele "tempo" em que estaciona. Hoje é comum o atacante bater na bola quando ela ainda está subindo, tornando a jogada mais veloz.

Os levantamentos médios colocam-se entre os altos e os rápidos, em relação a altura e velocidade. Também chamados de meias-bolas, têm o objetivo de acelerar um pouco o jogo, porém, sem perder a garantia de que o atacante possa adaptar-se à bola em

ENTENDENDO O JOGO

caso de levantamento pouco preciso. São utilizados para a posição 2, para as bolas de fundo ou para a segunda bola de uma combinação de ataque, e até para a posição 4.

Não é possível precisar quando e quem iniciou a aceleração do jogo a partir dos levantamentos, pois ela ocorreu gradativamente. Várias inovações contribuíram para essa evolução.

Bolas de tempo já eram utilizadas no Mundial de 1956, porém, sem a mesma velocidade de hoje. A seleção japonesa feminina se valia de bolas aceleradas para encarar o alto bloqueio soviético nas décadas de 1950 e 1960. Outro fator que contribuiu para a evolução da tática ofensiva foi a utilização do ataque de fundo, apresentado na década de 1970, pela Polônia. A seleção chinesa feminina da década de 1980 foi responsável pela implantação da bola atacada com um pé só por trás da levantadora, junto da antena, após uma corrida quase paralela à rede. Essa bola foi imediatamente apelidada de "china" e copiada por todas as equipes femininas.

O voleibol feminino imprime, hoje, velocidade maior que o masculino, quase abolindo as bolas muito altas, apesar de equipes como Rússia e Cuba continuarem a utilizá-las com determinadas atacantes. Os últimos campeonatos internacionais mostram que as equipes masculinas estão buscando acelerar o jogo a partir dos levantamentos, seguindo a seleção brasileira sob o comando de Bernardinho, que usa este expediente de forma habitual desde 2000.

Na gíria voleibolística há uma diferenciação quanto à direção dos ataques. Nas bolas de extremidade costuma-se usar os termos "ataque para a diagonal" e "ataque para a paralela" (ou "corredor"). Essa distinção refere-se à trajetória tomada pela bola em relação à linha lateral mais próxima do atacante. Assim, quando se diz que um ataque foi para a "paralela" ou para o "corredor", a bola foi atacada paralelamente a esta linha lateral; ao passo que "diagonal" é o ataque que se dirige para a outra linha lateral, ou seja, assumindo uma trajetória diagonal àquela primeira linha. Nas bolas atacadas pelo meio, é ilógico, portanto, usar essa mesma diferenciação. Nesse caso, é preferível utilizar "ataque para a posição 1" ou "ataque para a posição 5".

As fintas

As fintas individuais são formas de ludibriar o adversário com ações que o levem a não saber a intenção ofensiva de quem a realiza. Elas podem ser de deslocamento ou de gesto. As de deslocamento buscam, por meio de mudanças repentinas de direção, fazer o bloqueador adversário antecipar-se no salto ou ir para o lado contrário àquele que, na verdade, o atacante irá. As de gesto utilizam o corpo no momento do salto ou do próprio ataque, mudando rapidamente um movimento anterior.

Muitas das fintas individuais foram sendo aposentadas na medida em que a média de altura aumentava e a envergadura dos bloqueadores compensava o atraso dos deslocamentos. As fintas coletivas ocuparam o lugar das individuais e hoje perderam a gama de variações que apresentaram nas décadas de 1970 e 1980. As principais equipes preferem optar pela eficiência de poucas jogadas, mais simples e sem trocas. O atacante de fundo aparece, hoje, muitas vezes, ocupando a posição que era do segundo jogador da finta, seja pela posição 1 ou pela região 6 (mais comum).

As fintas coletivas (ou combinações de ataque) são elaboradas a partir de movimentações conjuntas dos atacantes, visando ludibriar os bloqueadores adversários e facilitar a ação daquele que receber o levantamento. Enquanto nas fintas individuais o duelo é particular, nas coletivas há uma batalha mais elaborada. Alguém tenta chamar a atenção para si, buscando oportunidade para outro atacante trabalhar com chances maiores de sucesso. Em uma combinação, não é estabelecido de antemão qual atacante receberá o levantamento, cabendo ao levantador analisar qual deles estará em melhores condições de fazer o ponto.

As formações ofensivas envolvem, obrigatoriamente, um atacante na primeira bola (a bola de velocidade) e outro na segunda, que é um pouco mais lenta. Os demais não envolvidos nessas duas movimentações são definidos como atacantes da terceira bola. A equipe masculina do Japão foi a pioneira na utilização de combi-

ENTENDENDO O JOGO

nações de ataque como prática sistemática e elaborada nos Jogos Olímpicos de 1972.

A mais famosa combinação é a "desmico", forma reduzida de "desmicorética", denominação utilizada pelos soviéticos. A desmico já era utilizada no Mundial de 1956, porém, de forma mais lenta que a usada hoje. O atacante da posição 3 desloca-se para atacar tempo-frente e o da posição 2 movimenta-se logo depois, por trás do primeiro, para uma meia-bola. Independentemente de quais jogadores a executem, sempre que existir essa dinâmica de cruzamento entre os atacantes, a finta receberá o nome de desmico (Figura 2.14).

Outra combinação básica é a *"between"* (em inglês: entre, no meio de duas coisas), assim chamada porque o segundo atacante coloca-se entre o primeiro e o levantador. É mais utilizada pelo atacante da posição 3 (que vai para uma bola chutada de meio) e pelo da posição 4 (que se desloca para o meio da quadra logo depois da passagem do primeiro, saltando entre este e o levantador). Igualmente à desmico, todas as variações que seguem essa troca de posições são chamadas de *between* (Figura 2.15).

FIG. 2.14 – DESMICO

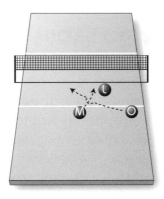

O VOLEIBOL DE ALTO NÍVEL – DA INICIAÇÃO À COMPETIÇÃO

Fig. 2.15 – Between

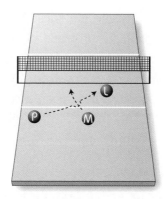

Ambas são muito utilizadas atualmente pelo jogador da posição 3 e o atacante de fundo que se apresenta para a segunda bola pela posição 6.

A PROTEÇÃO DE ATAQUE

É a organização dos que não participaram do ataque, para evitar que a bola que eventualmente volte do bloqueio adversário caia na própria quadra. Alguns se posicionam dentro da zona de ataque, protegendo as regiões mais próximas da rede, e outros, mais ao fundo.

O USO TÁTICO DO SAQUE

O saque tático não se resume ao saque curto, como se costuma considerar. É todo saque que objetivamente busca diminuir as chances adversárias de construir seu ataque e, consequentemente, aumentar as próprias possibilidades de ganhar o ponto.

A intenção clara por parte do sacador e as ações coordenadas dos demais jogadores para neutralizar a ofensiva contrária constituem o processo tático completo iniciado pelo saque, o qual pode resultar no ponto direto de bloqueio ou no amortecimento do ataque adversário e consequente contra-ataque.

Houve um tempo em que o objetivo do saque era simplesmente colocar a bola em jogo. Porém, além do jogo ter se tornado mais viril, as regras de ponto corrido obrigaram o sacador a imprimir mais força ao saque, pois a chance de a equipe receptora fazer o ponto a partir de um saque fraco é quase total. Essa é, também, a razão da elevada quantidade de erros de saque atualmente, principalmente em partidas masculinas.

FORMAÇÕES DEFENSIVAS

As formações defensivas se constituem na maneira que uma equipe organiza coletivamente o bloqueio e a defesa para neutralizar as ações ofensivas adversárias. Cada elemento da equipe é responsável por determinada área e as ações de bloqueadores e defensores devem estar estritamente coordenadas.

A função principal do bloqueio é proteger uma faixa da quadra dos ataques mais fortes. De acordo com o levantamento, os bloqueadores buscam uma colocação que impeça o atacante adversário de bater a bola para baixo e com o máximo de potência. A região protegida pelos bloqueadores é chamada de "sombra do bloqueio".

Aqueles que não participarem do bloqueio devem ocupar as regiões fora da "sombra", para defender as bolas que o atacante tirar do alcance dos bloqueadores. As largadas ou ataques de meia-força, dirigidos para as regiões protegidas pela "sombra", são mais lentos e podem ser recuperados com deslocamentos ou mergulhos. Os defensores são distribuídos nas regiões em que há probabilidade de ataques fortes (pois o bloqueio não pode se responsabilizar por toda a quadra) e em posições de onde seja favorecida a pronta ação para bolas mais lentas – exploradas, largadas, ataques de meia-força etc.

Existem dois momentos distintos nas formações defensivas. O primeiro é o posicionamento de espera, quando o levantamento adversário ainda não foi definido (Figura 2.16), e o segundo é quando a formação escolhida é assumida coletivamente, no momento do ataque.

Existiam dois tipos básicos de formação defensiva definidos já no posicionamento de espera: com centro avançado ou com centro recuado. No entanto, a formação com centro (defensor da posição 6) avançado, largamente utilizada pelos soviéticos e aplicada pela equipe russa feminina até os Jogos Olímpicos de 2004, foi abandonada.

A formação com o centro recuado tem a vantagem de contar com dois defensores adiantados próximos das laterais, responsáveis pelas bolas mais rápidas (largadas de segunda e ataques de primeira bola) e um jogador mais recuado (posição 6), que pode posicionar-se de acordo com o bloqueio. A partir desse posicionamento inicial, os defensores se movimentam conforme o levantamento executado pelo adversário e o sistema defensivo se arma com base no ataque adversário e na composição do próprio bloqueio.

A distribuição dos defensores na quadra lembra, em geral, a figura de um semicírculo. Por isso, o sistema de defesa sem um jogador responsável exclusivamente pelas largadas – posicionado

Fig. 2.16 – Posicionamento de espera

ENTENDENDO O JOGO

antecipadamente atrás do bloqueio – é chamado de formação defensiva em semicírculo (Figura 2.17).

Quando se estabelece alguém para ficar atrás do bloqueio, a organização é chamada de formação defensiva em quadrado, pela figura, em geral, formada pelos quatro defensores. É muito utilizada em situações em que o bloqueio é superior ao ataque (Figura 2.18).

Essas formações são identificadas de forma mais clara em ataques realizados pelas extremidades e quando o bloqueio consegue se posicionar adequadamente. Variações sempre ocorrem no caso de os bloqueadores não conseguirem se posicionar conforme o esperado, com defensores procurando ocupar espaços que seriam de responsabilidade dos primeiros. Em ataques realizados pela posição 3, os defensores quase não têm tempo de se movimentar e defendem muito próximo das posições que guardam na espera da definição do levantamento.

Apesar de as formações defensivas estarem diretamente ligadas ao poder ofensivo do adversário, elas devem obedecer às características da própria equipe e à organização do possível contra-ataque. Por isso, por exemplo, o oposto joga na posição 1 quando está no fundo de quadra, independentemente de sua qualidade técnica na defesa ou das possibilidades ofensivas adversárias.

FIG. 2.17 – FORMAÇÃO EM SEMICÍRCULO

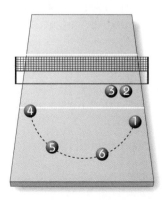

O VOLEIBOL DE ALTO NÍVEL – DA INICIAÇÃO À COMPETIÇÃO

Fig. 2.18 – Formação em quadrado

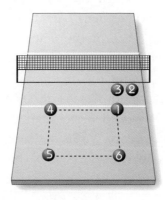

A COMISSÃO TÉCNICA

As regras de jogo permitem que, nas principais competições, apenas quatro pessoas se sentem no banco de reservas e façam parte da equipe: o técnico, o assistente-técnico, o preparador físico e o médico. São registrados na súmula de acordo com suas funções e têm deveres e direitos estabelecidos pelas regras durante as partidas. Dependendo da dinâmica de trabalho de cada equipe, cada um deles tem diferentes responsabilidades durante a partida.

O técnico é o líder da comissão, responsável pela montagem e direção da equipe durante o jogo. Ele determina as responsabilidades de cada membro da equipe para que a partida seja analisada convenientemente e quaisquer eventualidades ou problemas sejam solucionados.

Durante o jogo, de acordo com as regras, ele:
- confere a inscrição dos jogadores na súmula;
- dirige a equipe do lado de fora da quadra de jogo, sentado ou em pé;
- seleciona a formação inicial da equipe, preenchendo a ordem de saque;
- solicita substituições e tempos de descanso.

Ao assistente-técnico é permitido, segundo as regras, permanecer sentado no banco, sem o direito de interferir no jogo. Em caso de impossibilidade do técnico continuar dirigindo a equipe (por qualquer motivo, inclusive disciplinar), pode assumir as funções deste. Ele pode, comumente, receber uma ou mais das seguintes atribuições, conforme o desejo do técnico:
- analisar taticamente a equipe adversária e/ou a própria equipe;
- controlar as substituições e pedidos de tempo;
- registrar as ordens de saque;
- servir de intermediário entre o estatístico e o técnico;
- preparar as placas referentes às substituições pedidas pelo técnico;
- apertar a campainha ao lado do banco quando solicitado pelo técnico, para paralisar a partida.

O preparador físico:
- comanda o aquecimento pré-jogo;
- mantém os reservas adequadamente aquecidos para entrar a qualquer momento;
- atenta para o desempenho físico dos jogadores;
- faz anotações solicitadas pelo técnico, se for o caso;
- dirige o alongamento e o relaxamento após a partida.

Dependendo do caso, outro assistente-técnico pode assumir o lugar do preparador físico no banco de reservas, quando puder contribuir mais que este com informações e anotações sobre o jogo.

A presença do médico no banco de reservas acaba sendo preventiva, no caso de qualquer contusão ou mal-estar, já que ele não tem função alguma que interfira no andamento do jogo. Após a partida, efetua as avaliações médicas necessárias e acompanha os jogadores sorteados para o exame antidoping. Pode ser substituído por um massagista ou um fisioterapeuta.

Dos membros da equipe que não ficam no banco de reservas durante o jogo, três merecem destaque: o estatístico é peça fundamental para o entendimento do jogo por parte do técnico, fornecendo-lhe informações que podem levá-lo a tomar determinadas decisões; o supervisor e o fisioterapeuta não interferem diretamente na partida, mas têm papel importante na preparação geral da equipe.

O estatístico, além de analisar estatisticamente a partida – para isso conta com um computador portátil e com um programa específico de análise –, é responsável pela gravação dos jogos e posterior edição. Com base em parâmetros previamente estabelecidos com o técnico, cabe a ele analisar as ações da própria equipe e do adversário e, por meio do intercomunicador, passar ao assistente-técnico as informações pertinentes. Por isso, o estatístico deve ter sólidos conhecimentos tanto de voleibol como de informática.

Cabe ao supervisor, entre outras responsabilidades, organizar a quadra de jogo e o material (quando a equipe é anfitriã), entregar a documentação dos atletas à arbitragem, além de estar atento a ocorrências que atrapalhem o andamento do jogo e a necessidades da comissão técnica e dos jogadores durante a partida – provimento de água, algum material extra ou ações extraquadra que estejam interferindo no rendimento da equipe.

Devido à carga de treinamento a que o jogador é submetido, o fisioterapeuta é figura até mais presente que o médico. Realiza procedimentos específicos com os atletas até mesmo momentos antes das partidas e permanece atento às ações dos atletas durante o jogo.

AS PRINCIPAIS REGRAS

Desde a criação do voleibol, as mudanças nas regras do jogo ocorrem constantemente. O voleibol é um dos esportes que mais aceita modificações, primeiramente como forma de tornar o jogo mais dinâmico e, nos últimos anos, para torná-lo mais agradável ao público, menos extenuante para os jogadores e mais interessante para a transmissão dos jogos pelos meios eletrônicos de comunicação.

Em 1895, as primeiras regras diziam que o jogo era disputado em 9 pontos, só fazendo ponto quem sacava; não havia número de participantes determinado; a quadra media 15,24 × 7,62 m, mas

ENTENDENDO O JOGO

podia ser modificada de acordo com as necessidades; a rede ficava a 1,98 m de altura; a bola deveria ter entre 63,5 e 68,6 cm de circunferência e de 280 a 373 g de peso; o sacador devia colocar um pé sobre a linha no momento do saque e tinha direito a duas tentativas, podendo contar com a ajuda de um companheiro, que poderia tocar a bola para fazê-la passar para o outro lado; a bola não podia tocar a rede; bola na linha era considerada "fora"; a bola que tocasse um objeto fora da quadra e retornasse era considerada em jogo; era permitido o "drible" (tocar duas vezes consecutivas na bola com o objetivo de fintar o adversário) junto da rede.

Atualmente, as principais regras são as seguintes, expostas aqui de forma resumida e simplificada.

A quadra

A quadra de jogo mede 18 × 9 m e é demarcada por linhas que são consideradas parte dela. Uma linha central divide este espaço em duas áreas de 9 × 9 m.

A quadra de jogo é rodeada por uma zona livre de no mínimo 3 m e o espaço aéreo livre, a partir do solo, deve ser de no mínimo 7 m. Em competições internacionais, a zona livre deve ser de 5 m

FIG. 2.19 – QUADRA DE JOGO E SUAS MEDIDAS

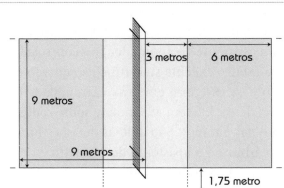

a partir das linhas laterais e de 8 m a partir da linha de fundo, sendo o espaço aéreo de 12,5 m.

Em cada meia-quadra há uma linha traçada a 3 m de distância do eixo central, que delimita e faz parte da zona de ataque. Essa linha se estende imaginariamente até o limite da zona livre e limita a ação ofensiva dos defensores.

A zona de saque, localizada atrás de cada linha de fundo, é a área na qual se realiza o saque.

Os equipamentos

A rede deve estar a 2,43 m do solo para jogos masculinos e a 2,24 m para femininos. Nas extremidades da rede, sobre as linhas laterais, existem duas faixas e, além do bordo externo destas, duas antenas que delimitam o espaço aéreo de jogo. A bola deve passar por entre as antenas quando dirigida à quadra contrária.

A bola

A bola deve ter circunferência de 65 a 67 cm e peso de 260 a 280 g. A pressão interna da bola deve ser de 0,426 a 0,461 libras.

A equipe de arbitragem

A equipe de arbitragem é composta por um primeiro árbitro e um segundo árbitro (somente eles podem apitar durante o jogo), além de um apontador, dois juízes de linhas (quatro em jogos internacionais) e um assistente do apontador (ou controlador de líbero).

O primeiro árbitro executa suas funções sentado ou em pé, no local designado para esse fim, em uma extremidade da rede e em um plano acima desta. Ele tem autoridade sobre todos os membros da arbitragem e das equipes. São dele as decisões finais.

O segundo árbitro é o assistente do primeiro e desempenha as suas funções de pé, próximo do poste e no lado oposto ao primeiro árbitro. Decide, apita e sinaliza as invasões, as faltas de posicio-

ENTENDENDO O JOGO

namento da equipe receptora, o contato faltoso com a rede ou com a antena e quaisquer ações de bloqueio ou ataque irregulares realizadas por jogadores de defesa.

O apontador desempenha suas funções sentado à mesa, situada no lado oposto da quadra, em frente ao primeiro árbitro. Registra em uma súmula específica os pontos marcados, os pedidos de tempo e as substituições dos jogadores, além de controlar a ordem de saque de cada equipe.

O assistente do apontador controla, principalmente, a entrada e a saída do líbero, verificando se elas são realizadas de acordo com as regras.

Os juízes de linha utilizam bandeiras para sinalizar as marcações e controlam as linhas de fundo e laterais, indicando "bola dentro", "bola fora" ou toque nos jogadores. Assinalam, ainda, as faltas provenientes dos pés do sacador.

A composição das equipes

Uma equipe pode ser composta por, no máximo, 14 jogadores. Dentre eles, um deve ser escolhido como capitão e outros dois

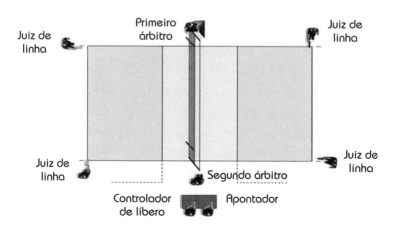

FIG. 2.20 – EQUIPE DE ARBITRAGEM

FIG. 2.21 – EQUIPE COMPLETA EM QUADRA

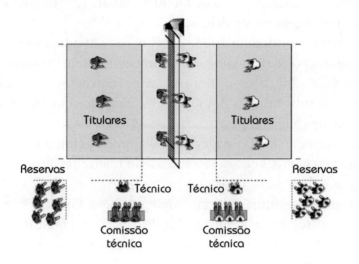

podem ser designados líberos. O capitão é o único que pode falar com os árbitros e representa a equipe nos sorteios e formalidades. Seis jogadores são considerados titulares e iniciam a disputa de cada *set*. Não é permitido que uma equipe jogue com menos de seis jogadores.

O técnico dirige a equipe do lado de fora da quadra de jogo, podendo dar instruções em pé dentro da zona delimitada para isso, à frente do banco de reservas.

A contagem de pontos

A equipe marca um ponto quando vence o rali (sequência de ações a partir do saque até o momento em que o árbitro indica que a bola está fora de jogo). A bola é considerada "dentro" quando ela toca o piso da quadra de jogo. É considerada "fora" quando toca o piso fora das linhas de delimitação da quadra ou qualquer objeto ou pessoa que não os jogadores em quadra, ou ainda quando cruza a rede por baixo dela ou além do limite estabelecido pelas antenas.

ENTENDENDO O JOGO

A partida é disputada em melhor de cinco *sets*. Um *set* (exceto o quinto) é ganho pela equipe que primeiro atingir 25 pontos. Em caso de empate em 24 pontos, o *set* prossegue até que dois pontos de vantagem sejam conquistados por uma das equipes. O quinto *set* é jogado até 15 pontos, com a mesma consideração da vantagem mínima de dois pontos a partir do 14º.

As posições em quadra

O posicionamento inicial dos jogadores indica a ordem de rodízio na quadra. Essa ordem é mantida durante todo o *set*.

No momento do saque, cada equipe deve estar posicionada dentro da sua própria quadra de jogo (exceto o sacador), conforme a ordem de saque. Os jogadores junto da rede são considerados de ataque e os de trás, de defesa. Eles recebem uma numeração (para efeitos de controle), de acordo com a posição que ocupam no momento:
- posição 4 (ataque-esquerda) – comumente chamada também de entrada de rede;
- posição 3 (ataque-centro) – ou meio de rede;
- posição 2 (ataque-direita) – ou saída de rede;
- posição 5 (defesa-esquerda);
- posição 6 (defesa-centro);
- posição 1 (defesa-direita) – ou posição de saque.

Essas posições devem respeitar as seguintes relações entre si no momento do saque (depois disso, os jogadores podem se deslocar e ocupar qualquer posição em sua própria quadra):
- o jogador da posição 1 deve estar à direita do jogador 6 e atrás do jogador 2;
- o jogador 2 deve estar à frente do jogador 1 e à direita do jogador 3;
- o jogador 3 deve estar entre os jogadores 4 e 2 e à frente do jogador 6;
- o jogador 4 deve estar à frente do jogador 5 e à esquerda do jogador 3;

Fig. 2.22 — Posições em quadra

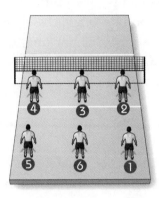

- o jogador 5 deve estar à esquerda do jogador 6 e atrás do jogador 4;
- o jogador 6 deve estar entre os jogadores 5 e 1 e atrás do jogador 3.

As posições dos jogadores são determinadas e controladas de acordo com a colocação de seus pés no solo e a proximidade deles em relação às linhas central e laterais.

O início do jogo

A equipe que inicia sacando no primeiro e no quinto *sets* é determinada por sorteio. Os outros *sets* são iniciados pela equipe que não iniciou sacando no *set* anterior. A bola é considerada "em jogo" a partir do saque, e é considerada "fora de jogo" quando um dos árbitros apita, encerrando o rali.

Quando a equipe que realiza o saque vence o rali, o mesmo jogador (ou seu substituto) saca novamente; quando a equipe que recebeu o saque vence o rali, ganha o direito de sacar. Nesse caso, seus jogadores efetuam um rodízio, avançando uma posição, sempre no sentido horário. O jogador da posição 2 vai para a posição 1, a fim de sacar; o jogador da 1 vai para a 6 e assim por diante.

ENTENDENDO O JOGO

O sacador tem oito segundos e apenas uma tentativa para executar o saque. No momento do saque ou do salto para efetuá-lo, o sacador não pode pisar na quadra de jogo nem fora da zona de saque.

O contato com a bola

Cada equipe pode tocar até três vezes na bola (além do toque de bloqueio) toda vez que ela é enviada a sua própria quadra.

Não é permitido a um jogador tocar duas vezes consecutivamente na bola, exceto em caso de bloqueio ou de primeiro toque da equipe (neste caso os toques devem ocorrer durante uma mesma ação).

A bola pode tocar qualquer parte do corpo dos jogadores, desde que não seja retida ou conduzida. Deve ser enviada para a quadra adversária por cima da rede e dentro do espaço de cruzamento (entre as antenas) e pode ser recuperada além da zona livre. A bola que tenha cruzado o plano vertical da rede em direção à zona livre adversária, por fora do espaço de cruzamento (além das antenas), é ainda considerada "em jogo" e pode ser recuperada desde que ela retorne por fora das antenas.

As interrupções

Há dois tipos de interrupções regulamentares de jogo: os tempos de descanso e as substituições dos jogadores. Cada equipe pode solicitar até dois tempos de descanso (com duração de 30 segundos) e seis substituições por *set*.

Nas competições internacionais podem ser adicionados a essas interrupções um ou dois tempos técnicos (somente nos quatro primeiros *sets*). Fica a critério da organização optar por duas paradas, quando uma equipe atinge o oitavo e o décimo sexto pontos, ou por apenas uma, quando um dos times chega ao décimo segundo ponto. Eles têm duração de um minuto e não são creditados a equipe alguma.

Os intervalos entre o primeiro e quarto *sets* devem durar três minutos, durante os quais as equipes trocam de lado. No quinto *set*, após intervalo de cinco minutos e novo sorteio para a escolha da quadra, as equipes trocam de lado quando uma delas atinge oito pontos no placar, mantendo-se a mesma formação antes da troca de quadra. Cada equipe pode realizar seis substituições em cada *set*. Um jogador da formação inicial substituído pode retornar ao *set* somente uma vez e no lugar daquele que o substituiu.

As invasões

Não é permitido tocar no adversário no espaço de jogo deste, tampouco na bola enquanto não se consuma a ação de ataque. Após o toque de ataque adversário, é permitido ao bloqueador tocar a bola no espaço do oponente. Toda ação de enviar a bola para a quadra adversária é considerada um toque de ataque, com exceção do saque.

É permitido tocar o solo adversário com qualquer parte do corpo acima dos pés enquanto a bola estiver "em jogo", desde que não haja interferência na ação do oponente. A invasão com os pés é exceção e só pode ser apontada quando estes estiverem totalmente em contato com o solo contrário. Caso haja qualquer parte dos pés ainda em contato com a linha central (ou tenham projeção sobre ela), não há invasão. Um jogador pode penetrar na zona livre contrária, desde que não interfira no jogo do adversário.

Não é permitido o contato do jogador com a rede ou com as antenas durante uma ação de jogo ou que interfira em favor próprio ou prejuízo do adversário.

O bloqueio

Bloquear é uma ação próxima da rede e acima do bordo superior desta, permitida somente aos jogadores de ataque, com a fina-

ENTENDENDO O JOGO

lidade de interceptar a passagem da bola enviada pela equipe adversária.

São permitidos contatos consecutivos por um ou mais bloqueadores, desde que durante uma mesma ação.

O bloqueio não é contado como um toque da equipe, tendo esta direito a três toques após a ação.

As limitações de atacantes e defensores

É proibido a um jogador de defesa realizar um toque de ataque de dentro da zona de ataque, quando a bola estiver acima da rede; a menos que o salto para o ataque tenha sido realizado de trás da linha de ataque. Não é permitido bloquear o saque adversário nem atacá-lo, com a bola acima do bordo superior da rede e dentro da zona de ataque.

O líbero

Cada equipe tem o direito de escolher dois líberos entre os doze jogadores, que deverão vestir uniforme de cor diferente dos demais. Não é permitido que ambos estejam em quadra ao mesmo tempo.

O líbero pode entrar no lugar de qualquer jogador de defesa e sua atuação está restrita às funções defensivas, não lhe sendo permitido completar um toque de ataque de qualquer lugar quando a bola estiver acima do bordo superior da rede. Não lhe é permitido, também, sacar ou bloquear ou realizar levantamentos em toque por cima (com as mãos e acima da cabeça) de dentro da zona de ataque. Um ataque acima do bordo superior da rede realizado por outro jogador, vindo de levantamento conforme esta última situação, é proibido. As entradas e saídas do líbero não são computadas como substituições, mas devem ser realizadas com a bola "fora de jogo".

O jogador que saiu para a entrada do líbero deve retornar no lugar deste. Quando ocorre a volta do jogador que havia saído para a entrada do líbero, é necessário aguardar novo rali para que nova troca possa ser realizada.

Em caso de contusão, expulsão ou desqualificação do único líbero ou de ambos, o técnico pode designar outro jogador exclusivamente para a função.

As punições

Ocorrem punições por parte da arbitragem quando há condutas antidesportivas ou com a intenção de retardar o reinício da partida.

Há uma graduação das punições, de acordo com a gravidade e/ou reincidência:
- Advertência – Não pune a equipe; o primeiro árbitro apenas informa o jogador e/ou a equipe que a próxima ocorrência incorrerá em penalidade ou mostra o cartão amarelo ao advertido.
- Penalidade – Sinalizada com o cartão vermelho, indica a perda do rali, implicando em ponto à equipe adversária.
- Expulsão – O árbitro mostra os cartões amarelo e vermelho na mesma mão ao infrator, que é obrigado a deixar a quadra de jogo até o final do *set* em disputa, permanecendo em uma área atrás do banco de reservas denominada área de penalidade.
- Desqualificação – Cartão vermelho e amarelo, mostrados simultaneamente, um em cada mão, indicam que o infrator não pode mais retornar à quadra, estando eliminado da partida.

Em caso de retardamento, a primeira ocorrência é punida com advertência a toda a equipe e os subsequentes com penalidade, independentemente do jogador que tenha provocado o atraso.

Quanto às condutas antidesportivas, a primeira conduta rude (ação contrária às boas maneiras, princípios morais e respeito) é punida com a perda do rali; a segunda leva o reincidente à expulsão; e a terceira, à desqualificação. A primeira conduta ofensiva (insulto com palavras ou gestos) é punida com expulsão; e a segunda com desqualificação. A primeira agressão (ataque físico ou tentativa) é punida com desqualificação. A desqualificação e a expulsão não acarretam perda do rali.

ENTENDENDO O JOGO

Fig. 2.23 – As principais marcações dos árbitros

Bola dentro

Bola fora

Bola tocada

Volta o saque

Vencedor do rali

Dois toques

(*continua*)

Fig. 2.23 – As principais marcações dos árbitros (continuação)

Quatro toques

Condução

Ataque de defensor

Bloqueio irregular/barreira

Sacador pisou na linha/invasão

Invasão do espaço adversário

(*continua*)

ENTENDENDO O JOGO

Fig. 2.23 – As principais marcações dos árbitros (continuação)

Toque na rede

Retardamento de jogo

Tempo de descanso

Substituição

Oito segundos

Erro de rodízio

(*continua*)

FIG. 2.23 – AS PRINCIPAIS MARCAÇÕES DOS ÁRBITROS (CONTINUAÇÃO)

Final de set ou de jogo

Os sinais oficiais

Os árbitros indicam, por meio de sinais manuais oficiais, a razão do apito.

A EVOLUÇÃO DAS REGRAS

Desde que William George Morgan abriu aos membros da ACM, na primeira apresentação em Springfield, o espaço para sugestões de mudanças nas regras do voleibol, estas vêm ocorrendo constantemente.

Em 1895:
- o jogo era disputado em 9 pontos, só fazendo ponto quem sacava;
- não havia número determinado de participantes (podendo ser jogado até um contra um – nesse caso, o saque se alternava);
- a quadra media 15,24 × 7,62 m, mas podia ser modificada de acordo com as necessidades;

- a rede media 0,61 m de largura, 8,23 m de comprimento e 1,98 m de altura;
- a bola, feita de couro ou lona, devia ter entre 63,5 e 68,6 cm de circunferência e de 280 a 373 g de peso;
- o sacador precisava colocar um pé sobre a linha no momento do saque e tinha direito a duas tentativas, podendo contar com a ajuda de um companheiro, que, caso necessário, tocava a bola para fazê-la passar para o outro lado;
- a bola não podia tocar a rede durante o "rali" (momento em que há ataque e contra-ataque);
- bola na linha era considerada "fora";
- o jogador não podia tocar a rede ou segurar a bola;
- a bola que tocava um objeto fora da quadra e retornava era considerada em jogo;
- era permitido o "drible" (tocar duas vezes consecutivas na bola com o objetivo de fintar o adversário) junto da rede, em um espaço limitado por uma linha a 1,22 m desta;
- o jogador (exceto o capitão) que reclamasse do árbitro era passível de desqualificação.

Em 1902, por sugestão de W. E. Day, após um período de experiência na ACM de Dayton, Ohio, foram adotadas as seguintes modificações:
- o jogo terminaria em 21 pontos;
- o saque deveria ser dado com a mão aberta ou com o punho;
- o jogador não poderia chutar a bola;
- bola na linha passaria a ser considerada "dentro";
- a altura da rede seria determinada em 2,28 m acima do solo;
- a bola não poderia tocar qualquer objeto;
- eliminava-se o drible.

Em 1912, um comitê encabeçado por J. H. Metturdy, C. N. P. Youg, G. Mayland, Christopher Scife e Y. Fischer elaborou modificações que foram oficializadas pela ACM em 1916 e divulgadas no ano seguinte no *Volleybal Guide*, publicação da American Sports

Publishing Company of New York. As principais mudanças constantes nesse guia foram:
- a quadra deveria medir 18,29 × 10,67 m e ter um espaço livre de altura de 4,57 m;
- o sacador só teria direito a uma tentativa;
- a largura da rede passava a 91 cm;
- fixava-se a disputa de dois *sets* por partida;
- introduzia-se o rodízio (jogadores trocariam de posição no sentido horário, ocupando a cada momento um lugar na quadra);
- a área de saque era limitada ao espaço atrás da linha de fundo;
- ficava proibido golpear a bola com o punho;
- diminuição do peso da bola: entre 217 e 280 g; aumento de sua circunferência: de 68,58 a 73,66 cm.

Em 1918, a ACM, em conjunto com a National Collegiate Athletic Association (NCAA), divulgava novas modificações:
- o árbitro poderia voltar o saque;
- a bola deveria pesar entre 248 e 311 g;
- a rede subiria a 2,43 m de altura;
- não seria permitido auxílio de outro jogador para que o saque passasse a rede;
- o *set* seria de 15 pontos;
- o saque não poderia tocar a rede;
- limite de seis jogadores de cada lado;
- não se poderia tocar a bola na quadra adversária, por sobre a rede;
- o saque poderia ser dado nos cantos da linha de fundo.

Sob a liderança de A. P. Idell, no início da década de 1920, várias foram as modificações indicadas, entre elas:
- validação de qualquer toque acima da cintura;
- introdução da linha central, proibindo-se a invasão da quadra adversária;

ENTENDENDO O JOGO

- limitação a três do número de toques por equipe (essa regra já era utilizada na Ásia desde 1918 e foi aceita depois de relato enviado pelo diretor do Núcleo Internacional da ACM de Manila, Elwood S. Brown, considerando que o jogo ficava muito mais dinâmico dessa maneira);
- alteração das medidas da quadra para os atuais 18 x 9 m;
- proibição aos defensores de atacar a bola em direção ao campo contrário, quando ela estivesse acima da rede;
- definição do lado direito da quadra para a realização do saque;
- determinação de que o *set* só terminaria em 15 pontos se houvesse diferença de 2 pontos entre os times;
- obrigação de numeração dos jogadores;
- novo estabelecimento da massa e pressão da bola: entre 280 e 311 g, e 7,5 a 8 libras, respectivamente;
- introdução do segundo árbitro, que acumulava a função de apontador;
- permissão ao jogador substituído para retornar no outro *set*;
- inclusão de um marcador (o precursor da antena) de 2,5 cm como limitador do espaço aéreo sobre as duas extremidades da rede;
- proibição da continuidade do jogo com menos de seis jogadores;
- proibição aos jogadores de conversarem após uma substituição, até que o saque fosse dado.

Em 1924, foram publicadas as primeiras regras oficiais para competições entre mulheres, adaptadas pelo Departamento de Moças Atletas dos Estados Unidos.

Em 1938, a grande inovação nas regras foi a permissão de até dois jogadores no bloqueio.

Com a fundação da FIVB em 1947, foi criada a Comissão das Leis de Jogo com o objetivo de assegurar a interpretação uniforme das regras e traduzir as regras e as modificações para os idiomas oficiais da entidade.

Após a criação dessa comissão, estas foram as mudanças mais significativas:
- seria permitido que a bola tocasse duas partes do corpo desde que simultaneamente;
- iniciava sacando no *set* seguinte a equipe perdedora do anterior;
- a bola poderia tocar a rede durante o rali;
- seria permitida a infiltração (jogador da defesa desloca-se para a zona de ataque a fim de realizar o levantamento);
- haveria dois tempos por *set*;
- seria permitido o bloqueio coletivo total.

Em Marselha, França, no ano de 1961, foi elaborado o Regulamento do Jogo de Voleibol pela FIVB e, em Moscou, no ano seguinte, redigiu-se o texto final das regras gerais que vigorariam nos Jogos Olímpicos de 1964. Entre as modificações:
- seria permitido ao bloqueio a invasão do campo adversário e a recuperação da bola bloqueada em um segundo toque pelo mesmo jogador.

Em 1970:
- antenas passaram a limitar o espaço aéreo em 9,40 m.

Em 1972:
- a arbitragem começava a ser mais complacente no contato com a bola quando os jogadores estivessem em dificuldades.

Em 1976:
- reduzia-se o espaço entre as antenas a 9 m;
- o toque no bloqueio não era mais considerado como o primeiro dos três toques permitidos.

Em 1982:
- passava a haver menos rigor no contato duplo na recepção e na defesa.

ENTENDENDO O JOGO

Em 1984:
- seria permitido o contato múltiplo em uma mesma ação de recepção ou defesa;
- passava a ser proibido o bloqueio do saque.

Em 1988:
- o *set* ficava limitado a 17 pontos e era criado o *tie-break*.

Em 1992:
- a bola poderia tocar qualquer parte acima dos joelhos na recepção ou na defesa.

Em 1994:
- a zona de saque era aumentada para 9 m (toda a linha de fundo);
- a bola poderia tocar qualquer parte do corpo em qualquer momento;
- o jogador poderia tocar a rede acidentalmente se não estivesse participando do lance.

Em 1996:
- a bola deveria ter, nos jogos masculinos, 5 libras;
- a bola, quando cruzasse a rede por fora das antenas, poderia ser recuperada igualmente por esse mesmo espaço;
- seria permitido tocar a quadra adversária com as mãos (valendo a mesma regra anterior existente para os pés);
- haveria somente um tempo de 30 segundos para cada equipe (do primeiro ao quarto *set*), com um tempo técnico de 1 minuto no 5° e no 10° pontos; no quinto *set* cada equipe poderia pedir dois tempos de 30 segundos.

Em 1998, a FIVB aprovou o sistema de pontuação testado no Campeonato Paulista e na Superliga 1998/1999:

- os quatro primeiros *sets* passariam a ser jogados em *tie-break* até 25 pontos ou até que se abrissem 2 pontos de vantagem; o quinto *set* seria jogado no mesmo sistema até o 15º ponto ou 2 de vantagem a partir daí;
- os tempos técnicos de 1 minuto ocorreriam no 8º e no 16º pontos e cada equipe teria direito a um pedido de 30 segundos;
- era incluído o líbero, jogador que poderia entrar a qualquer momento nas posições de defesa (desde que a bola não estivesse em jogo). Esse jogador não poderia levantar em toque da zona de ataque, sacar ou atacar. Suas entradas não contariam como substituição e o atleta que saísse deveria retornar em seu lugar;
- era dada maior liberdade ao técnico, que poderia movimentar-se em frente ao banco de reservas e dar instruções;
- o sacador teria 8 segundos para executar o saque, em uma única tentativa;
- o cartão amarelo passaria a ser exibido para a falta técnica (perda do ponto) e a primeira advertência seria dada verbalmente; o cartão vermelho, a exemplo do futebol, seria mostrado em caso de expulsão;
- a bola passaria a ser colorida, como já era no vôlei de praia.

Em 2006, a FIVB delimitou o espaço do técnico junto da quadra. Ele pode transitar ao lado do campo de jogo, porém, não pode ultrapassar uma linha pontilhada colocada a 1,75 m da linha lateral, e paralela a esta. Além disso, determinou o fim da "bola presa", deixando que o jogo prosseguisse quando adversários prendessem a bola nas disputas sobre a rede, na ação conhecida também como "braço-de-ferro".

Em 2008, foram alterados os seguintes pontos:
- nas competições internacionais adultas, cada equipe pode relacionar até 14 jogadores, podendo 2 destes serem designados líberos;

- é permitido tocar a quadra adversária com qualquer parte do corpo acima dos pés, desde que isso não interfira no jogo do adversário;
- jogadores podem tocar o poste, o cabo de fixação ou qualquer outro objeto além da antena, incluindo a própria rede, desde que não interfiram no jogo;
- é permitido que se toque na rede (desde que não se tire proveito disso nem interfira na ação do adversário), sendo considerado falta apenas quando o jogador toca o bordo superior da rede;
- não há mais solicitação de substituição, sendo aceita pela arbitragem como tal a entrada de algum jogador na zona de substituição (região ao lado da quadra, no prolongamento da zona de ataque).

No Congresso da FIVB, em 2012, estabeleceram-se duas alterações de regras, válidas a partir de 2013, que permaneceram após a alteração de 2014:
- em caso de expulsão ou desqualificação do líbero, a equipe pode dispor de outro jogador para esta função (o segundo líbero ou outro atleta);
- as punições por meio de cartões passam a ter outra interpretação: cartão amarelo passa a ser advertência; cartão vermelho pune com a perda do ponto; ambos os cartões mostrados na mesma mão anunciam a expulsão do atleta; e os cartões amarelo e vermelho em mãos separadas desqualificam.

Para o biênio 2015-2016, foram feitas algumas alterações, entre as principais estão:
- A comissão técnica pode ser composta por um técnico e até dois assistentes, um fisioterapeuta e um médico;
- Nos torneios adultos, a relação de atletas pode constar de até 14 nomes, sendo até dois líberos;
- O toque na rede – em toda sua extensão – volta a ser considerada infração, desde que realizado na ação de salto, golpe ou aterrissagem.

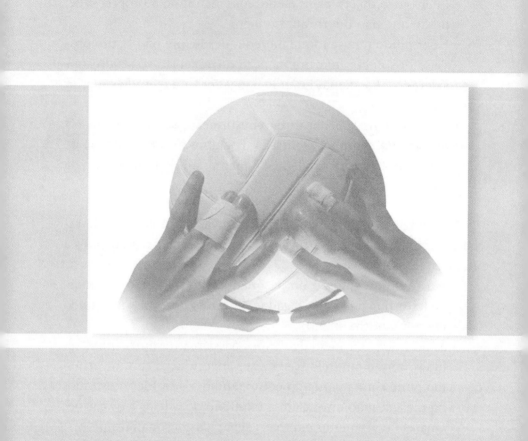

3

APRENDIZAGEM E TREINAMENTO

INTRODUÇÃO

Alguns esportes são rotulados de acordo com características próprias que os distinguem dos demais. O atletismo, por exemplo, é chamado por muitos de "esporte-base", por envolver habilidades de correr, saltar e arremessar, ou seja, as habilidades motoras básicas para a aprendizagem da maioria dos outros esportes. A natação é denominada de "esporte completo", por utilizar todos os segmentos do corpo em seus movimentos. E o voleibol, por sua vez, sempre foi considerado um esporte de complexo aprendizado.

Como todo esporte, o vôlei é baseado em gestos específicos, também chamados fundamentos. As características especiais desses gestos motores fundamentam sua fama, pois a maioria das habilidades do voleibol é classificada como não natural ou construída.

O entendimento das particularidades dos fundamentos e o ensino consciente e planejado das técnicas podem transformar um árduo caminho anunciado em algo mais agradável, eficaz e menos traumático ao aprendiz e futuro atleta. Para que isso aconteça é necessário compreender por que o voleibol é um esporte de complexo aprendizado.

Tomando como exemplo os deslocamentos específicos, nota-se que eles não são muito comuns nem fáceis de serem realizados, mas atendem às particularidades do jogo. Muitas vezes as habilidades naturais de correr, andar, saltitar e galopar misturam-se em um mesmo deslocamento que o jogador faz para bloquear ou defender. É simples ganhar velocidade máxima ao correr para a frente, no entanto, quando se busca ser veloz em um deslocamento de frente para a rede, tendo de realizar passadas cruzadas e laterais, a coordenação dos movimentos fica complicada.

Ao analisar a maneira como a bola é impulsionada, é possível classificar o voleibol como um esporte de rebater ou de volear. Entretanto, as formas comuns e naturais de rebater não podem ser transferidas para a real dinâmica de uma partida. Dentre os esportes mais famosos que envolvem essa habilidade motora (tênis, hóquei, *badminton*, críquete, tênis de mesa, beisebol), o voleibol é o único que não utiliza materiais para executá-la. Além dessa distinção, fundamentos do vôlei envolvem regiões do corpo usadas rara e eventualmente em aulas de educação física ou na prática de outros jogos ou brincadeiras.

Um bom exemplo é o saque. O contato tecnicamente correto com a bola é feito com a mão espalmada, o que demonstra a não naturalidade do gesto, pois, para impulsioná-la para longe, normalmente se utilizaria a mão fechada.

Outro caso é a manchete. O iniciante tem dificuldade de aprender este fundamento, pois a bola deve tocar a parte anterior dos antebraços, entre os punhos e os cotovelos. Isso provoca dores e pequenos edemas por causa da repetição do movimento, podendo desencadear desvios do padrão técnico, como rebater com os

APRENDIZAGEM E TREINAMENTO

punhos. Por quê? Porque rebater com os antebraços não é natural, mas é comum fazê-lo com os punhos.

Para completar o raciocínio, tome-se o toque por cima. Em quais situações normais rebate-se algum objeto ou uma bola com as pontas dos dedos? Além de diminuir sensivelmente as áreas de contato com a bola, anatomicamente é uma região delicada e desacostumada aos traumas de impacto que envolvem as formas de rebater.

Outro agravante no processo de aprendizagem é o fato de o voleibol ser o único esporte em que se defende e se busca um alvo horizontal: o próprio chão. Pela condição de bípede, é necessário adaptar os movimentos e a postura para o praticante manter-se em permanente prontidão. Deverá ajustar continuamente o centro de gravidade do próprio corpo a fim de executar movimentações rápidas e baixas na defesa de seu solo. A posição do defensor no voleibol é diferente do goleiro de futebol ou handebol, que defende um alvo vertical, o gol.

As próprias regras limitam a execução natural dos fundamentos do voleibol, pois não permitem que a bola seja retida, obrigando que decisão e ação sejam instantâneas. O número de toques por jogador e por equipe também dificulta o refinamento do contato e não possibilita um tempo maior de raciocínio para se tomar a decisão. Além disso, a presença da rede impede a tentativa de interferir diretamente nas ações do adversário.

Outro fato que merece ser destacado, este em nível didático-pedagógico, é o atropelo com que muitas vezes o esporte é ensinado. Quando os fundamentos são transmitidos em tempo muito curto, acarretam vícios e habilidades mal aprendidas que acabam desencadeando um rendimento pobre e ineficiente.

Apesar dessas dificuldades, um dos maiores obstáculos encontrados pelo voleibol reside na própria escola e em um estágio anterior à aprendizagem dos fundamentos. As habilidades de rebater não têm o mesmo tratamento das outras. Quase sempre são trabalhadas com materiais ou resumidas e utilizadas em suas formas mais básicas, não contando com a criatividade do professor de Educação Física na variação das maneiras de rebater em seus planos de aula.

Assim, a criança perde a oportunidade de vivenciar formas que seriam altamente interessantes para seu desenvolvimento motor e, futuramente, para ter a oportunidade de trilhar de maneira menos traumática os caminhos da aprendizagem de um esporte como o voleibol. Defende-se aqui (que fique claro!) unicamente a diversificação de habilidades, o enriquecimento e o respeito ao processo de maturação motora do indivíduo, para que não se empobreça nem se limite a aprendizagem futura de habilidades específicas.

A complexidade natural do aprendizado do voleibol não deve intimidar professores nem praticantes. Todos os detalhes levantados devem servir de incentivo à busca de novos caminhos. É preciso corrigir os desvios iniciais vindos do processo de aprendizagem motora na escola e estar atento aos momentos em que o corpo da criança pede novos e variados estímulos.

O profissional que trabalha com a iniciação do voleibol precisa compreender essa lacuna existente na condição motora da maioria das crianças e criar situações para experiências novas e básicas, apesar de muitas vezes tardias. É preferível retroceder e ensinar habilidades básicas não vivenciadas a introduzir as crianças em técnicas específicas, levando-as a situações de absoluta frustração na execução dos fundamentos.

APROVEITANDO A ALTA ADAPTABILIDADE DO VOLEIBOL

Uma das vantagens do voleibol é a variedade das formas lúdicas de jogo, podendo ser adaptado a diversos locais e sofrer alterações de regras, tamanhos de quadra ou materiais utilizados normalmente. Essas improvisações devem ser estimuladas, sobretudo em comunidades carentes ou escolas sem recursos, por professores ou entusiastas do esporte. A criatividade e a improvisação oferecerão oportunidades para que o voleibol seja praticado em lugares inimagináveis.

APRENDIZAGEM E TREINAMENTO

A adaptação contribui para a massificação e a popularização do esporte, propiciando: a participação de maior quantidade de pessoas; o surgimento de talentos; o aumento do prazer em praticá-lo; o interesse em aprender novas técnicas; a prática regular e a definitiva solidificação do voleibol na preferência da população. Todo jogo que é praticado com prazer e interesse é seguido pela necessidade natural de ser mais bem jogado. E é nesse ponto que o voleibol, como esporte competitivo, pode ganhar com a massificação, por meio do aumento da procura por ensinamentos mais apurados para o aperfeiçoamento da técnica de jogo.

Levar o esporte para as comunidades menos abastadas, em formas lúdicas mais simples e adaptadas, não é questão de oportunidade, mas sim de iniciativa. Não é preciso ter antenas ou redes oficiais, uma simples corda esticada entre dois postes de rua pode motivar crianças que, assistindo ao voleibol pela televisão, julgavam ser impossível praticá-lo fora de um ginásio com toda a infraestrutura vista na tela. A seleção natural dos mais talentosos será consequência desse processo de criar situações e aumentar o número de participantes com maneiras informais de jogar.

Não há dúvida de que o voleibol como esporte e recreação contribui muito para a educação da população. Mesmo aquele que não o pratica nem tem a intenção de se tornar um jogador de alto nível poderá ser apreciador do esporte, acompanhando os filhos, os amigos ou as disputas oficiais pelos meios de comunicação ou comparecendo aos ginásios.

Mais que um evento esportivo, o voleibol se torna um evento social. Se houver aumento do interesse popular, a tendência é que novos investidores vejam no voleibol um instrumento de *marketing* e que a imprensa se mobilize para atender a essa preferência. Assim, o campo de trabalho nesse esporte poderá ter um aumento considerável, abrindo espaço para mais profissionais atuarem na área (técnicos, preparadores, médicos, fisioterapeutas, roupeiros, secretárias, serventes etc.). No futebol, é quase impossível quantificar o número de pessoas empregadas em clubes participantes de todas as divisões regionais, nas centenas de cidades do país que mantêm equipes semiprofissionais e profissionais.

A IDADE IDEAL

É difícil precisar a melhor idade para começar um treinamento específico de voleibol. Segundo Seefeldt (1996), há poucas evidências de que há uma idade ideal para aprender habilidades específicas. Existe uma combinação de fatores: idade cronológica, estatura e vários aspectos relacionados à maturação biológica. O treinador deve, portanto, analisar todas essas variáveis para dirigir suas aulas e treinos e individualizar o máximo possível suas estratégias pedagógicas. Nem todos estarão em condições idênticas de prontidão apenas por apresentar a mesma idade cronológica. Por isso, é interessante manter um acompanhamento médico nos grupos de iniciação e categorias menores, a fim de receber orientações que se somem à observação dos gestos motores durante as aulas.

A literatura relaciona alguns estágios de maturação biológica, neurológica e motora pelos quais o ser humano passa antes de ter condições de aprender os fundamentos específicos das modalidades esportivas.

Chaurra et al. (1998) dizem que entre os 6 e 7 anos de idade a criança deve ser estimulada a melhorar a execução das habilidades básicas e vivenciar a combinação entre elas. Dos 8 aos 9, aproveitando a riqueza de manifestação das habilidades e a assimilação de suas combinações, deve-se começar a familiarizar a criança com práticas esportivas culturalmente determinadas, de acordo com seus interesses e possibilidades. Dos 10 aos 12, as habilidades aprendidas anteriormente oferecem uma base facilitadora para que a aprendizagem das técnicas do esporte escolhido pela criança seja possível.

Gallahue (1989) determina três estágios: o geral, o específico e o especializado. No estágio geral, dos 7 aos 10 anos, a criança aprende movimentos relacionados às habilidades esportivas, sem especificação de modalidade, propiciando total liberdade para o descobrimento e a vivência geral.

No específico, com crianças de 11 a 13 anos, ocorre a aprendizagem de algumas habilidades específicas e busca-se a concretização de padrões de movimentos, mas não há, ainda, a imposição de uma modalidade esportiva em especial.

A partir dos 14 anos, no estágio especializado, o adolescente poderá dedicar-se a um esporte determinado, com intenção formal ou informal, recreativa ou competitiva.

No entanto, Magill e Anderson (1996) alertam que pode haver uma diferença de até quatro anos de desenvolvimento físico-motor na puberdade. Portanto, nessa faixa etária, alguns apresentam maior facilidade para aprender do que outros. Assim, um púbere de 12 anos pode se parecer com um de 9/10 anos, ao passo que outro pode ter um desempenho motor parecido com os de 15/16 anos.

O trabalho correto e condizente com o desenvolvimento motor e psicológico do aprendiz propiciará uma assimilação sem traumas, mais rápida e harmoniosa. É preferível renunciar ao sucesso em curto prazo em troca do alto desempenho do aprendiz em idade mais apropriada.

A partir de vários estudos, pode-se sugerir uma divisão do processo de aprendizagem do voleibol em cinco estágios, de acordo com o desenvolvimento humano e com a especificidade do voleibol, guardadas as observações feitas anteriormente.

- Escolar (7 a 10 anos):
    » habilidades básicas e combinadas;
    » variações nas formas de rebater;
    » jogos adaptados de rebater.

- Iniciação (10 a 11 anos):
    » habilidades trabalhadas não especificamente, mas adaptadas às do voleibol;
    » combinação das habilidades básicas com rebater;
    » maior complexidade nas combinações;
    » jogos adaptados sobre a rede;
    » jogos e tarefas de rebater mais específicas.

- Aprendizagem (11 a 14 anos):
  » aprendizagem das habilidades específicas do voleibol;
  » ênfase nas formas básicas;
  » evolução nas formas de jogo;
  » reforço do raciocínio tático.

- Aperfeiçoamento (14 a 18 anos):
  » combinação dos fundamentos;
  » variação dos fundamentos;
  » raciocínio tático mais elaborado;
  » formas concretas e mais elaboradas de jogo;
  » correções técnicas;
  » início da especialização.

- Treinamento total (a partir dos 18 anos):
  » jogador pronto;
  » manutenção técnica;
  » amadurecimento tático e psicológico;
  » adaptação técnica em relação às funções;
  » especialização.

AS HABILIDADES ENVOLVIDAS DIRETA E INDIRETAMENTE NO VOLEIBOL

O professor deve, por princípio, estimular a criança no momento propício, respeitando sua maturidade motora. Não pode introduzir habilidades específicas do voleibol em faixas etárias inapropriadas. Infelizmente, não é incomum a fabricação de miniatletas, especializando-os precocemente, por despreparo ou vaidade profissional de alguns ditos "educadores". Desempenhar o papel de educador é oferecer as devidas oportunidades, no tempo certo, acrescentando ao acervo motor da criança um cabedal rico e variado. É exatamente a diferenciação entre a estimulação oportuna e a especialização precoce que este capítulo procurará esclarecer, a favor da primeira.

APRENDIZAGEM E TREINAMENTO

Andar, correr, saltar, lançar e rebater são habilidades naturais que devem ser enriquecidas por meio de métodos atraentes e facilitadores.

Andar e correr devem fazer parte do aquecimento, com a maior variação possível. Os deslocamentos treinados de maneira diversificada desenvolvem o equilíbrio, que se distribui de modo diferente pelas articulações, conforme as direções tomadas. Desenvolvidos em formas e distâncias variadas, devem ser incluídas paradas bruscas, alternância dos níveis de postura e mudanças rápidas de direção, criando situações de equilíbrio estático, dinâmico e recuperado.

Saltitar e galopar estão intimamente relacionados a várias situações do jogo de voleibol, afinal a corrida para uma cortada, uma defesa ou outra ação implica passadas de ajuste, que são transferências dessas habilidades locomotoras. Quando o aprendiz depara com essas situações, e caso não tenha adquirido anteriormente a experiência das formas mais simples do saltitar e do galopar, ele tem dificuldade em executá-las com qualidade. As variações de distância, direção e nível de postura devem ser igualmente associadas a essas habilidades.

O saltar no voleibol parece se resumir a alcançar a maior altura possível, entretanto, o jogador executa várias formas de salto durante todo o jogo. São saltos para a frente e para o alto em um ataque de fundo, saltos de correção para atacar uma bola mal levantada, saltos em projeção lateral para o bloqueador alcançar uma bola longe de si, saltos variados de acordo com algumas jogadas de ataque (china e dois tempos) ou saltos que partem de um nível baixo de postura (defesa com mergulho ou rolamento), além de outros. Assim, é importante para a criança saltar distâncias variadas e a partir de vários níveis posturais, que lhe permitam controlar a tonicidade muscular e o equilíbrio, para evitar contusões ou quedas.

Volear, por definição, é a habilidade de rebater, em que o executante mantém o controle constante do objeto manipulado, em geral junto do próprio corpo, ou, ainda, uma habilidade combinada de uma sequência de absorção e de propulsão, em um contato instantâneo com a bola. O volear e o rebater estão diretamente ligados ao voleibol, pois a bola deve ser mantida sob absoluto controle do executante, que deve enviá-la a determinado local, dependendo do momento do jogo. A criança que passa por experiências ricas de volear tem muito menos dificuldade na aprendizagem das habilidades do voleibol, principalmente as que requerem uma coordenação mais fina e elaborada de movimentos.

É interessante utilizar objetos de diversos tamanhos, pesos, formas, texturas e estimular a criança a rebatê-los com todas as partes do corpo, nos diferentes níveis de postura e para distâncias e direções variadas. Convém partir do mais leve (que permanece mais tempo no ar) para o mais pesado; do mais fácil para o mais difícil; de alvos mais próximos e maiores para mais distantes e menores. Em qualquer estágio é preciso progredir aos poucos, proporcionando a vivência de todas as habilidades envolvidas no voleibol.

A combinação de todas essas habilidades deve ser criativa e incluída nos diversos momentos de uma aula de educação física ou de iniciação ao voleibol.

A criança fica muito estimulada com jogos. O professor deve criar formas lúdicas e recreativas em grupos com diferentes números de componentes, abrangendo as habilidades desenvolvidas, como complemento do trabalho proposto.

Sugere-se também o trabalho de consciência corporal. O autoconhecimento por meio de *feedback* interno leva a um desempenho mais seguro e com mais qualidade.

O PROCESSO METODOLÓGICO

O ensino do voleibol de alto nível deve seguir uma metodologia. Dois métodos são utilizados, basicamente, para desenvolver a aprendizagem dos fundamentos: o Progressivo-Associativo e o Dinâmico-Paralelo. Ambos agrupam os fundamentos em três grupos, mas os ordenam de forma diferente.

O Dinâmico-Paralelo ordena os fundamentos de acordo com a sequência normal de um jogo, no qual o primeiro elemento é o saque, o segundo é a recepção do saque (em forma de manchete), o terceiro, o levantamento, e assim por diante. Apesar de essa abordagem possuir vários adeptos, alguns aspectos do Método Dinâmico-Paralelo são questionáveis.

O que o diferencia do Progressivo-Associativo é a ordem de ensino dos fundamentos do primeiro e segundo grupos, e é exatamente nesse início de processo que a criança encontra maior dificuldade para aprender. Ensinar o saque por baixo como primeiro elemento com bola traz sérias limitações à sequência do trabalho e à associação dos fundamentos.

Já é difícil para uma criança que inicia a prática do voleibol volear a bola que tem nas próprias mãos, quanto mais receber uma bola que é enviada do outro lado da quadra, por sobre a rede, por um indivíduo que, igualmente, não tem controle suficiente sobre seus movimentos.

É mais sensato que se dê a ela a oportunidade de ter, em princípio, a bola em suas mãos, possibilitando-lhe controle de força, autoconhecimento, contato mais frequente com o elemento do jogo e *feedback* interno mais apropriado.

A associação dos demais fundamentos torna-se mais difícil pelos mesmos motivos. Como associar o toque e a manchete ao saque que não consegue ser recebido? A tentativa de resolver esse problema leva quase sempre a criança a buscar outros meios, que não o movimento técnico correto, para interceptar a bola que lhe foge do controle. O reduzido número de repetições e a baixa quantidade de acertos provocam um desestímulo inaceitável para essa etapa da aprendizagem.

Ocorre um novo choque quando é ensinado o saque tipo tênis, como primeiro elemento do segundo grupo. Por sua potência e pela dificuldade de direcionamento da bola, acarreta problemas na qualidade da manchete para a recepção e, consequentemente, na organização da aula ou treino.

Por esses motivos, o Método Progressivo-Associativo é considerado o mais apropriado para ensinar o voleibol de maneira uniforme e rica em organização, associação e variação de elementos.

O sistema consiste em seguir a dinâmica dos movimentos específicos a serem realizados, associando-os de acordo com a semelhança de postura e, aumentando progressivamente o grau de dificuldade dos fundamentos, proceder a uma transferência mais suave do fundamento aprendido para o seguinte.

No Grupo I, o nível de postura para executar as habilidades – posição do corpo em relação ao solo – é médio, geralmente com o centro de gravidade mais baixo que o normal, as pernas semiflexionadas e os braços partindo de uma posição intermediária entre a cabeça e o quadril.

A posição básica é associada à movimentação específica, que nada mais é que a manutenção da postura em deslocamento. Depois vem o primeiro fundamento com bola, o toque por cima, que pode ser associado às posições básicas e movimentações específicas já desenvolvidas. Essa combinação oferece maior possibilidade de variações de exercícios e tarefas, permitindo a fixação da aprendizagem.

A manchete é ensinada logo após o toque, aproveitando a mesma posição básica para realizar as movimentações específicas e chegar às bolas enviadas distantes do corpo. Com esses dois fundamentos aprendidos, aumenta-se a riqueza de exercícios, tarefas e jogos adaptados que podem ser realizados e associados às posições básicas e movimentações específicas.

Por que o toque vem antes da manchete? A manchete, depois de aprendida, torna-se a forma mais fácil de tocar a bola. Por ser executada com os braços estendidos, na altura do quadril ou até abaixo dos joelhos, fato impossível no toque por cima, o aprendiz se acomoda. Se a manchete for ensinada antes, o toque passará a ser um artigo de segunda necessidade, havendo, ainda, uma queda qualitativa nas movimentações específicas e nas posições básicas.

Com todos os elementos anteriores bem assimilados e uma vivência motora específica mais consistente, chega-se ao saque por

APRENDIZAGEM E TREINAMENTO

baixo. A facilidade em lidar com o toque por cima e com a manchete permite ao aprendiz antecipar seus movimentos, prever de forma mais elaborada a trajetória da bola e ter melhor conhecimento em relação às maneiras de que dispõe para chegar a determinado local em que poderá interceptar a bola, que vem do outro lado da quadra.

Durante a aprendizagem dos elementos desse grupo, deve-se dar especial atenção à posição básica e às movimentações específicas, fazendo com que elas antecedam a execução dos demais fundamentos e incluindo-as em todos os jogos adaptados.

O Grupo II apresenta fundamentos semelhantes quanto à postura alta, os quais antecedem sua realização, com o corpo geralmente estendido e com os movimentos executados com os braços acima da cabeça.

Com a combinação saque-manchete-toque assimilada, inclui-se a cortada, forma mais eficaz de alcançar o objetivo do rali, que é colocar a bola no solo adversário.

O bloqueio deve ser ensinado após a cortada, quando o aprendiz tiver adquirido um equilíbrio adequado no final dos movimentos. Os riscos de contusões (principalmente entorses de tornozelos e joelhos) em virtude das invasões à quadra contrária são grandes quando o iniciante não tem domínio do salto e do reequilíbrio. Todavia, convém atentar para as particularidades do ensino do bloqueio no Capítulo 4.

O saque tipo tênis pode, então, ser introduzido. O aprendiz tem desenvolvida a habilidade para receber o saque e executa a cortada com desenvoltura, o que, em relação a força e semelhança de movimentos, facilita a aprendizagem desse tipo de saque. Alguns treinadores colocam o saque balanceado como elemento a ser aprendido na sequência. Como será visto nos capítulos seguintes, ele possui algumas vantagens que devem ser levadas em consideração.

Da mesma forma que no Grupo I, deve-se atentar para a posição básica e as movimentações específicas antecedendo os fundamentos do Grupo II.

Enquanto os fundamentos do Grupo II são ensinados, algumas variações das habilidades do Grupo I precisam ser aprendidas para que a criança consiga resolver os problemas advindos das formas mais avançadas de jogo, como a manchete alta e toque de costas e lateral.

Por fim, inicia-se a aprendizagem do Grupo III, cujos fundamentos são realizados a partir de uma posição baixa. A defesa torna-se necessidade básica para interceptar a cortada e evitar que a bola atinja o chão. Na medida em que o voleibol passa a ser jogado com mais vigor e desenvoltura, aprender técnicas variadas de defesa, além da manchete, é importante para o desenvolvimento técnico e a prevenção de lesões provocadas pela própria bola ou por quedas indesejadas.

A velocidade da bola exige que se ensinem formas de ir ao chão que facilitem a volta imediata do praticante ao jogo e que evitem contusões provocadas por quedas atabalhoadas e sem técnica. Primeiro são introduzidos os rolamentos, que partem de posições nas quais o aprendiz tem o corpo apoiado no chão; em seguida, os mergulhos, que possuem uma fase aérea na execução, em que não há contato do corpo com o solo, portanto, com grau de dificuldade maior.

As quedas devem ser ensinadas depois de a defesa ter sido bem assimilada, incentivando o aprendiz a usar os deslocamentos para chegar à bola.

Os recursos não são formas usuais de técnica e às vezes são até particulares. De tempos em tempos, de acordo com as mudanças nas regras e nas formas de jogar, aparecem novos recursos. Eles só podem ser ensinados quando as técnicas tradicionais estiverem devidamente dominadas, pois assim terão utilização eventual e não corriqueira.

Convém salientar que não se deve esperar pela execução perfeita de um fundamento para dar início ao ensino do seguinte. O aperfeiçoamento se dá posteriormente e com a combinação de exercícios. Muitas vezes, o padrão de movimento do toque só se estabelecerá de modo adequado quando o aluno estiver aprendendo a cortada. Não se deve, todavia, promover a aprendizagem de outra habilidade quando a anteriormente ensinada ainda se encontrar no estágio elementar, com o aluno praticando-a com insegurança e sem apresentar controle mínimo da bola e do corpo.

O PROCESSO PEDAGÓGICO

O processo pedagógico consiste na sequência gradual de procedimentos que levam o aluno a aprender o fundamento que se deseja ensinar, atingindo o padrão motor no tempo devido e com a qualidade de execução esperada. Entre os métodos conhecidos, o ideal é o sintético-analítico-sintético, que permite ao aluno experimentar o fundamento, aprendê-lo de forma decomposta e depois realizá-lo de forma global.

Estruturação do processo pedagógico

É ordenada da seguinte maneira:
1. apresentação do fundamento;
2. importância do aprendizado correto e da utilização em jogo;
3. experimentação (global);
4. sequência pedagógica;
5. exercícios educativos e formativos;
6. fixação (automatização);
7. aplicação.

1. Apresentação do fundamento

A apresentação do fundamento deve ser executada com qualidade, com um padrão de movimento sem falhas, pois este será o modelo que o aluno registrará na memória. Se o professor não souber executá-lo corretamente, deve valer-se de fotos ou gravações em vídeo ou até convidar pessoas que possam realizá-lo de acordo.

2. Importância do aprendizado correto e da utilização em jogo

Muitos fundamentos não despertam interesse e não são devidamente aceitos como importantes em uma partida. Nesse momento o professor vai "vender o seu peixe", ou seja, mostrar ao aluno que é fundamental aprender corretamente aquele novo fundamento e como é possível aplicá-lo para jogar voleibol como seus ídolos. Nesses casos, pode-se também recorrer a fotos e vídeos.

É importante salientar a necessidade de criar situações em que o aluno perceba a importância de aprender todos os fundamentos, sem exceção. "Por que eu preciso aprender isso?" é uma das perguntas mais ouvidas durante essa fase. Um bom recurso é criar situações de jogo antecedendo a aprendizagem direta e isolada de um fundamento, para que a criança veja a importância da utilização daquela habilidade específica. A pergunta anterior transforma-se em "Por que eu não consigo fazer isso?". A percepção do problema é o fator de motivação para que o trabalho do professor se torne mais fácil e o resultado final, apropriado.

3. Experimentação

A livre experimentação faz parte do processo, atendendo à curiosidade do aluno e permitindo que ele vivencie as dificuldades para realizar o fundamento. Cada aluno terá um comportamento diferente do outro, uns realizando a habilidade naturalmente e outros com mais dificuldade. Com essa observação, o professor poderá definir alguns tratamentos diferenciados dentro do processo que iniciará.

4. Sequência pedagógica

Visa facilitar a aprendizagem, decompondo a habilidade em partes que possam ser isoladas do ponto de vista motor e trabalhadas com o objetivo de obter um aprendizado uniforme ao retomar o fundamento como um todo.

APRENDIZAGEM E TREINAMENTO

Essa etapa deve ser elaborada de forma lógica e gradativa, sem sobressaltos. A aprendizagem de alguns fundamentos pode ser iniciada com movimentos sem o uso da bola de voleibol (podendo utilizar bolas mais leves, bexigas ou simplesmente o gesto). O professor pode, também, valer-se de meios auxiliares (paredes, mesas, cordas etc.).

5. Exercícios educativos e formativos

Durante o processo de aprendizagem, por questões neuromotoras ou físicas, alguns alunos apresentarão desvios no padrão de movimento que devem ser corrigidos. Para isso, dispõe-se de exercícios educativos e formativos. Os educativos são exercícios específicos para correção de um desvio motor. Exemplo: o aluno, durante a execução do toque, o faz com as mãos espalmadas; para corrigir isso é necessário um exercício educativo, como apanhar a bola no chão, com o contato correto dos dedos nela, e lançá-la contra a parede.

Às vezes, a razão que impede um aprendiz de realizar determinado movimento não é de origem motora, mas sim física. Caso o executante não consiga, por exemplo, impulsionar a bola no toque porque seus braços não têm força suficiente, deve-se utilizar um exercício formativo, para que ele melhore a capacidade que limita seu desempenho.

6. Fixação (automatização)

O processo de aprendizagem só é concluído quando ocorre a fixação do fundamento no nível neuromotor, e a repetição é a principal ferramenta para que o aluno fixe o movimento. Enquanto não houver automatização, o processo não acaba.

Aos poucos deve-se aumentar a complexidade de execução para que haja adaptação do aluno às condições externas – velocidade, força e oscilações da bola – e às diferentes situações de jogo que ele encontrará.

7. Aplicação

A partir da fixação, é preciso aplicar o fundamento à realidade do jogo. Isso não significa necessariamente que ele tenha de ser utilizado em um jogo de voleibol de seis contra seis, mas sim associado aos outros elementos e depois em forma simplificada de jogos pré-desportivos.

O lúdico tem papel decisivo na motivação para o aprendizado dos fundamentos e do jogo de voleibol. Jogos adaptados para alcançar o objetivo específico de aplicação do fundamento recém-aprendido são ótimos para despertar o prazer em praticar corretamente a habilidade em questão.

É fundamental, durante todo o processo, dosar intensidade e duração, aumentando gradativamente a dificuldade de execução. A desmotivação é limitadora quando o aprendiz é colocado à prova para executar um fundamento que ele ainda não domina completamente, em um grau de dificuldade alto para o estágio em que ele se encontra.

O desenvolvimento do padrão de movimento de qualquer fundamento segue três estágios: inicial, elementar e maduro. No estágio inicial, a criança ainda não é capaz de prever a trajetória da bola tampouco se posicionar adequadamente. No elementar, o padrão de movimento ainda está caracterizado e o aprendiz tem dificuldades em manter a bola sob domínio ou dar-lhe direção. No estágio maduro, todo o padrão de movimento já está adquirido.

É importante que o professor saiba identificar em qual estágio se encontra cada um de seus alunos para dirigir melhor o programa de ensino, respeitando as individualidades e fornecendo elementos pedagógicos que possibilitem ao aluno completar a aprendizagem.

4

TÉCNICA

POSIÇÕES BÁSICAS

Os primeiros elementos a serem ensinados são também chamados de posições de expectativa. Não chegam a ser habilidades propriamente ditas, pois não envolvem o manuseio da bola nem qualquer tipo de movimentação. Podem ser entendidos, conceitualmente, como posturas corporais que antecedem a execução das habilidades específicas do voleibol. Variam de acordo com o fundamento que as sucede e a dificuldade da ação. Têm o objetivo de permitir o ajuste rápido do executante para chegar à bola da melhor maneira possível. Em um esporte veloz como o voleibol, ela pode significar o sucesso ou insucesso das ações subsequentes.

Durante um jogo entre pessoas sem recursos técnicos, a bola cai várias vezes à frente dos praticantes, que agem tardia e desajeitadamente (o famoso "assustou-se com a bola") ou sequer esboçam reação. O voleibol de alto nível requer estado de alerta constante, que otimize a análise e o tempo de resposta. A posição básica predispõe o executante a isso.

Ela não é muito cômoda, mas é precondição para jogar bem o voleibol. Deve ser incutida desde os primeiros momentos da aprendizagem, para virar hábito, e cobrada durante todo o processo e momentos do jogo. No entanto, a manutenção da posição básica acarreta cansaço muscular, fazendo o iniciante sentir os músculos das pernas e da região lombar um tanto fadigados após os treinos. A repetição das posições básicas nas várias situações do jogo, exigindo a semiflexão dos joelhos e do tronco e a sustentação dessa postura, requer um grau de resistência muscular que a criança não possui. Assim, a melhor maneira de desenvolvê-la é aumentar gradativamente o número de repetições, o tempo de sustentação na posição e a pausa entre os exercícios, sempre compensando o esforço com alongamentos e relaxamentos.

A posição básica requer equilíbrio constante e faz com que o executante tenha, muitas vezes, o centro de gravidade fora do próprio corpo, principalmente nas situações de defesa, obrigando-o a se colocar mais próximo do chão para defender sua "propriedade". Além do equilíbrio estático, exige força isométrica de membros inferiores, tronco, membros superiores e pescoço, assim como flexibilidade dorsal.

Tipos e descrição

Há três tipos de posição básica: baixa, média e alta. A escolha da mais adequada varia principalmente em função da percepção do jogador em relação ao que pode ocorrer na jogada. Quanto maior a dificuldade para defender o próprio solo, mais baixa deve ser a postura do executante.

É importante, porém, não desperdiçar energia sem necessidade, assumindo posições baixas quando as ações do jogo não exigem essa postura corporal. Isso causa, desnecessariamente, desgaste dos músculos e da capacidade de concentração.

• Posição básica baixa

É utilizada nas situações que antecedem a defesa, a proteção de ataque, a recepção do saque em suspensão ("viagem"), certas recuperações e, às vezes, o levantamento (no ajuste a uma recepção ou uma defesa imprecisas).

Apresenta as seguintes características de execução:
- pernas afastadas lateralmente (em uma distância pouco maior que a dos ombros) e ligeiramente no sentido antero-posterior;
- pés apoiados na metade anterior, com os calcanhares fora do chão e com as pontas voltadas levemente para dentro;
- membros inferiores semiflexionados, guardando uma angulação de flexão de 90 a 100 graus entre coxas e pernas;
- joelhos projetados à frente dos pés e ligeiramente voltados para dentro;
- tronco flexionado sobre as coxas, formando uma angulação de aproximadamente 90 graus e alinhando o quadril com os calcanhares;
- ombros à frente dos joelhos, proporcionando leve desequilíbrio do corpo;
- cabeça erguida em direção à bola (que virá sempre de uma altura superior);
- membros superiores semiflexionados à frente do tronco, de maneira que as mãos (ligeiramente contraídas) se posicionem mais adiante que os demais segmentos, entre os joelhos e os ombros, podendo estar mais afastadas ou mais próximas, conforme a situação.

O VOLEIBOL DE ALTO NÍVEL – DA INICIAÇÃO À COMPETIÇÃO

FIG. 4.1 – POSIÇÃO BÁSICA BAIXA

- POSIÇÃO BÁSICA MÉDIA

Antecede a recepção do saque flutuante e o levantamento. É usada também durante o deslocamento do defensor para sua área de responsabilidade. A execução da posição média se assemelha à da posição baixa, mantendo, porém, o centro de gravidade mais alto e mais para dentro do corpo, com os membros inferiores menos flexionados, assim como o tronco. É como se o executante fosse puxado um pouco para cima, ficando mais equilibrado e em uma posição mais cômoda.

FIG. 4.2 – POSIÇÃO BÁSICA MÉDIA

• Posição básica alta

É própria dos bloqueadores e dos atacantes. Aqueles no aguardo da definição ofensiva do adversário e estes durante a análise do passe e do levantamento da própria equipe, antes de iniciar a corrida para o ataque.

Pela própria diferenciação na execução do bloqueio e do ataque, o executante assume posições básicas distintas, principalmente no posicionamento dos braços e no afastamento das pernas. Quando estas habilidades forem analisadas separadamente, terão essas diferenças detalhadas.

No início do processo de aprendizagem, deve-se dar maior importância aos dois primeiros tipos. Juntamente das movimentações específicas, as posições básicas baixa e média são fundamentais para a aprendizagem das demais habilidades e constituem, juntamente das movimentações específicas, a base da formação técnica do atleta de voleibol.

O professor deve cobrar atitudes e execuções de qualidade desde a iniciação. No futuro, o atleta agradecerá ao técnico exigente, mas jamais perdoará aquele que tenha sido negligente em corrigi-lo.

MOVIMENTAÇÕES ESPECÍFICAS

Devem ser ensinadas simultaneamente às posições básicas, pois todas as variações de deslocamentos têm como ponto de partida uma postura corporal também específica. Convém ressaltar que no voleibol não só a velocidade absoluta interessa para chegar à bola, pois o fundamento a ser realizado na sequência requer equilíbrio corporal, para que a ação tenha a qualidade desejada.

A movimentação específica é uma habilidade que não envolve diretamente o contato com a bola, constituindo-se, no entanto, precondição para o jogador executar a ação de jogo. A posição básica antecede a execução da movimentação específica e é muitas vezes mantida durante o próprio deslocamento.

A movimentação específica possibilita chegar a determinado local para, entre outros exemplos, defender uma bola que esteja distante do corpo ou bloquear diferentes tipos de ataque em toda a extensão da rede. As pernas são o único instrumento capaz de levar o jogador de um lugar a outro – como diziam alguns técnicos: "Quem tem perna é você, não a bola; portanto, mexa-se!".

Não se pode negligenciar essa fase, pois o voleibol é um esporte jogado mais com os pés do que propriamente com as mãos. Quanto mais o jogo se torna dinâmico para o iniciante, maior é a necessidade de movimentações velozes e eficazes. A decisão imediata e precisa do executante sobre qual tipo de deslocamento utilizar frequentemente determina o sucesso da ação. Vários fatores devem ser analisados em frações de segundo e a ação deve ser instantânea, pois dificilmente a bola vem diretamente ao corpo do executante, sem que ele precise movimentar-se até ela. Com a vivência diversificada, o aprendiz acelera o processo de aprendizagem e interfere no jogo antecipadamente e com mais precisão.

As movimentações específicas do voleibol não devem ser consideradas de maneira simplista, pois podem variar quanto a direção, dinâmica, postura e distância, assim como ao fundamento a ser realizado posteriormente. Por mais veloz que seja o jogador, a escolha do deslocamento mais adequado indicará o sucesso da ação. Uma opção equivocada – provocada muitas vezes pela limitação motora imposta pela aprendizagem simplista – acarreta atraso e desequilíbrio, e consequentemente um fundamento executado com ineficácia.

Sua execução envolve as seguintes capacidades físicas: agilidade; coordenação dinâmica geral; velocidade de reação; coordenação visual-motora; velocidade de deslocamento; equilíbrio dinâmico e recuperado; força excêntrica de membros inferiores (nos breques); e força isométrica de membros inferiores (manutenção da posição).

Como requisito para melhor fixação, é necessário que estejam bem desenvolvidas as habilidades básicas de andar, correr, saltitar, galopar e saltar e as combinações entre elas. As movimentações específicas podem ser classificadas de várias formas. Primeiramente, vamos considerá-las conforme os tipos de passada:

TÉCNICA

Corrida normal

É utilizada sempre que possível, quando o objetivo é ganhar maior velocidade ou impulsão ou alcançar bolas que estejam à frente ou atrás do corpo.

Galope

Deslocamento curto e de ajuste, em que os pés não se cruzam, exatamente para aumentar o equilíbrio do corpo e, no "chute" intermediário entre as passadas, possibilitar um ajuste imediato à posição ideal para executar o fundamento.

Passada lateral

Realizada de lado, os pés não se cruzam nem se impulsionam como no galope. É utilizada em deslocamentos curtos ou de ajuste.

Passada cruzada

Passada lateral em que há alternância dos pés tal qual a passada normal para a frente. É usada, geralmente, em distâncias maiores, em que o galope lateral despenderia mais tempo.

FIG. 4.3 – GALOPE: DESLOCAMENTO CURTO E DE AJUSTE

Fig. 4.4 – Passada cruzada: deslocamento para distâncias maiores

Passada mista

Utilizada para cobrir distâncias maiores, em situações em que é necessário, primeiramente, ganhar velocidade – corrida normal ou cruzada – e, depois, um ajuste à bola – galope ou passada lateral.

Saltito

Pequeno salto para chegar ao local desejado, utilizado principalmente pelos bloqueadores quando não há tempo para executar a passada lateral ou cruzada, ou mesmo o galope.

As movimentações específicas variam, ainda, segundo a direção tomada pelo executante:

- **Para a frente**

Os deslocamentos para a frente podem ser curtos ou longos, velozes ou de ajuste. O tipo de passada a ser utilizado – corrida normal, galope ou passada mista (normal + galope) – pode ser antecedido por qualquer posição básica, dependendo da necessidade requerida pela ação e ainda por um giro de corpo, nas bolas mais afastadas e altas que se dirigem às costas do executante. Convém lembrar que as distâncias máximas percorridas pelos jogadores de voleibol nunca excedem 10 metros, eventualmente chegan-

TÉCNICA

do a isso. É importante que os estímulos de treinamento nunca extrapolem esse limite.

Tem utilização constante na recepção do saque (em trechos curtos e de rápido ajuste) e no levantamento. Especificamente, é o deslocamento da cortada, que deverá ser ensinado como parte do processo deste fundamento.

- ### Para trás

São, em geral, curtos, quando não há condições técnicas ou físicas de executar um giro para se deslocar de frente. Desenvolvidos em corrida normal, galope ou passada mista, são utilizados quando o jogador sai do bloqueio e se posiciona para contra-ataques, na recepção do saque e no levantamento.

- ### Para os lados

São deslocamentos curtos, de ajuste ou de ganho de velocidade. Apresentam maior número de variações de passadas: em galope, lateral simples, cruzada ou mista (galope + lateral simples ou cruzada + lateral simples, por exemplo). São amplamente utilizados no bloqueio e em movimentações de defesa ou recepção.

- ### Para as diagonais

Usados em distâncias curtas, mesclam passadas dos deslocamentos para a frente e para os lados. São realizados em galope, com passada cruzada ou mista, para receber o saque, defender ou levantar.

- ### Mistas

O jogador se desloca para uma região e um acontecimento inusitado – um desvio no bloqueio ou em outro defensor – o obriga a mudar a direção da corrida.

Toda movimentação específica é antecedida por uma posição básica e em algumas situações esta postura é mantida durante o deslocamento. Assim, as movimentações específicas também se dividem em:

- baixa;
- média;
- alta.

A posição básica adotada antes do deslocamento pode ser alterada de acordo com a proximidade da bola ou com a necessidade de ganho de velocidade. Por exemplo, na recuperação de uma bola que se dirige para o fundo da quadra, o jogador corre de frente (a distância é grande e a trajetória alta da bola permite que o jogador corra normalmente para ganhar velocidade), porém, ao final assume uma posição mais baixa, para chegar perto da bola que vai se aproximando do chão. Após essas observações, podemos considerar que as movimentações específicas possuem três fases distintas de execução: a preparação (posição básica), o deslocamento e o posicionamento para executar o fundamento, conforme a dificuldade para realizá-lo. A primeira e a segunda fases variam de acordo com a terceira e com as diferentes situações de jogo, como veremos a seguir.

- ### Para a recepção

É desaconselhável cruzar as passadas no momento da recepção, pois as oscilações da bola no saque flutuante e a velocidade no "viagem" obrigam o jogador a estar sempre equilibrado para poder tocá-la corretamente com os braços ou mãos e dirigi-la para o local desejado.

- ### Para o levantamento

Como o levantamento sucede a recepção ou a defesa, muitas vezes há um ajuste inicial em passadas normais do levantador ao

TÉCNICA

antever a direção que a bola irá tomar. A partir daí, os ajustes são feitos, sempre que possível, com passadas em galope, pois ele precisa manter uma postura de equilíbrio tanto em relação à bola como à rede e ao local ao qual enviará a bola. Muitas vezes a corrida normal em velocidade precisa ser utilizada quando a bola se afasta muito de sua posição, sendo esta mesclada com passadas de ajuste (geralmente em forma de galope) para o correto posicionamento sob a bola.

• Para o ataque

As movimentações são específicas e variam de acordo com o tipo de ataque, como veremos adiante no título referente.

• Para o bloqueio

É, talvez, o fundamento em que as passadas têm maior importância no resultado final da ação. Pela própria posição dos bloqueadores em relação aos adversários, os deslocamentos são feitos exclusivamente paralelos à rede. O título "O bloqueio", neste capítulo, detalha cada situação.

• Para a defesa

As movimentações são executadas quase sempre em distâncias curtas, em posição baixa e requerem velocidade.

• Para a proteção de ataque

Há, em geral, dois momentos: um em que o jogador se desloca em posição mais alta para acompanhar a recepção e o levantamento e outro em que ele se dirige com velocidade para uma posição que possibilite recuperar a bola eventualmente devolvida pelo bloqueio adversário.

• **Para recuperação de bolas**

Bolas que são defendidas com imprecisão, porém, com chance de serem recuperadas, requerem rápidas decisões. Deve haver uma adaptação a distância a ser percorrida: para espaços curtos, o jogador usa a posição baixa e, para os longos, a alta, abaixando à medida que se aproxima da bola.

TOQUE POR CIMA

Fundamento que consiste no recebimento e envio imediato da bola com os dedos, realizado na altura da cabeça ou acima dela. Utilizado principalmente no levantamento, pode ser recurso para defesa de ataques mais fracos. É o primeiro fundamento com bola a ser ensinado.

O toque por cima é utilizado no levantamento por dois motivos básicos:
- pela precisão, uma vez que a acomodação da bola nos dedos do executante ocorre em tempo relativamente maior, permitindo-lhe tirar a força do passe enviado e, com a bola encaixada nas mãos, ter mais controle para direcioná-la ao alvo;
- pelo fato de as mãos do levantador estarem mais próximas da mão do atacante, diminuindo o tempo que a bola leva para sair daquele e chegar a este. Ao contrário da manchete, que é realizada à altura da cintura e, por isso, demora mais tempo para que ela chegue ao atacante, tornando o levantamento menos preciso e mais lento, o que facilita a ação do bloqueio adversário – basta reparar que um levantamento feito em manchete quase sempre é acompanhado da chegada de um bloqueio duplo ou triplo.

O toque envolve as seguintes capacidades físicas: agilidade; coordenação dinâmica geral; velocidade de reação; coordenação visual-motora; força isotônica de membros inferiores, membros

TÉCNICA

superiores, punhos, dedos e cintura escapular; flexibilidade de cintura escapular, braços, punhos e dedos; equilíbrio estático, dinâmico e recuperado; flexibilidade abdominal e força dorsal (para o toque de costas e lateral); e potência de salto (toque em suspensão).

As habilidades motoras requeridas são: receber; volear; rebater; e as combinações com todas as habilidades locomotoras que possam anteceder ou preceder o toque.

Para todos os tipos de toque por cima (que serão abordados adiante), as fases de execução praticamente se repetem, seguindo padrão semelhante quanto a postura, posicionamento de mãos e braços e consequente realização.

As principais fases de execução estão descritas a seguir.

Posição básica e deslocamento para a bola

Variam conforme a dificuldade para recuperar a bola que é endereçada ao executante. Quanto maior a dificuldade prevista para chegar à bola enviada pelo passador ou defensor, mais baixa é a posição básica.

As movimentações específicas são escolhidas de acordo com a distância a ser percorrida pelo levantador. Para trajetos curtos, opta-se por deslocamentos de ajuste (em galope, geralmente), ao passo que os mais longos são percorridos primeiramente em corridas normais, passando o executante a ajustar as passadas ao chegar próximo da bola.

Posicionamento do corpo sob a bola e preparação

O posicionamento do corpo deve ser antecipado para que, quando a bola chegar, o executante esteja: totalmente sob ela, em posição básica baixa ou média, dependendo da altura da bola; com os membros inferiores afastados o suficiente para não impedir pequenos ajustes finais antes do toque e dar equilíbrio ao corpo;

com os braços semiflexionados, de modo que os cotovelos fiquem um pouco acima da linha dos ombros e ligeiramente à frente do corpo; com as mãos estendidas para trás e próximas da cabeça, acima dos olhos, aguardando a chegada da bola; e com os dedos quase na posição natural quando relaxados, um tanto mais estendidos, mas não completamente, pois o contato da bola com eles é que fará com que se estendam para amortecer sua chegada.

Execução

Com o posicionamento anterior assumido, os dedos devem formar um encaixe perfeito para a bola que vai chegar: os dois polegares são a base principal, auxiliados pelos indicadores (formando quase um triângulo com eles) e médios; os anulares e os mínimos também participam do toque, mas com uma função mais de direcionamento do que de impulsão à bola. A saída da bola das mãos do executante deve ser seguida de uma cadeia ritmada de movimentos do corpo todo para a direção tomada por ela, com a extensão de braços, pernas e pés.

Pronta ação para o prosseguimento do jogo

O jogo prossegue e o jogador precisa ter consciência de que sua função não termina ali, participando de uma subsequente proteção de ataque.

Os tipos de toque por cima variam conforme a situação:

- TOQUE PARA A FRENTE

É o mais comum, a bola toma a direção à frente do executante. Pode ser realizado também em suspensão, com uma das mãos ou seguido de rolamento. Na execução, os segmentos devem naturalmente acompanhar a bola para a frente e para o alto, ou seja, a trajetória tomada por ela.

TÉCNICA

FIG. 4.5 – EXECUÇÃO DO TOQUE

- TOQUE PARA TRÁS (OU DE COSTAS)

A bola segue caminho inverso ao anterior. É utilizado, em geral, para levantar para as posições 1 e 2 e/ou fintar os bloqueadores.

A partir do posicionamento e do encaixe da bola nas mãos do executante, há uma rápida, porém controlada, projeção do quadril à frente, provocando extensão gradativa do tronco para que a bola possa tomar o caminho desejado. Depois, os braços se estendem na direção da trajetória da bola, com a cabeça também acompanhando o movimento, enquanto o quadril completa sua projeção. Acompanhar a bola com os olhos é uma boa referência para o aprendiz que apresenta dificuldade em realizar o movimento correto.

FIG. 4.6 – TOQUE PARA TRÁS OU TOQUE DE COSTAS

Sua execução diferencia-se da do toque para a frente somente no momento de impulsionar a bola. Por ser muito utilizado em fintas, se houver uma alteração da postura corporal antes da execução do toque, a intenção do levantador ficará clara, fazendo a estratégia ir por água abaixo.

- TOQUE EM SUSPENSÃO

Amplamente utilizado pelos levantadores hoje em dia, é empregado como recurso para atingir bolas altas, por meio de um salto. O toque recebe esse nome exatamente por acontecer na fase aérea. Permite acelerar o jogo, pois a bola fica mais próxima da mão do atacante. Ajustes para bolas passadas fora da rede, que eram feitos pelos levantadores por meio de posturas mais baixas e até rolamentos, passaram a ser realizados com o salto em projeção à bola, o que abrevia o tempo de execução do toque e mantém a velocidade desejada de jogo.

Pode ser realizado para a frente, para trás, em toque lateral ou com uma das mãos. Por não haver contato dos pés com o chão no momento do toque, esse tipo de movimento não deve ser habitual nos primeiros momentos do processo de aprendizagem, pois ele tira muito da força que pode ser aplicada à bola pelo executante, além de exigir uma coordenação motora muito mais apurada.

FIG. 4.7 – TOQUE EM SUSPENSÃO

TÉCNICA

- Toque lateral

A bola é direcionada para o lado do corpo do executante, que estará de frente ou de costas para a rede. Utiliza-se esse recurso para evitar que a bola passe ou toque a rede e o próprio jogador não invada ou esbarre na rede com os cotovelos ou ombros. Pode ser executado em suspensão ou do chão.

É necessário haver adaptação de mãos e ombros para a realização correta. Estes devem estar alinhados e posicionados um mais baixo que o outro, dependendo do lado para o qual se quer enviar a bola – se a direção desejada é à direita do corpo, o ombro esquerdo deve estar acima do direito, e vice-versa –, enquanto as mãos acompanham esse desnível, para que a bola se encaixe mais na mão correspondente ao lado para o qual será enviada. Quando se realiza o toque lateral de frente para a rede, os polegares assumem uma posição de proteção, para que a bola seja brevemente retida e trazida novamente para a própria quadra, o mesmo acontece com os outros dedos quando o executante está de costas para a rede.

- Toque com uma das mãos

Usa-se esse recurso quando a bola está longe do corpo ou muito alta e o encaixe perfeito das duas mãos não é possível. Depende

Fig. 4.8 – Toque lateral

muito da habilidade do levantador, que pode executá-lo, quase sempre em suspensão, para a frente ou para trás. É realizado com as pontas dos dedos e com o braço quase completamente estendido, em uma ação extrema. Os levantadores de alto nível conseguem direcionar perfeitamente um toque com uma das mãos. Em geral, aparam a trajetória da bola para o atacante de bolas rápidas, que se antecipa, antevendo a dificuldade que o levantador encontrará.

• TOQUE SEGUIDO DE ROLAMENTO

É realizado próximo do chão. O executante entra em desequilíbrio após semiflexionar as pernas e, para evitar contusões e poder se posicionar melhor para a bola, realiza um rolamento durante ou após o toque. Pelo fato de estar desequilibrado e com as pernas aparando o corpo para o rolamento, o executante conta apenas com a força dos membros superiores, precisando ter força, habilidade e agilidade para impulsionar a bola com precisão e simultaneamente controlar a queda. Portanto, esse tipo de toque deve fazer parte de um momento mais adiantado de treinamento.

O toque ainda pode ser classificado de acordo a trajetória da bola. Dependendo da parábola que ela descreve ao ser endereçada ao atacante ou ao levantador, ela pode ser considerada:
• alta;
• baixa;

FIG. 4.9 – TOQUE COM UMA DAS MÃOS

TÉCNICA

- média;
- rasante.

As diferentes trajetórias são consequência da dinâmica de execução do toque, sobretudo do posicionamento de mãos, punhos e braços. O título "Formações ofensivas", no Capítulo 5, apresenta sugestões de treinamento do levantamento.

MANCHETE

Utilizada principalmente em recepções de saque e defesa, é, também, um recurso do levantador para recuperar bolas mais baixas. Consiste em um toque realizado com os antebraços, à frente do corpo e geralmente à altura da cintura. Os dedos podem se unir de várias maneiras (dependendo da escola), a fim de dar maior simetria à extensão dos braços. As pernas se afastam lateralmente a partir da posição básica, dando maior equilíbrio ao corpo. O momento da realização da manchete deve ser controlado, com o objetivo de diminuir a velocidade de chegada da bola (um saque ou um ataque) e dar-lhe a direção desejada.

No entanto, por conta da alta variabilidade das situações de chegada da bola – pois a velocidade, a potência e o alvo são escolhidos pelo adversário –, não é sempre que o executante consegue se posicionar de acordo com o padrão motor. Sendo assim, a bola pode – e, muitas vezes, deve – ser tocada na altura dos ombros, ao lado do corpo, próxima do chão ou de costas para o alvo.

Fig. 4.10 – Manchete

A recepção do saque é uma das situações que exigem maior precisão, pois é a partir dela que o levantador cria sua estratégia de ataque. Quanto mais o passe se afastar da região do levantador, mais dificuldade ele terá para dar precisão ao levantamento e imprimir velocidade ao jogo, além de contar com menos opções ofensivas.

Na defesa, a manchete perde um pouco em qualidade, pois o defensor está frequentemente em situação inferior à do atacante e o máximo que consegue fazer é colocar a bola para o alto, dentro de uma área que um companheiro possa recuperá-la. É necessário criar no iniciante a preocupação em executar a manchete com precisão e qualidade, mesmo em bolas mais fortes. Na aprendizagem, o estímulo à defesa de bolas mais fortes deve ser colocado paulatinamente.

A manchete envolve as seguintes capacidades físicas: agilidade; coordenação dinâmica geral; velocidade de reação; coordenação visual-motora; força isotônica e isométrica de membros inferiores, dorsal e cintura escapular; flexibilidade de punhos; equilíbrios estático, dinâmico e recuperado.

As habilidades fundamentais são: rebater, volear e as combinações com as habilidades locomotoras.

Tipos, descrição e fases de execução

A maneira ideal, na maioria das vezes, para executar esse fundamento é a manchete básica, à frente do quadril. Dela derivam os outros tipos. As principais fases de execução da manchete básica são as seguintes:

- POSIÇÃO BÁSICA E DESLOCAMENTO PARA A BOLA

A posição básica varia de acordo com a velocidade que a bola deverá alcançar ao chegar ao executante. Pode ser baixa, se anteceder uma defesa, ou média, no caso da recepção do saque. As movimentações dependem das particularidades de cada situação.

TÉCNICA

- Colocação para a realização

O jogador deve se antecipar e fazer ajustes de posicionamento do corpo para aguardar a chegada da bola equilibrado. Chegar antes ao local em que será realizada a manchete é meio caminho andado para alcançar qualidade motora de execução do fundamento e precisão final da ação. As pernas devem estar em afastamento lateral maior que o assumido na posição básica, a fim de dar equilíbrio ao corpo, sem no entanto prejudicar os ajustes que precisarão ser feitos com os pés para melhor posicionamento para a execução.

É importante manter o corpo atrás da bola (com a certeza de que ela não o ultrapassará) e os braços soltos enquanto se aguarda a chegada dela. A manchete só deve ser armada instantes antes de a bola tocar os antebraços.

Dá-se, então, a necessária simetria aos antebraços, oferecendo uma base reta, para que a bola se direcione para a frente. As mãos devem estar juntas e seguras, com os punhos unidos e os cotovelos aproximados ao máximo. A projeção dos ombros à frente e dos polegares para baixo auxilia o movimento de leve rotação dos braços e de aproximação entre eles. Esta rotação visa colocar a parte mais musculosa dos antebraços em contato com a bola, pois a musculatura oferece melhores condições de amortecimento e direção do que as irregulares faces ósseas que poderiam estar expostas. É fundamental o relaxamento relativo de pescoço e cintura escapular, para o amortecimento e direcionamento da bola.

- Execução

Com o posicionamento anterior assumido, a bola deve tocar os antebraços, entre os punhos e os cotovelos. A chegada dela coincide com a decisão de amortecê-la ou imprimir-lhe força, de acordo com a velocidade da bola e a distância que ela se encontra do local para o qual o executante quer enviá-la. Para amortecer, os braços e os ombros devem se projetar mais à frente, para que haja espaço para o amortecimento, com os ombros cedendo aos poucos e ajudando a diminuir a velocidade da bola. Quando se deseja imprimir certa força à bola, o ideal é colocar os ombros mais para trás sem desfazer o posicionamento de braços e mãos e levá-los para encontrar a bola mais à frente. Durante esse procedimento, o corpo terá uma função importantíssima, pois os pés no chão poderão auxiliar tanto no amortecimento como na impulsão à bola, harmonizando o movimento e não deixando que os braços o executem isoladamente. A finalização do movimento é fundamental para o resultado. O corpo deve ser direcionado para onde foi jogada a bola, como se houvesse um fio prendendo o executante a ela.

Pronta ação para o prosseguimento do jogo

À recepção ou à defesa em um jogo de voleibol segue-se um ataque do próprio executante ou uma ação de proteção de ataque, devendo-se elaborar formas, já na aprendizagem, para habituar o jogador a isso.

Os outros tipos de manchete que, como dito, variam da forma básica, são:

- **Manchete alta (na altura dos ombros)**

Ocorre em recepções de bolas que vêm acima da cintura do jogador. Não confundir com a manchete inversa. O executante coloca-se quase em posição ereta, apoiando-se muitas vezes somente em uma das pernas, abaixando o ombro correspondente e deixando a plataforma dos braços cerca de 45 graus em relação ao chão.

É usada ou quando há impossibilidade de deslocamento (a bola chega rapidamente sobre o tórax do passador) ou a manchete tradicional é contraproducente para a ação ofensiva seguinte. Não é recomendável ensinar esse tipo de manchete na fase de aprendizagem, por eliminar o deslocamento inicial, provocando comodidade em relação às movimentações que devem ser a tônica do trabalho nessa etapa. Entretanto, o professor deve ensiná-la

FIG. 4.11 – MANCHETE ALTA: RECEPÇÃO DE BOLAS VINDAS À ALTURA DOS OMBROS

quando notar que o aluno tem dificuldades em realizar a manchete normal em determinadas situações de jogo, como saques fortes e rasantes ou ataques violentos.

- MANCHETE INVERTIDA (OU INVERSA)

Era muito utilizada na defesa como recurso para bolas atacadas na altura da cabeça do defensor. Como não há tempo para recuar ou tirar o corpo, os braços são flexionados acima ou à altura da cabeça, chegando a ser quase um reflexo condicionado de proteção. A bola toca a região posterior dos antebraços. Com a liberação dos dois toques, vem sendo substituída pela defesa com as mãos espalmadas.

FIG. 4.12 – MANCHETE INVERTIDA: A BOLA TOCA OS ANTEBRAÇOS, NA ULNA

- **Manchete com um dos braços**

Trata-se de uma ação extrema para uma bola que foge ao alcance do corpo. O executante estende um dos braços na intenção de recuperá-la, tocando a bola com o antebraço.

- **Manchete de costas**

Diferencia-se da normal por ser realizada de costas para onde se quer dirigir a bola. Em razão disso requer um trabalho mais exagerado de braços, incluindo frequentemente uma extensão de tronco e de membros inferiores para impulsioná-la. A colocação em relação à bola é diferente: o executante deve chegar com os membros inferiores flexionados, de costas para onde quer enviar a bola, procurando colocar-se com o quadril sob ela para poder impulsioná-la. A seguir, tem de estender os membros inferiores ao mesmo tempo em que executa vigoroso movimento de braços para o alto e para trás, projetando o quadril para a frente do corpo, após o contato com a bola.

- **Manchete seguida de rolamento**

Obedece aos procedimentos da manchete normal, com a diferença de que o executante não conta com pernas e quadril para

Fig. 4.13 – Manchete de costas

TÉCNICA

ajudar no amortecimento ou impulsão à bola, trabalho que passa a ser de responsabilidade dos ombros e dos cotovelos.

A mecânica de execução da manchete varia de acordo com a trajetória a ser assumida pela bola:
- Alta – Há um trabalho mais acentuado de pernas e, às vezes, braços.
- Média – Segue o padrão normal de execução.
- Baixa – A bola não pode ser impulsionada com muita força, acontece em realizações próximas do levantador.
- Rasante – Utiliza-se quando se deseja dar velocidade ao passe, rebatendo a bola quase à altura da cintura.

Ou, ainda, varia conforme a distância que a bola tem a percorrer:
- longa;
- média;
- curta.

É preciso, também, levar em consideração a maneira como a bola chega ao executante da manchete:
- Alta – Permite um tempo maior de preparação e adaptação às oscilações da bola.
- Baixa – Os deslocamentos têm de ser mais rápidos, para que o jogador se coloque corretamente antes de a bola chegar.
- Rasante – Requer, muitas vezes, adaptações e utilização de outros tipos de manchete.

É importante que o técnico ofereça essa gama de variações aos alunos durante o processo de aperfeiçoamento deste fundamento, pois durante o jogo ele vai precisar se adaptar a vários tipos de bolas que chegam do campo adversário e realizará o fundamento de várias regiões da quadra. Veja nos títulos "Sistemas de recepção" e "Formações defensivas", no Capítulo 5, mais orientações sobre o treinamento da manchete, especificamente na recepção e na defesa.

SAQUE POR BAIXO

O saque por baixo é o primeiro tipo a ser ensinado e deve ser incentivado e mantido por um período em que a criança possa desenvolver-se fisicamente e ganhar "maturidade articular" suficiente para absorver as formas mais adiantadas de saque. Deve ser ministrado até por volta dos 12/13 anos de idade (ver Capítulo 3, referente à idade ideal) para resguardar o iniciante e (quem sabe!) o futuro atleta de contusões precoces de ombro e proporcionar a vivência dos demais elementos do jogo, facilitados pela baixa dificuldade de recepção do saque por baixo em comparação com os outros tipos.

O saque por baixo é habilidade de simples execução. Deve-se cobrar gradativamente precisão do sacador e cada vez mais afastá-lo da linha de fundo da quadra, buscando aumentar o efeito da bola e a consequente dificuldade para recebê-la.

As capacidades físicas envolvidas no saque por baixo são: coordenação dinâmica geral; força isométrica de sustentação de tronco, membros inferiores, cintura escapular e punho; força isotônica de cintura escapular, membros superiores, membros inferiores e tronco; e velocidade de deslocamento (retorno à quadra).

As habilidades de andar, correr, rebater e as combinações entre elas são requisitos para sua execução.

Fig. 4.14 – Saque por baixo

TÉCNICA

Tipos, descrição e fases de execução

O tipo mais comum é o realizado de frente para a quadra. Entretanto, o saque realizado de lado, um pouco abaixo da linha do ombro, é uma variação que proporciona ganho de força e efeito, pois a bola pode ser golpeada em um plano mais alto. O executante, dependendo de sua habilidade, pode colocar a bola em jogo ou tentar dificultar a recepção adversária, imprimindo efeito à trajetória.

A trajetória desejada também altera discretamente a dinâmica do movimento. No saque alto, a bola é golpeada próxima da cintura, colocando-se o corpo mais sob ela; o saque rasante é golpeado à frente do corpo e na altura dos joelhos; o médio é dado em um ponto intermediário entre os dois anteriores; e o curto tem desaceleração do movimento do braço de ataque, fazendo a bola cair logo depois de passar sobre a rede.

Essas variações não promovem mudanças significativas na mecânica básica de execução.

As fases de execução do tipo básico são:

• Preparação

Pés posicionados paralelamente, ficando à frente, o pé contrário à mão que irá sacar e apontado para o local de destino do saque. A bola é segurada à frente da mão que dará o saque. As pernas se mantêm levemente afastadas e flexionadas, para dar equilíbrio ao corpo e para que a perna de trás, no momento do saque, possa auxiliar no envio da bola à outra quadra. O tronco se flexiona levemente à frente, enquanto o braço de ataque se estende para trás, acima da altura dos ombros. O executante deve observar a quadra adversária antes de realizar o saque.

• Ataque à bola

Guardando a posição de preparação e sem soltar a bola da mão, o braço de ataque é trazido estendido para a bola. Ao mesmo tempo, os membros inferiores se estendem e projetam o corpo à frente, auxiliando no envio da bola à outra quadra. O braço de ataque deve seguir a trajetória tomada pela bola. A perna que estava posicionada atrás é naturalmente trazida para a frente no momento do saque. O ideal é bater na bola com a mão espalmada, pois dá mais precisão ao saque, além de fortalecer a articulação do punho. Contudo, esse detalhe pode ser adiado, dando-se liberdade ao aprendiz para golpeá-la com a mão fechada e, assim, imprimir mais força ao saque. Com o tempo, a mão espalmada será introduzida no processo.

- Retorno à quadra

A própria passada que traz a perna de trás para a frente no momento do saque já deve servir para o sacador iniciar o deslocamento imediato e ocupar sua posição em quadra para uma eventual defesa.

CORTADA

É o momento mais espetacular do voleibol e em geral encerra um rali. Assim como o chute ao gol do futebol, a cortada enche os olhos do praticante, fazendo com que os iniciantes já demonstrem preferência pela função de atacante à de levantador, além de muitas vezes negligenciar a defesa.

É um movimento seriado, que inclui uma corrida inicial, um salto preponderantemente vertical e um golpe na bola, com o braço estendido e a mão espalmada.

Por conta do atrativo natural, o técnico de voleibol deve saber administrar adequadamente o treino de ataque. A carga de saltos à qual um praticante é submetido pode levar a graves lesões de joelhos e coluna. Não são poucos os casos de atletas infantojuvenis e juvenis submetidos precocemente a tratamento e até cirurgias por causa de sobretreinamento. O professor, como responsável pela dosagem de treinamento, é peça importante na preservação da

TÉCNICA

Fig. 4.15 – Cortada

saúde física dos iniciantes e jovens atletas quando ensina e treina esse fundamento.

A cortada é praticada espontaneamente nos bate-bolas antes da aula, em brincadeiras em círculo, na rua ou na praia. Pelo desprendimento de seu objetivo, os praticantes são levados a realizar o movimento repetidamente sem a preocupação de fazê-lo da forma correta, o que provoca vícios que mais tarde deverão ser eliminados. Por esse motivo, é o fundamento que mais possui distorções a serem corrigidas no processo de aprendizagem.

Entre os desvios do padrão de movimento da cortada, trocar a ordem da passada é um dos mais comuns. Isso acarreta dificuldades para atacar alguns tipos de levantamento ou dirigir a bola a determinados locais da quadra. Mesmo os levantadores devem ter a habilidade da cortada bem treinada, pois ela pode ser um diferencial importante. Um levantador que sabe atacar, na hora do levantamento trará muito mais preocupação a um bloqueador do que aquele que não domina esse fundamento.

A cortada envolve as seguintes capacidades físicas: coordenação dinâmica geral; agilidade; equilíbrio; velocidade de reação; coordenação visual-motora; velocidade específica de deslocamento; potência de membros inferiores e dorsal e velocidade de membros superiores e cintura escapular (salto); força de sustentação dorsal, flexibilidade abdominal e de cintura escapular (preparação do ataque); flexibilidade dorsal, potência de membros superiores, peitorais, cintura escapular, abdominal, mãos e punhos (ataque); e força excêntrica da cadeia muscular do salto (queda).

As habilidades fundamentais são: saltar, rebater e as combinações com todas as habilidades locomotoras.

Tipos, fases de execução e descrição

Quanto à mecânica, a cortada varia conforme:
- o tempo disponível para a preparação;
- a distância do atacante em relação à rede (bolas próximas, normais, afastadas);
- a altura da bola (alta, média, baixa, rasante).

No que se refere aos objetivos de sua utilização, pode ser:
- "Cravada" – O atacante projeta toda a força de tronco, braço e punho para baixo, fazendo a bola passar rente à rede.
- Para o meio da quadra – Movimento mais amplo e controlado, utilizado principalmente quando o ataque foge da marcação do bloqueio.
- Para o fundo da quadra – Ataque alto, geralmente por cima do bloqueio, requer extensão total do tronco e do braço.
- Bola de "xeque" – Gesto rápido e sem a corrida que normalmente antecede a cortada, realizado próximo da rede, devolvendo a bola mal recebida pela equipe adversária.
- "Explorando" o bloqueio – Diante da superioridade do bloqueio, o atacante opta por fazer com que a bola toque o bloqueador adversário e vá para fora.
- Largada – Recurso para encobrir os bloqueadores e fazer com que a bola caia em uma região desprotegida (o gesto de ataque é interrompido e os dedos tocam a bola).
- De meia-força – Requer alta precisão, pois é o movimento da cortada sem a força inicialmente prevista, o braço desacelera e a palma da mão somente encosta na bola, o suficiente para que ela passe por cima do bloqueio.

TÉCNICA

- Para voltar do bloqueio – Diante da impossibilidade de atacar para a quadra adversária (bolas muito próximas da rede), o atacante desacelera o movimento e faz com que a bola toque o bloqueio e retorne à própria quadra em condições de ser recuperada para um contra-ataque.
- Para colocar em jogo – Utilizado em situações em que é impossível realizar a cortada com força, o atacante realiza o gesto, muitas vezes do chão, com o intuito de criar dificuldades para o adversário (enviar a bola em toque ou manchete proporcionaria uma condição muito mais favorável ao oponente).

Quanto ao uso do corpo e movimento do braço para dirigir a bola, pode ser:
- Para a frente – Tronco, braço e mão se dirigem para o alvo do ataque, procurando canalizar a potência do golpe.
- Para a direita – Ou braço ou mão ou ambos, em movimento de pronação (para os destros), tentam fugir da marcação dos bloqueadores ou dos defensores –, geralmente o braço termina o gesto ao lado do corpo.
- Para a esquerda – O atacante destro faz com que o braço e/ou mão se movimentem em direção do ombro esquerdo; o braço termina o gesto sobre o abdome.

A utilização do tronco para mudar a trajetória da bola dá mais força à cortada. O uso somente do braço ou do punho, apesar de perder em força, ganha no que diz respeito a ludibriar o bloqueio e a defesa, sendo um gesto mais fino. É importante oferecer aos atletas a chance de vivenciar todas as variações da cortada, de bolas altas, baixas, velozes, de várias posições da quadra, assim como os ataques com um pé só – tempo-costas e china – e os de fundo.

A cortada é a habilidade mais decomposta quanto às fases de execução.

- ## Posição básica

Enquanto se mantém em posição básica alta e de frente para a região de onde a bola virá, o executante analisa vários fatores que poderão influir na velocidade da corrida ou do salto e na própria preparação para a ação de ataque. Em relação ao passe, deve analisar a região em que ele vai ser realizado, a qualidade (longe ou próximo da rede, alto ou baixo), as condições em que o levantador chegará à bola e a consequente possibilidade de um bom levantamento. Em relação a este último, é importante analisar se a bola chegará na velocidade combinada, próxima ou longe da rede. Quando o atacante realizar a defesa ou recepção da bola que irá atacar, a posição básica inexiste, porém, a análise anterior deve ocorrer durante a movimentação para a região de ataque. A partir desta análise é que ele imprime a velocidade necessária e dá amplitude ideal às passadas para chegar à bola.

- ## Deslocamento (ou passada ou corrida)

A corrida levará o executante ao local do salto e dará a ele certa velocidade horizontal, que será transformada em impulso com predominância vertical. Esse deslocamento deve ser ritmado para, ao final da corrida, ganhar-se a melhor transferência possível para o salto.

O número de passadas pode ser de dois a quatro, dependendo do tamanho dos membros inferiores do executante, de sua preferência e da possibilidade. O ideal é que sejam realizadas três passadas e, para os destros, a última seja com a perna esquerda. Esta é geralmente a mais ampla, pois o colocará no local exato do salto. Se ele der três passos, o primeiro deve ser com a esquerda, o segundo com a direita, marcando o local do salto, e o terceiro com a esquerda posicionando-se um pouco à frente, juntando os pés naturalmente para saltar. Dessa forma, o atacante terá sempre a bola chegando à frente do corpo. Quando o atacante estiver nas posições 2 e 1 ou o levantamento vier de uma região à sua esquer-

TÉCNICA

da, ele deve girar o tronco levemente após o salto, ficar de frente para a bola e ter mais domínio sobre o gesto de ataque.

Já para os canhotos, pelo fato de eles jogarem muito mais pela direita da quadra do que pela esquerda, é exatamente o contrário, ou seja, a primeira e a última passada são com a direita. No entanto, o que vemos, em geral, nesse caso, é que eles acabam se adaptando ao esquema de jogo criado para destros, invertendo as passadas ou atacando bolas sobre o ombro direito. Ao respeitar a diferença, o treinador poderá tirar proveito do fato de ter canhotos na equipe.

- **Preparação para o salto**

A última passada é, também, o início imediato da preparação para o salto. Os membros inferiores flexionam-se (aproximadamente 100 graus entre as coxas e as pernas), o tronco flexiona-se sobre as coxas e os membros superiores são estendidos o máximo possível atrás do corpo, concentrando toda a energia potencial para o salto.

- **Salto**

Os braços são estendidos à frente e para o alto, em um rápido movimento de rotação dos ombros, enquanto o tronco e os membros inferiores se estendem, buscando transferir o impulso horizontal da corrida para um salto vertical de máximo alcance. Esse componente horizontal não deve, no entanto, ser eliminado por completo, pois ele é responsável pelo encontro do atacante com a bola à frente do local em que o salto foi realizado.

- **Preparação para o ataque**

Quando os pés saem do chão, a preparação para o ataque se inicia. O tronco roda suavemente e se estende para trás, formando um arco (sem exagero); as pernas, levemente flexionadas, são levadas ligeiramente para trás; o braço de ataque é levado para trás do corpo por sobre o ombro (que também se projeta para trás), formando um ângulo de aproximadamente 90 graus com o antebraço; o outro braço continua elevado à frente, equilibrando o tronco. Deve-se evitar que o cotovelo do braço de ataque se projete à frente, mantendo-o atrás do ombro.

• Ataque

À medida que a bola chega, o corpo começa a se "fechar" para o ataque. O braço de ataque é trazido à frente até atingir a extensão máxima no contato com a bola, ao mesmo tempo em que o outro braço desce e é flexionado naturalmente à frente do corpo. O ombro do braço de ataque deve ser trazido para a frente e rodar sobre a bola, enquanto o outro, que se mantinha na linha da bola, é levado para trás na mesma velocidade. O tronco deve flexionar-se sobre a bola, finalizando o movimento com vigor. As pernas que se projetaram levemente para trás, auxiliando na formação do "arco", também são trazidas para a frente no momento do ataque. O contato com a bola deve ser feito à frente do corpo e no máximo alcance possível, com toda a palma da mão e todos os dedos. O punho é flexionado, dando rotação à bola. Após o ataque, toda essa cadeia de movimentos não deve ser interrompida, mas finalizada naturalmente.

• Queda

A queda deve recuperar o equilíbrio e resguardar as articulações do impacto mais violento sobre o solo, pois o corpo será projetado à frente. Para isso, todas elas devem se flexionar harmoniosamente, dando ao corpo o amortecimento devido e impedindo que o jogador invada a quadra contrária. Assim que a queda for consolidada, o atacante deve se preocupar com a sequência do jogo.

TÉCNICA

- Retorno à situação de jogo

Depende do resultado do ataque. Se a bola cair, a queda interrompe o ciclo. No entanto, a bola pode voltar do bloqueio e a própria equipe recuperá-la, o que exige que o atacante se reposicione com passadas rápidas de costas ou de frente para o contra-ataque. Ou, ainda, o adversário pode defender, o que fará com que o atacante assuma a posição de bloqueador ou defensor.

No Capítulo 5, em "Formações ofensivas", há mais sugestões de aperfeiçoamento da cortada e algumas observações sobre a importância da dosagem de carga desse fundamento no treinamento de jovens.

BLOQUEIO

É a primeira tentativa direta de anular o ataque adversário. Realizado junto da rede, pode ser resumido como um salto vertical em que o executante, com os braços estendidos, tenta impedir que o atacante oponente envie a bola diretamente ao chão.

Se considerarmos a dinâmica de execução em si reduzida praticamente a um salto e à espera da bola, o bloqueio não pode ser entendido como uma habilidade de aprendizado difícil. No entanto, em um jogo, esse fundamento não se resume unicamente à ação do salto. O confronto ataque *versus* bloqueio é totalmente favorável ao lado que tem a posse da bola: ela está nas mãos do levantador adversário (só ele sabe para onde vai levantá-la); o bloqueio dispõe de pouco espaço para trabalhar, pois precisa se posicionar próximo da rede; são três bloqueadores contra três, quatro ou até cinco atacantes; a velocidade do levantamento é, às vezes, superior à do deslocamento dos bloqueadores; os deslocamentos são paralelos à rede e laterais, enquanto os atacantes movimentam-se de frente; o atacante tem pleno controle da bola, podendo escolher para onde vai bater; os bloqueadores precisam posicionar-se antes do ataque para não oferecer brechas que o adversário possa descobrir em sua montagem.

Além disso, o bloqueador precisa analisar vários aspectos antes e durante a ação ofensiva do oponente: tipo de levantamento; posicionamento, característica e altura de alcance do atacante; força empreendida no ataque; condições próprias do bloqueador a seu lado – equilíbrio, postura, posicionamento, viabilidade de sucesso.

O bloqueio envolve as seguintes capacidades físicas: coordenação dinâmica geral; agilidade; velocidade de reação; coordenação visual-motora; velocidade específica de deslocamento; força excêntrica de membros inferiores e tronco (breque); potência de membros inferiores e dorsal; velocidade de membros superiores e cintura escapular (salto); força de sustentação dorsal, cintura escapular, abdominal e de punhos (bloqueio propriamente dito); e força excêntrica da cadeia muscular do salto (queda).

As habilidades fundamentais são: saltar, rebater e as combinações com todas as habilidades locomotoras.

Em qualquer fase do treinamento, é aconselhável usar colchonetes apropriados para amortecer a queda nos exercícios de bloqueio. O uso deste material evita traumas sobre as articulações envolvidas no salto. Colchonetes muito macios, no entanto, devem ser evitados, pois podem provocar torções de tornozelos e joelhos. Há no mercado tapetes de borracha de mais de 9 metros que podem ser estendidos sob a rede; eles não impedem a movimentação nem os saltos.

FIG. 4.16 – BLOQUEIO

TÉCNICA

Tipos, fases de execução e descrição

O bloqueio está diretamente ligado ao deslocamento que o precede e ao tempo de que o bloqueador dispõe para executá-lo. Entre os vários tipos de passada, a escolha adequada é decisiva para o sucesso da ação.

Os fatores que interferem na escolha são:
- tempo disponível para preparação;
- distância entre bloqueador e atacante;
- altura e velocidade do levantamento;
- combinações de ataque do adversário.

O bloqueio possui duas variações em sua mecânica, observadas somente no final da execução. Dependendo da posição das mãos, ele é classificado em:
- Defensivo – As palmas das mãos estão voltadas para cima; o objetivo é amortecer o ataque e criar condições para a bola ser recuperada por sua defesa e contra-atacada.
- Ofensivo – As palmas das mãos estão direcionadas para baixo; o objetivo é mandar a bola diretamente ao solo adversário.

O bloqueio defensivo deve ser utilizado sempre que houver predominância de altura do ataque em relação ao bloqueio. Essa superioridade pode ocorrer por questões de alcance (estatura e/ou impulsão) ou ser determinada pelo tempo do salto do atacante com relação ao bloqueador – este saltou antes e está caindo quando o atacante desfere o golpe na bola. É usado também quando o bloqueador não consegue chegar ao local exato no tempo desejado.

Deve ser preocupação do bloqueador que opta por um bloqueio defensivo manter os braços junto da rede, buscar altura e distância dentro da quadra adversária e, aí sim, voltando as mãos para cima, tentar amortecer o ataque. Saltar longe da rede, abaixar a cabeça ou afastar os braços da fita são expedientes que são equivocadamente utilizados, e precisam ser evitados, pois expõem o espaço entre o bloqueador e a rede e ampliam a área de ataque ao lado do bloqueio. Um atacante em melhores condições, aproveitando-se dessa falha, pode tornar a bola praticamente irrecuperável colocando-a nesse espaço.

O bloqueio ofensivo deve ser realizado sempre que o bloqueador pressentir a possibilidade de fazer o ponto. As mãos devem se posicionar de forma a devolver a bola o mais rápido possível para a quadra contrária. Para isso, as palmas devem estar voltadas para o alvo e os punhos e dedos, contraídos, evitando, assim, que a bola seja amortecida e facilite a recuperação da defesa adversária.

Quanto à composição, de acordo com o número de participantes permitido pela regra, o bloqueio pode ser:
- individual ou simples;
- duplo;
- triplo.

De acordo com as situações características do jogo, o bloqueio apresenta grande variedade de recursos, por exemplo:
- disputa entre bloqueadores (adversários disputam a bola que está entre eles, sobre a rede);
- evitando as exploradas (com posicionamento de mãos e braços, o bloqueador evita que o atacante faça com que a bola o toque e vá para fora);
- com flexão de punhos (com este movimento, o bloqueador faz com que bolas fracas sejam rapidamente endereçadas ao solo contrário);
- bloqueio com uma das mãos para bolas de velocidade (o atacante está distante do bloqueador e a única chance deste conseguir detê-la é alcançá-la com apenas uma das mãos);
- quando não é possível a composição uniforme de um bloqueio duplo (um ou ambos os bloqueadores lançam os braços em diagonal para cobrir o espaço deixado entre eles);
- para bolas de "xeque" (utilizado para bolas vindas de passes defeituosos do adversário que se dirigem à rede; movimento rápido de flexão de punhos, com a preocupação de dirigir a bola para uma região desocupada);

TÉCNICA

- "puxando" os braços para outra região desguarnecida (finta utilizada em bloqueios individuais que oferece ao atacante determinada região e, no último momento, lançando os braços rapidamente, impede-o de atacar para lá).

As cinco fases de execução do bloqueio são descritas a seguir.

- ## Posição básica

É mantida uma posição básica alta, de frente para a rede, braços semiflexionados em 90 graus, com os cotovelos voltados para a rede e pernas ligeiramente flexionadas e posicionadas na direção dos ombros. Nesse momento, as visões central e periférica são responsáveis por distinguir importantes detalhes: qualidade do passe, colocação do levantador em relação à bola, atacantes em condições de receber o levantamento, fintas individuais e coletivas, altura e velocidade do levantamento.

A partir dessa análise, ele deve estar pronto para saltar onde está ou iniciar o deslocamento para o local em que será realizado o ataque. Com o tempo e a prática, a comunicação entre os bloqueadores deverá ser intensificada, para que todos permaneçam atentos às movimentações na quadra adversária e possam se posicionar adequadamente.

- ## Movimentação específica e preparação para o salto

O deslocamento do bloqueador vai depender da região que ele ocupa e de onde vai ser realizado o ataque adversário. Para movimentações mais longas, deve-se optar pelas passadas cruzadas, que conseguem maior amplitude e velocidade, ou pela corrida de frente, que permite maior poder de salto; as passadas laterais são mais adequadas para ajustes ou bolas curtas. A última passada deve ser, também, a preparação para o salto. O breque é fundamental nesse momento, por anular o efeito da corrida e favorecer o salto vertical.

O bloqueador precisa ter a preocupação de chegar à última passada com os dois pés naturalmente separados, semiflexionando as pernas para o salto. Essa preparação deve ser feita quase de frente para a rede. Se estiver indo para a direita, o pé direito estará voltado para a frente, de forma a favorecer o breque e proporcionar maior equilíbrio ao corpo. Se estiver indo para a esquerda, o movimento será com o pé esquerdo. Os braços já devem se posicionar para preparar o salto, utilizando a amplitude máxima possível, embora isso esteja limitado pela proximidade com a rede.

Em casos de levantamentos mais altos, quando há tempo suficiente para a chegada à posição do ataque, o bloqueador pode valer-se da passada de frente. Nesse tipo de deslocamento, o bloqueador fica de lado para a rede e executa o movimento de pernas e braços semelhante ao da cortada, para ganhar mais altura no salto. No entanto, deve ser treinado e aprimorado, pois o salto envolve um giro de tronco que requer controle das musculaturas abdominal e dorsal e equilíbrio diferente de quando se utiliza a passada cruzada. Além disso, o tempo de salto é também diferenciado, pois há mais tempo de preparação do salto.

- SALTO E BLOQUEIO PROPRIAMENTE DITO

O salto é imediato à preparação (com exceção de quando se utiliza a passada de frente, como visto anteriormente). Flexões exageradas devem ser evitadas para não ocorrer perda no poder de alcance nem no tempo de execução. Braços e pernas estendem-se simultaneamente. É aconselhável que os braços partam estendidos para a ação, principalmente nas bolas rápidas.

Os braços permanecem próximos da rede e são dirigidos ao campo contrário, ao mesmo tempo em que ganham alcance. A cabeça se posiciona por trás dos braços, voltada para a bola. Os olhos analisam os movimentos do atacante. O corpo todo se contrai para o impacto. As mãos, espalmadas e firmes, voltam-se para a bola (enxergando a bola como se fosse um rosto humano, as

TÉCNICA

mãos devem procurar tocar a testa). O quadril é projetado levemente para trás como fator de equilíbrio para o bloqueio; deve-se ter cuidado para não exagerar esta projeção do quadril, pois comprometerá o alcance e a invasão à quadra adversária.

O tempo de salto é analisado da seguinte maneira: a bola vai sair da mão do atacante e chegar às mãos do bloqueador. O salto deste deve ser realizado frações de segundo mais tarde, para dar tempo de a bola chegar ao bloqueio quando este estiver em seu ponto máximo de alcance.

Se o salto for realizado no mesmo momento do ataque, quando a bola chegar às mãos do bloqueador, este já estará caindo. O bloqueador deve manter o posicionamento de braços até voltar ao chão. Assim, ele não dará chance ao atacante de escolher o tempo de ataque nem pegá-lo com mãos e braços se desarmando.

No momento do bloqueio, o executante deve evitar ações como flexão dos punhos ou procura pela bola. Esses recursos dão mais oportunidade ao atacante e não determinam o sucesso do bloqueio.

A função tática do bloqueio é interceptar os ataques mais fortes. Na tática coletiva, as bolas que passarem por ele são de responsabilidade da defesa.

- QUEDA

Deve ser realizada nos dois pés, de forma equilibrada, com as pernas flexionando-se e amortecendo a queda, distribuindo a carga igualmente. O ideal é que ocorra no mesmo local da impulsão. Em alguns casos, quando o bloqueador se atrasa, a queda acaba sendo em um pé só ou em outro lugar que não o do salto. Devido à velocidade do jogo atual, é cada vez menor o número de vezes em que este padrão é seguido, o que obriga o bloqueador a cair apenas sobre uma das pernas e desequilibrado. No entanto, a aprendizagem deve levar o iniciante a realizar a queda nos dois pés, com o devido amortecimento.

- **Retorno à situação de jogo**

O executante pode efetuar outra ação na sequência do jogo (bloqueio, recuperação da bola bloqueada, levantamento ou contra-ataque) e para isso deve posicionar-se rapidamente (preparando-se para novo bloqueio, estendendo o braço para recuperar a bola, ficando de frente para a própria quadra e buscar a bola defendida ou retornar de costas ou de frente para o contra-ataque, respectivamente).

SAQUE TIPO TÊNIS

Antes de abordarmos o saque tipo tênis propriamente dito, algumas observações são necessárias. Os saques por cima, independentemente do tipo, podem ser flutuantes ou com rotação, conforme a bola se desloca no ar, após o golpe do sacador.

No saque flutuante, a bola deve percorrer sua trajetória sem girar sobre si em nenhum sentido. As correntes de ar dar-lhe-ão sustentação, fazendo-a oscilar levemente até perder velocidade e cair repentinamente.

O saque com rotação deve ser forte e dar à bola o máximo possível de giros e potência, aproveitando as mesmas correntes de ar para fazê-la cair mais rapidamente. Leva vantagem em relação ao flutuante no fator tempo, uma vez que o passador adversário, apesar de poder prever a trajetória, às vezes, não consegue reagir à força do saque. Por ser batido acima da cabeça, o tipo tênis leva enorme vantagem em relação ao saque por baixo, aprendido anteriormente. Sua mecânica aproxima a bola da altura da rede, permitindo imprimir-lhe força e efeito.

O saque tipo tênis possui algumas variações, não só em relação à trajetória da bola, mas também à dinâmica, pois dela derivam dois tipos de saque muito utilizados atualmente: o "viagem" e o "chapado". Daqui para a frente, lembrando das observações do Capítulo 2, sempre que houver referência ao saque tipo tênis, estaremos falando da variante mais elementar e indicada para a aprendizagem quando o iniciante for apresentado ao saque por cima; o

TÉCNICA

saque "viagem" refere-se ao saque tipo tênis realizado em suspensão e com a intenção de dar rotação e potência à bola; ao passo que no "chapado", o executante busca fazer a bola flutuar, valendo-se do salto para alcançar um ponto de alcance mais alto.

O saque "chapado", por ser realizado em suspensão, permite que se ganhe alguns centímetros a mais em relação à rede e mais efeito na trajetória da bola, pelo fato de o movimento concentrar-se mais no ombro do que no tronco.

Apesar de o "viagem" ter cada vez mais adeptos no mundo, de preferência entre os homens, o tipo tênis (principalmente o "chapado") bem executado dificulta a ação de qualquer passador e deve ser uma opção importante, mesmo para os grandes sacadores em suspensão, pois pode quebrar o ritmo de passe e surpreender a recepção adversária. Sacadores habilidosos lançam a bola para um saque em suspensão e só definem se vão sacar com rotação ou flutuante no último momento, desmontando, assim, o sistema de recepção contrário.

Com o uso disseminado do "viagem", principalmente entre os homens, alguns sacadores adotam o lema: "Se entrar, entrou!", apoiando-se na justificativa de que seu saque é potente o suficiente para fazer um *ace*. No entanto, de nada adianta um índice de erros exagerado com essa justificativa, pois o desperdício do saque dará o ponto imediatamente ao adversário.

O saque precisa ser forte, para que o levantador contrário tenha menos opções e sua equipe, consequentemente, menores chances de vencer o rali. É necessário, no entanto, a consciência de que o saque apenas inicia o rali em que o objetivo é conseguir o ponto. Ele é a primeira etapa do processo, afinal o índice de pontos conseguidos por saques diretos é muito pequeno (em torno de 5% em partidas entre equipes adultas de ponta). É mais provável que o ponto resulte da combinação bloqueio/defesa/contra-ataque ou até mesmo do erro de ataque adversário do que de um eventual *ace*.

É fundamental que o atleta tenha controle sobre o movimento para dirigir a bola a qualquer região da quadra adversária de qualquer posição da zona de saque e domínio de vários tipos de saque.

Afinal, esse é um raro momento no jogo em que ele não sofrerá interferências externas, tendo controle sobre o lançamento e o movimento.

O saque tipo tênis envolve as seguintes capacidades físicas: coordenação dinâmica geral; equilíbrio estático; coordenação visual-motora; agilidade; mobilidade de cintura escapular; força de sustentação dorsal (preparação do saque); potência abdominal, de membros superiores, cintura escapular e peitoral; força isométrica de punho e dedos (ataque à bola); e velocidade de deslocamento (retorno à quadra).

As habilidades fundamentais necessárias são: lançar, rebater e as combinações com as habilidades locomotoras. As capacidades e habilidades fundamentais envolvidas na cortada, relativas ao salto, podem ser incluídas entre estas para análise dos saques em suspensão.

SAQUE TIPO TÊNIS (FLUTUANTE)

Tipos e fases de execução

Há pequenas variações na dinâmica do tipo tênis em função da:
- Força imprimida – Longo, curto ou "sem peso" (respectivamente: o sacador projeta o peso do corpo – principalmente do ombro – sobre a bola, fazendo-a descrever uma trajetória mais longa; há um alívio da força empregada de forma a fazer com que a bola apenas ultrapasse a rede e caia dentro da zona de ataque; o executante apenas encosta a palma da mão na bola, não empregando força, mas deixando com que o braço gire sobre o ombro, sem dirigi-lo para frente).
- Trajetória da bola – Alto, rasante ou médio (o golpe é dado, respectivamente – tomando a bola como um rosto –, no queixo, no nariz ou na boca).
- Distância do sacador em relação à linha de fundo (quanto mais longe da quadra, mais o executante precisa usar o corpo para impulsionar a bola).

Fig. 4.17 – Saque tipo tênis

- Direção – Diagonal ou corredor (há variações quanto à direção do corpo ou do braço que saca: caso o sacador queira fintar o passador, ele leva apenas o braço – e a mão – no último momento em direção ao alvo).

Esse tipo de saque possui quatro fases de execução, descritas a seguir.

- **Preparação**

De frente para a quadra, segura-se a bola com ambas as mãos ou com a mão contrária àquela que irá bater; pés dirigidos para o local para o qual se quer enviar a bola, ficando à frente o pé contrário à mão que dará o saque.

- **Lançamento e preparação para o saque**

O lançamento da bola será à frente do corpo, na direção do ombro de ataque. Os braços se elevam acima dos ombros, e o braço que baterá na bola é levado flexionado (cerca de 90 graus em relação ao ombro) para trás do corpo, enquanto o outro permanece estendido em direção à bola, dando equilíbrio ao movimento.

O tronco permanece em posição ereta e confortável. O movimento equivocado de extensão do tronco é responsável muitas vezes pelo fato de o sacador não conseguir dar efeito à bola.

- ### Saque propriamente dito

O braço de ataque vai ao encontro da bola enquanto o outro desce. O golpe deve ser efetuado com a palma da mão e dedos em um único ponto da bola e por um breve momento (comparando a bola a um rosto voltado para o sacador, o golpe deve ser desferido na "boca", dando-lhe trajetória reta até ela passar sobre a rede). Com o punho contraído, o braço prossegue naturalmente no movimento para a frente e rodando sobre o ombro.

Se o sacador realizar qualquer movimento de flexão do punho na hora da batida, dará rotação indesejada à bola. O efeito será conseguido corretamente pela associação da velocidade do gesto com a maneira como a bola é golpeada.

- ### Retorno à quadra

O retorno deve ser imediato, sem quebrar a finalização do movimento. A perna que estava atrás na preparação do saque será trazida de maneira natural, depois de a bola ser golpeada.

Observações

É possível imprimir rotação à bola, utilizando a dinâmica do saque tipo tênis flutuante, a partir de duas alterações no movimento: após o lançamento, o tronco se estende e o quadril se projeta à frente; o golpe na bola é desferido quase sobre a cabeça, com o tronco flexionando-se à frente e o punho dando força e rotação à bola. O final do movimento deve ser igual ao da cortada.

Este tipo de saque é importante para treinos de recepção, simulando a trajetória do "viagem" e se assemelha à cortada que o treinador também utiliza em suas sessões para o treinamento da defesa.

TÉCNICA

"VIAGEM"

Fases de execução

• Preparação

De frente para a quadra, distante cerca de 3 metros da linha de fundo, o executante segura a bola à frente do corpo, à altura do quadril, com os pés paralelos.

• Lançamento e preparação para o saque

O lançamento deve ser realizado junto da primeira passada (esquerda para os destros), para que o sacador possa utilizar toda a potência do salto (horizontal + vertical; semelhante ao ataque de fundo) e tenha mais coordenação no movimento geral. Caberá a cada um dar-lhe a altura e a distância que melhor se adaptem a sua condição física e técnica. Todavia, o lançamento deve sempre fazer com que a bola ultrapasse a linha de fundo e seja golpeada dentro da quadra de jogo.

• Salto

O salto do "viagem" é mais vigoroso e deve ser tão potente quanto o da cortada, para obter ganho máximo da capacidade de impulsão e ataque à bola. Deve levar o corpo do executante para a frente e para o alto, de modo a deixar a bola exatamente à frente do plano sagital. Uma boa referência para conferir a exatidão do lançamento e do salto é frear o movimento do braço de ataque quando ele estiver totalmente estendido: se eles estiverem coordenados, o corpo ultrapassará a bola.

• Saque propriamente dito

Todos os gestos subsequentes são idênticos aos da cortada, levando-se em consideração a distância que o executante se encontra da rede. O movimento do tronco deve ser vigoroso e a projeção do ombro sobre a bola deve acentuar sua rotação, fazendo-a descrever a trajetória até a quadra contrária.

- QUEDA

A queda deve ser amortecida e acompanhada de passadas que conduzirão o sacador à região em que realizará sua próxima ação, a defesa.

"CHAPADO"

Fases de execução

- PREPARAÇÃO

Idêntica a do "viagem", sem necessidade de se afastar em demasia da linha de fundo, pois as passadas não são tão largas.

- LANÇAMENTO E PREPARAÇÃO PARA O SAQUE

O lançamento não é muito alto nem para muito dentro da quadra e pode ser realizado durante a última passada. A altura da bola deve permitir a preparação do braço e a execução correta da batida.

FIG. 4.18 – SAQUE "CHAPADO"

TÉCNICA

- Salto

Não precisa ser tão potente, apenas o suficiente para ganhar um ponto de alcance mais alto. A bola deve ficar à altura do braço estendido que a golpeará e à frente do corpo, de modo a não fazê-la rodar.

- Queda

A queda deve ser para a frente, aproveitando o impulso para iniciar a corrida que levará o jogador à posição de defesa.

No título "O uso tático do saque" (Capítulo 5), esse fundamento é esmiuçado e várias orientações sobre treinamento são incluídas.

DEFESA

A defesa é um dos fundamentos de menor ocorrência durante um jogo de voleibol, pois depende, a princípio, que todos os anteriores a ela aconteçam. Um saque errado, por exemplo, já impede que o jogo se desenvolva; assim como um ataque certo, errado ou bloqueado também anulam a possibilidade de defesa. Nas categorias de base não ocorre com tanta frequência em função da inabilidade dos jogadores e, entre adultos, em razão da força física que torna os ataques muito mais potentes.

Fig. 4.19 – Defesa

As mulheres defendem mais frequentemente do que os homens, por causa da potência de ataque menor, o que facilita a ação. Entre os 12 e 15 anos, porém, os garotos apresentam melhor desenvolvimento dessa habilidade, pois a força física do atacante e a velocidade de reação e resposta do defensor são mais compatíveis.

No entanto, é importante salientar que a defesa não perde, de maneira alguma, importância em jogos nem em treinamentos, devendo ser exaustivamente aperfeiçoada. Por se tratar de uma ação menos recorrente que as demais, confrontos equilibrados podem ser decididos exatamente a favor da equipe que defender mais. Além disso, a defesa condiciona o atleta para os ralis mais longos e o predispõe a se dedicar mais em prol do grupo. Dedicar-se a treinar ataques é fácil; difícil é o aprendiz habituar-se a defender, colocar-se sempre em posições desconfortáveis, correr o risco de tomar boladas e atuar sempre em desvantagem, raras vezes conseguindo anular a ofensiva oponente.

A defesa é uma ação que deve sempre priorizar o uso da manchete para sua execução, porém, a dificuldade em reagir e a impossibilidade de se antecipar à intenção do adversário fazem com que o executane opte muitas vezes por recursos defensivos, que podem ser a manchete com um dos braços, defesa com as mãos espalmadas acima da cabeça, tapinhas, utilização dos pés e até rolamentos e mergulhos para chegar à bola.

A postura de defesa – desde a espera pela definição do levantador adversário até a ação defensiva em si – é cansativa, pois o executante se mantém à beira do desequilíbrio, com o centro de gravidade projetado para fora do corpo. Na maioria das vezes, o defensor está em situação inferior à do atacante e o máximo que consegue fazer é colocar a bola para o alto, dentro de uma área em que um companheiro possa recuperá-la. Apesar disso, a defesa deve buscar precisão e qualidade mesmo no caso de bolas mais fortes, para que a própria equipe possa contra-atacar da melhor maneira possível. A liberação dos dois toques para bolas que vêm atacadas da quadra contrária alterou sua forma de utilização, permitindo outras técnicas de execução além da manchete.

TÉCNICA

A defesa envolve as seguintes capacidades físicas: coordenação dinâmica geral e visual-motora; agilidade; forças isotônica e isométrica de membros superiores e inferiores, coluna dorsal e cintura escapular; equilíbrio estático, dinâmico e recuperado; força isométrica da musculatura que sustenta o impacto da bola.

As habilidades motoras fundamentais são: rebater e volear, em combinação com as habilidades locomotoras.

Tipos, descrição e fases de execução

A seguir será abordado o fundamento defensivo realizado em manchete com os braços estendidos à frente. O executante procura tocar a bola na altura do quadril, impedindo que ela ultrapasse seu corpo. É a maneira que deve ser preferida, guardadas as condições de execução.

• POSIÇÃO BÁSICA

Deve ser baixa, com a manchete quase pronta para ser executada, pois a velocidade de uma bola atacada chega a ser maior do que a de reação do ser humano, seja em um jogo entre crianças – pela imaturidade neuro-motora – ou entre adultos – por causa da velocidade da bola atacada. As mãos, no entanto, não devem estar unidas, para que o defensor possa deslocar-se ou se valer de recursos. O posicionamento na ponta dos pés facilita o deslocamento e o desequilíbrio, caso eles sejam necessários.

O posicionamento é uma pré-condição para a defesa e não se resume à posição básica assumida. A defesa baseia-se, primeiramente, na observação correta das circunstâncias de jogo que se desenvolvem enquanto a bola é trabalhada pelo adversário. Essa análise levará o executante a posicionar-se com exatidão próximo do ponto de queda da bola antes que isso aconteça.

Entre os aspectos que devem ser analisados estão: a qualidade do levantamento; a que distância da rede estará a bola no momento de ser atacada; as características do atacante; a colocação dos bloqueadores e as condições reais diante do ataque; a região que sobrará para a própria atuação. Tudo isso acontece em frações de segundo e o cérebro precisa decodificar essas informações. O estado de prontidão é facilitado pela posição básica baixa, que predispõe o defensor à ação.

• DESLOCAMENTOS E COLOCAÇÃO

Cada um dos defensores é responsável por uma região da quadra de jogo e de se colocar de forma a cobrir essa região estabelecida. Geralmente, há dois momentos distintos na defesa: o deslocamento do defensor para a região da quadra que é de sua responsabilidade e, posteriormente, a ida em direção à bola. Os deslocamentos utilizados para esses dois fins variam em função de vários fatores. A primeira fase ocorre após a definição do levantamento, quando o defensor sabe qual deverá ser sua posição na organização da tática coletiva. O deslocamento para a posição deve antecipar-se ao ataque para que o defensor possa chegar em equilíbrio antes de realizar a defesa e a equipe possa organizar-se de maneira mais harmônica. Ele pode ser cruzado, para a frente, para trás ou lateral dependendo da posição de defesa e de ataque. Chegando à posição, o defensor deve promover breves deslocamentos, curtos e sem cruzamento de passadas, para ajustar-se à bola. A posição básica e o estado de prontidão permitirão que o executante, nas vezes em que for necessário, realize corridas mais longas (quando a bola toca o bloqueio e sai dos limites da quadra) ou realize mergulhos e rolamentos para alcançá-la.

No momento da execução da defesa, as pernas se afastam lateralmente para dar mais equilíbrio ao corpo. Muitos aprendizes têm dificuldade para defender porque assumem uma posição com as pernas muito afastadas. Isso os impede de se deslocar rapidamente em caso de necessidade e permite somente a defesa de bolas que vão a seu encontro. O ideal é que o afastamento exceda levemente o limite dos ombros. Além disso, o executante deve manter-se na ponta dos pés, que estarão ligeiramente voltados para dentro. A postura

TÉCNICA

corporal e o posicionamento em quadra variam de acordo com as características individuais. Alguns preferem jogar mais adiantados e valer-se da defesa alta. Outros se mantêm mais afastados da rede, sabendo que terão maior facilidade para a defesa próxima do chão.

No primeiro caso, o corpo fica mais ereto, com os braços semi-flexionados à frente, prontos para a defesa alta. No segundo, o jogador projeta o tronco mais à frente, deixando os braços mais perto do chão. Qual é a melhor maneira? Depende da adaptação de cada um, entretanto, há um ponto que não se pode desprezar: quanto mais o defensor se aproximar da rede, menor será o tempo de reação disponível, pois a bola chegará a ele muito mais cedo. O defensor que se coloca mais recuado tem a vantagem de ganhar alguns centésimos de segundo, mas deve ter a noção de que será mais difícil atingir uma bola largada. Outro fato a ser considerado é a organização tática da equipe (ver Capítulo 5).

- ### Execução (contato com a bola)

A defesa acontece em frações de segundo e não há como fracionar o movimento em amortecimento e direcionamento. Assim sendo, o executante volta-se para o levantador antes que a bola chegue, deixando que ela tome essa direção quando tocar seus antebraços. Os braços devem se projetar mais à frente, juntamente dos ombros, para que haja espaço para o amortecimento. As bolas que chegam sobre o defensor devem contar com o auxílio do corpo para amortecê-las. Muitas vezes, o executante precisa deixar o tronco ceder para trás após o impacto.

- ### Pronta ação para o prosseguimento do jogo

A defesa com qualidade sempre será sucedida por um ataque ou ação de proteção. Essa transição é muito importante e deve ser tratada com atenção especial desde a aprendizagem, conscientizando-se o jogador de que sua ação não termina naquele primeiro momento.

A dinâmica do movimento de defesa pode variar:
- De acordo com a posição do corpo – Baixa, média ou alta (dependendo da trajetória e da dificuldade da bola atacada).
- Quanto ao deslocamento que a precede – Para frente, para trás, lateral ou com variações de corridas.
- Quanto à velocidade do ataque – Os levantamentos baixos e rasantes não permitem deslocamentos e ajustes mais demorados ao defensor, exigindo-lhes reações a partir do posicionamento inicial.
- Quanto à trajetória da bola atacada – Direta ou desviada (no segundo caso, ocorre uma readaptação à primeira reação, obrigando o executante a alterar a sua postura e optar por outro deslocamento ou recurso).
- Quanto à altura da bola (quanto mais à frente, mais baixa deve ser a posição básica):
    » entre pés e joelhos;
    » entre joelhos e quadril;
    » entre quadril e ombros;
    » à altura da cabeça;
    » acima da cabeça;
- Quanto ao alcance do defensor (os afundos complementam o gesto motor de defesa e dão qualidade à ação):
    » sobre o corpo;
    » à frente;
    » atrás;
    » ao lado;
    » nas diagonais.

Leia mais sobre treinos de defesa no título "Formações defensivas", no Capítulo 5.

ROLAMENTO

O rolamento é um movimento acrobático em que o defensor, após um afundo lateral ou à frente, rola sobre um dos ombros ou

TÉCNICA

sobre as costas, na intenção de alcançar a bola próxima do solo ou amortecer a queda após defendê-la. Pode ser precedido de deslocamentos curtos ou longos.

Atualmente são dois os tipos de rolamentos mais utilizados, principalmente por equipes femininas: sobre o ombro e sobre as costas. Quando não é necessário completar o movimento, utiliza-se o meio-rolamento, no qual o corpo retorna à posição de saída depois que as costas tocam o chão.

São três os objetivos do rolamento: evitar contusões, permitir um posicionamento melhor para a execução do fundamento e voltar rapidamente à posição de jogo.

É utilizado em situações de defesa, recuperação, recepção de saque e levantamentos de bolas que chegam baixas para o levantador. O desequilíbrio é pré-requisito para que o fundamento seja realizado com qualidade e precisão.

A escolha do tipo de rolamento a ser utilizado depende da localização da bola em relação ao corpo. Em bolas que estão à frente do executante, usa-se o rolamento sobre as costas; nas direcionadas para o lado do corpo ou nas diagonais, o rolamento sobre o ombro. Quanto à mecânica, varia de acordo com a forma de contato com a bola: com um ou dois braços, com a mão, em toque ou com recurso.

O rolamento envolve as seguintes capacidades físicas: forças isométrica e isotônica (concêntrica e excêntrica) de membros inferiores e superiores, dorsal, abdominal e de cintura escapular; equilíbrios estático, dinâmico e recuperado; agilidade; coordenação dinâmica geral; flexibilidade geral (principalmente dorsal) e mobilidade articular geral (sobretudo de cintura escapular e joelhos).

As habilidades fundamentais são: andar, correr, rebater, volear e as combinações com as habilidades locomotoras e acrobáticas.

Rolamento sobre o ombro

As fases de execução do rolamento sobre o ombro são as descritas a seguir.

- Posição básica de defesa

A ela seguem-se as movimentações que permitem ao jogador chegar à bola. Muitas vezes não é possível dar passada alguma em direção à bola e, partindo da posição básica, já acontece o afastamento lateral das pernas e o rolamento.

- Rolamento propriamente dito

O fundamento (manchete, defesa ou toque) é realizado durante o desequilíbrio. Uma das pernas flexiona-se, a outra permanece estendida, o(s) braço(s) é(são) levado(s) para tocar a bola e o corpo se sustenta na perna flexionada.

Depois de tocar a bola, os glúteos se apoiam no chão e em seguida as costas, enquanto a mão correspondente à perna flexionada (já livre da ação técnica) auxilia no amortecimento da queda, deslizando no solo, seguida pelo braço estendido.

O braço contrário estende-se ao lado do corpo e as pernas são lançadas unidas e flexionadas sobre este ombro. O pescoço é colocado para o outro lado, liberando a passagem das pernas.

- Pronta ação para o prosseguimento do jogo

Assim que os pés se apoiam no chão, já existe a preocupação em estender as pernas e, com a ajuda dos braços, levantar-se para a ação seguinte.

Fig. 4.20 – Rolamento sobre o ombro

TÉCNICA

Rolamento sobre as costas

O rolamento sobre as costas tem as seguintes fases de execução:

- POSIÇÃO BÁSICA E DESLOCAMENTO PARA A BOLA

A posição básica assumida é a de defesa e o deslocamento é feito à frente, com a última passada mais longa e próxima do chão, procurando chegar perto da bola, com o(s) braço(s) já estendido(s) para alcançá-la.

- ROLAMENTO PROPRIAMENTE DITO

É feito o afundo à frente, com a perna anterior impulsionando o corpo na direção da bola. O(s) braço(s) se estende(m) completamente buscando alcançá-la, enquanto as pernas unem-se estendidas no prolongamento do corpo já quase paralelo ao chão. Após o toque na bola – dado em desequilíbrio –, braço, ombro, costas, nádegas e pernas, nessa ordem, amortecem a queda, enquanto o corpo todo gira sobre as costas no eixo da coluna vertebral.

- PRONTA AÇÃO PARA O PROSSEGUIMENTO DO JOGO

O rolamento termina com o corpo de frente para o chão, as mãos apoiadas e as pernas flexionando-se para levantá-lo do chão mais rapidamente.

FIG. 4.21 – ROLAMENTO SOBRE AS COSTAS

MERGULHO

Difere do rolamento por possuir uma fase em que o corpo não conta com o apoio dos pés no solo. Os mergulhos podem ser realizados durante ou após o toque na bola. Acrobáticos, exigem agilidade e pleno controle corporal. O mergulho possui os mesmos três objetivos do rolamento: evitar contusões, permitir melhor execução do fundamento e voltar imediatamente à posição de jogo.

É o último recurso de defesa, utilizado ou com o objetivo de alcançar uma bola distante ou para que o toque na bola – seja em manchete ou com uma das mãos – possa ser realizado com mais precisão. No caso de saques fortes, pode ser aplicado na recepção.

Existem dois tipos básicos de mergulho: o frontal, mais conhecido como "peixinho" – largamente utilizado por equipes masculinas – e o lateral, mais indicado para mulheres. O "peixinho" não é recomendável para mulheres por causa do contato do tórax com o chão. Além do impacto dos seios durante a aterrissagem, há a fase de deslize, que potencializa o risco de lesões. No entanto, infelizmente, algumas jogadoras o utilizam, talvez por falta de informação ou para imitar seus ídolos masculinos.

Alguns treinadores, mesmo assim, insistem no ensino do mergulho frontal para as mulheres, e pior, desvirtuam a técnica, com a justificativa de proteger a região citada anteriormente. Para evitar que os seios toquem o solo, a executante hiperestende o tronco, desliza sobre a barriga (região também sensível – útero, ovário, trompas) e ainda sobrecarrega a coluna lombar. Com todo este contorcionismo, o próprio objetivo do mergulho se perde, pois a defensora fica com as mãos e os braços elevados, recuados e, consequentemente, longe do chão e da bola a ser recuperada.

Os mergulhos devem ser ensinados somente quando o aluno possuir força muscular capaz de sustentar o próprio corpo após a fase aérea. Envolvem as seguintes capacidades físicas: forças isométrica e isotônica (principalmente excêntrica) de membros inferiores e superiores, dorsal, abdominal e de cintura escapular;

TÉCNICA

equilíbrio estático, dinâmico e recuperado; flexibilidade geral (principalmente abdominal); mobilidade articular (sobretudo de cintura escapular).

As habilidades fundamentais são: andar, correr, rebater, volear e a combinação de habilidades locomotoras e acrobáticas.

Mergulho frontal ("peixinho")

As fases de execução do mergulho frontal são as seguintes:

- Posição básica

De defesa.

- Corrida em direção à bola e decolagem

O defensor pode partir instantaneamente da posição básica para a bola atacada ou ter um deslocamento antecedendo a decolagem. Para bolas que mudam sua trajetória inicial – desvio no bloqueio, em outro defensor ou por conta de uma finta do atacante –, um giro ágil e veloz de corpo pode ser necessário.

Nos casos que requerem deslocamentos, as bolas que estão próximas do corpo exigem poucas passadas (às vezes somente uma). As que se dirigem para longe do defensor pedem uma corrida veloz. Os deslocamentos longos devem ser iniciados com passadas curtas (ganho de velocidade) e finalizados com passadas largas (chegada à bola). Na última passada, a perna que chegar à frente deve impulsionar o corpo com precisão para alcançar a bola.

Fig. 4.22 – Mergulho frontal: "peixinho"

Enquanto a perna da frente se estende, projetando o corpo e um dos braços (dificilmente é possível chegar com ambos) em direção à bola, a outra fica fora do chão. Neste momento, o corpo está quase paralelo ao solo e perderá o contato com ele após o impulso.

• FASE AÉREA E TOQUE NA BOLA

Durante a fase aérea, o corpo se mantém quase paralelo ao chão, com as pernas um pouco flexionadas, o pescoço estendido e o tronco levemente arqueado. Essa posição acentua-se na medida em que o executante se aproxima do chão.

O toque na bola pode ser realizado com uma das mãos (o mais comum), um dos punhos, um dos antebraços, o dorso da mão ou com os dois antebraços em manchete (mais raro).

Quando o toque é feito com uma das mãos, não deve ser realizado com a palma, pois na maioria das vezes é interpretado como condução. Se a intenção é jogar a bola para trás, junto do toque de mão fechada deve haver uma flexão de punho e, às vezes, também de braço. O golpe com o dorso da mão pode ocorrer na fase aérea (com uma extensão de punho impulsionando a bola) ou no chão, durante o amortecimento da queda (vide "abafa", no título "Recursos", neste capítulo).

• ATERRISSAGEM

O amortecimento da queda é iniciado com o apoio das mãos no solo. O pescoço continua estendido para evitar o choque do queixo contra o chão. Os braços chegam quase estendidos e se flexionam na medida em que o peso do corpo é depositado sobre eles. O chão é tocado primeiro pelo tórax; neste momento os braços estendem-se e dão o impulso necessário para que o corpo deslize sobre o piso. A velocidade não deve ser freada bruscamente, em razão dos traumas que a desaceleração pode causar em punhos, cotovelos, ombros e coluna. A aterrissagem é concluída com o movimento de "mata-borrão": depois do tórax, o abdome e as pernas, semiflexionadas, tocam o chão, para evitar o choque direto dos joelhos.

- ### Retorno ao jogo

As pernas devem ser trazidas para junto do corpo de modo que, com a ajuda dos braços, o jogador se coloque rapidamente em pé para a continuidade do jogo.

Mergulho lateral

As fases de execução do mergulho lateral são as seguintes:

- ### Posição básica e deslocamento

Como no mergulho frontal.

- ### Mergulho propriamente dito

Difere do anterior no momento do salto, por dois motivos: possui uma fase aérea mais breve e o corpo se estende lateralmente ao chão. Assim, a perna que está embaixo fica paralela ao chão, enquanto a outra, um pouco elevada, faz o mergulho ganhar maior distância.

Em virtude da posição do corpo, o toque na bola é realizado quase sempre com uma das mãos. O apoio do corpo começa no

Fig. 4.23 – Mergulho lateral

próprio braço, seguido da parte posterior do ombro, da região lateral do tronco e de um dos glúteos. O corpo desliza sobre o chão, evitando o choque seco e perpendicular ao solo.

- ### Retorno ao jogo

Segue o princípio do mergulho frontal, com o jogador procurando o apoio das mãos no chão e trazendo as pernas para junto do corpo, para que o retorno seja rápido.

IMPORTANTE: Na aprendizagem das quedas, de forma específica, não se recomenda que o processo pedagógico se inicie com a experimentação global, pois o aprendiz estará sujeito a contusões caso tente executar o fundamento em sua totalidade. A decomposição dos movimentos e a sequência pedagógica como elementos iniciais do processo preservarão a integridade física do aluno. O uso de colchonetes e tatames é indicado em um primeiro momento do processo, quando ainda não é ensinado o deslize sobre o chão. Quando este for incluído, é importante que seja realizado em uma superfície lisa, menos atritante.

RECURSOS

São variações técnicas criadas a partir de situações de jogo em que o fundamento por si só não resolve o problema. Um ataque forte que se dirige ao rosto do defensor, por exemplo, não pode ser interceptado com uma manchete. Diante dessa dificuldade, criou-se a defesa com as mãos espalmadas, um expediente não tão preciso quanto o padrão motor aprendido anteriormente, porém, mais útil diante do contexto.

É natural que o praticante busque recursos próprios para solucionar problemas que passam a ocorrer durante os jogos. No entanto, convém ensiná-lo e estimulá-lo a utilizar os recursos mais usuais, e apenas depois que o padrão motor do fundamento em

TÉCNICA

questão estiver fixado, para que não virem habituais e substituam as habilidades específicas.

Serão analisados os mais comuns, com explicações que dissipem dúvidas porventura existentes quanto ao ensino e utilização.

Recursos de ataque

* "Explorada" (para fora e para cima)

Consiste no ato do atacante de, em vez de buscar a quadra adversária, fazer com que a bola toque o bloqueio e vá para fora.

O atacante deve saber o momento correto de se valer desse artifício, acelerando o braço, a fim de pegar o bloqueio ainda em formação, ou atrasando-o, para pegá-lo se desfazendo.

A "explorada" para cima é utilizada quando o bloqueio é superior ao ataque e quando o atacante está sob a bola ou longe do bloqueio. A batida deve ser forte, para que a bola escape do raio de ação dos defensores; em caso contrário, ela tocará a ponta do bloqueio, ganhará altura e será facilmente recuperada.

Utiliza-se a "explorada" para o lado em diversas situações: a bola está muito colada na rede; o bloqueio está em melhores condições que o ataque; o braço do bloqueador está na altura da bola (o bloqueio subiu mais que o necessário e deixou o braço exposto para ser "explorado"); a bola está passando pelo atacante e ele não conseguirá jogá-la para a quadra adversária. A bola deve ser atacada contra o lado da mão ou do braço de fora do bloqueador.

* Largada (curta ou longa)

Ação realizada com a ponta dos dedos, com o objetivo de enviar a bola a uma região a que os defensores, estanques no chão à espera do golpe forte, não conseguirão chegar.

Exige visão total de jogo e habilidade fina, pois é um movimento de muita precisão. Deve ser utilizada quando o atacante perceber que nenhum jogador adversário conseguirá chegar a tempo à região desguarnecida para a qual ela será enviada. Para obter sucesso, o atacante não pode efetuar movimentos antecipados. Uma largada em que o jogador demonstre sua intenção não surpreende ninguém.

- "Empurrada" (para o lado e para a frente)

O atacante não tem condições de executar o movimento de cortada, limitando-se a tentar salvar um levantamento que está mais favorável ao bloqueador adversário. Para isso, empurra a bola contra as mãos do oponente.

Na "empurrada" para o lado, há dois movimentos distintos que acontecem em uma fração de segundo: o atacante empurra a bola contra as mãos do bloqueador e, a seguir, para fora da quadra.

A "empurrada" para a frente é mais utilizada em bolas indefinidas sobre a rede, no meio da quadra. O atacante usa uma das mãos e o bloqueador, as duas. Nesse caso, o atacante deve valer-se do fato de estar vindo em direção à rede, contra um bloqueador parado. Essa corrida é utilizada para imprimir mais força e ganhar a disputa.

É conveniente, sempre que possível, atrasar o salto, para que o corpo ganhe o impulso adquirido no chão contra um bloqueador que já está no ar.

- Meia-força

O movimento da cortada deve ser seguido à risca, contando com a desaceleração do braço no momento final do ataque. A exemplo da largada, é usada para fazer a bola cair em áreas desprotegidas, à frente dos defensores.

Quando usada para que a bola volte enfraquecida do bloqueio e haja recuperação por parte da defesa, permitindo um contra-ataque mais eficiente, a proteção de ataque deve estar atenta, senão o esforço e a presença de espírito do atacante são desperdiçados.

TÉCNICA

Recursos de defesa (utilizados também em recuperações)

• DEFESA COM AS MÃOS ESPALMADAS ACIMA DA CABEÇA

Era um recurso do vôlei de praia, mas, com a liberação dos dois toques para as bolas que vêm atacadas da quadra contrária, passou a ser utilizado também no de quadra, substituindo a manchete inversa, pois aumenta a chance de amortecimento do ataque. As mãos espalmadas são levadas, ou sobre a cabeça, ou sobre um dos ombros, para tocar a bola que vem nessa altura. Devem estar voltadas ligeiramente para a frente, pois o choque do ataque contra as mãos provoca extensão suficiente dos punhos para dar a altura desejada à defesa. Colocadas para cima, as palmas das mãos fazem a bola sair para trás. O tronco assume uma posição mais ereta no momento do contato.

• DEFESA COM UMA DAS MÃOS (EMBAIXO OU NO ALTO)

O recurso de defesa baixa com uma das mãos é utilizado para bolas que chegam ao lado do corpo e próximas do chão. Muitos ataques são tão fortes e baixos que é praticamente impossível chegar com os dois braços à bola e executar a manchete.

O executante estende o braço em direção à bola e a toca com a mão fechada. Em ataques mais fracos, a flexão de punho permite que a bola ganhe altura e possa ser recuperada.

A defesa com uma das mãos no alto difere completamente. É utilizada em bolas que tocam o bloqueio e se dirigem para o fundo da quadra. Impossibilitado de girar o corpo e correr atrás dela, resta o recurso de saltar e tocá-la com a mão fechada ou aberta, para que algum companheiro possa recuperá-la na sequência.

• DEFESA COM UM DOS BRAÇOS

Segue o princípio da defesa com uma das mãos embaixo. Tem a vantagem de poder amortecer melhor a bola.

- "Abafa"

De alta espetacularidade, é o limite da ação do defensor que correu, mergulhou e se esforça para recuperar a bola.

Após realizar o "peixinho", o jogador inicia a aterrissagem com um dos braços estendido e mais à frente do corpo. A mão desliza até chegar à bola, tocando-a com o dorso ainda apoiado no solo. Exige completo domínio corporal, pois o amortecimento e o contato com a bola são simultâneos.

- Defesa com os pés

Com a implantação da regra que permite utilizar todo o corpo para tocar a bola, os pés passaram a ter nova função. Duas situações os colocam como opção técnica: para a recuperação de bolas que se dirigem para fora da quadra, podendo ser impulsionadas com mais força pelos pés do que pelas mãos; e para aquelas que vão passar sob a rede, nas quais a tentativa de chegar com mergulho ou rolamento pode provocar uma invasão.

- "Tapinha"

Acontece durante a fase aérea do mergulho, com o dorso da mão impulsionando a bola para cima.

- Recuperação de bolas que voltam da rede

Deve ser treinada de acordo com as variações possíveis, pois a bola assume trajetórias diferentes conforme a parte da rede em que ela bate.

Uma bola que chega paralela ao chão no meio da rede costuma voltar um pouco mais longe; a que chega paralela ao chão perto da fita desce mais próxima da rede; a que tem uma trajetória quase paralela à rede corre um pouco por ela e cai mais além; a que toca a base inferior da rede dá maior tempo de recuperação.

TÉCNICA

O corpo deve estar colocado, preferencialmente, de frente para a quadra contrária, pernas flexionadas e braços quase sob a rede.

Recursos do levantador

● LARGADA

Realizada com uma das mãos empurrando repentinamente a bola para baixo, em vez de levantá-la para um atacante. O ideal é treiná-la para a frente e para trás, ora com a esquerda ora com a direita, aumentando o arsenal de recursos do levantador.

Alguns levantadores executam largadas com as duas mãos (após simular um levantamento), entretanto, é preciso que o jogador esteja seguro de que ela cairá, pois, principalmente para os homens, o tempo é suficiente para que haja uma defesa. No feminino é mais comum caírem bolas assim, uma vez que a rede é mais baixa e a velocidade de resposta das mulheres é menor.

● LEVANTAMENTO COM UMA DAS MÃOS

Trata-se de recurso próprio para bolas que se dirigem para o campo contrário e que fariam o levantador tocar a rede caso tentasse levantar com as duas mãos. Alguns jogadores desenvolveram um recurso adicional, de retirar a mão (principalmente quando estão infiltrando), no momento do levantamento, deixando a bola passar para a outra quadra, surpreendendo, assim, o adversário que esperava por um levantamento com uma das mãos; outros (quando estão na rede) passaram a empurrar a bola para o fundo da quadra contrária em vez de levantar.

● ATAQUE DE SEGUNDA

Em vez de levantar, o jogador vira-se de frente para a rede e ataca em forma de cortada. Como exige muita habilidade, além de visão periférica apurada, deve ser treinada exaustivamente antes de ser aplicada em jogos.

- SIMULAÇÃO DE ATAQUE

Este recurso surpreende mais quando é realizado após um ataque de segunda. Nesse caso, o bloqueador, não querendo ser surpreendido novamente, salta ao ver o levantador virar-se de frente para a rede. Porém, este serve o atacante que está a seu lado, livre da marcação do bloqueador que subiu para marcar o suposto ataque de segunda.

Recursos de saque

Já foram comentados no título "O saque tipo tênis", neste capítulo.

Recursos de bloqueio

- EVITANDO EXPLORADAS (DE BOLAS FORTES OU FRACAS)

Algumas situações mostram claramente a intenção do atacante de explorar o bloqueio. Quando isso acontece, o bloqueador pode, também, se valer de alguns recursos para equilibrar as forças.

Diante de um ataque forte, o bloqueio deve esperar o movimento adversário e, rapidamente, tirar as mãos do caminho da bola, flexionando os braços e evitando que ela os toque.

Nas bolas fracas, há uma briga de habilidade para proteger a passagem da bola, não mais para a própria quadra, porém, evitando que ela toque a mão de fora e acabe beneficiando o atacante. A posição da mão de fora nessa situação passa a ser completamente diferente, com o bloqueador deixando-a quase paralela ao chão e, então, flexionando o punho para evitar que a bola vá para fora.

- DISPUTA DE BLOQUEIO X BLOQUEIO
  (BOLAS INDEFINIDAS SOBRE A REDE)

Por que, geralmente, a briga nessas situações é vencida pelo mais baixo e o mais alto quase sempre acaba caindo para trás? Por razões meramente físicas. O ideal é ser o último a partir para a disputa. Aquele que se adianta perde o contato com o solo e briga no ponto máximo do salto sem contar com a força que o chão poderia transferir. O de menor estatura, ou o que salta atrasado, utiliza esse impulso para empurrar a bola e levar vantagem.

Nessa briga, deve-se partir de baixo para cima, não ganhar altura a qualquer preço e fazer o possível para não ser o primeiro a tocar a bola.

- "Puxada" (para bloqueios simples)

É utilizada para fintar o atacante. O bloqueador oferece-lhe um dos lados, mas, na última hora, quando o atacante deixa a bola descer para tentar cravá-la, puxa os braços para a região anteriormente desguarnecida. Apesar de ser um ótimo recurso, não deve ser estimulado a tornar-se habitual, pois a organização tática defensiva de uma equipe tem no bloqueio a função de orientar o posicionamento da defesa. Se a todo momento os bloqueadores puxarem o braço para cá ou para lá, não há tática defensiva que funcione.

5

TÁTICA

CONSIDERAÇÕES INICIAIS

Podemos considerar que há dois tipos de tática: a individual e a coletiva. A primeira é a utilização consciente da técnica pessoal, coordenada com a dinâmica do jogo e adaptada às regras, na qual o principal objetivo é otimizar a própria ação, construindo estratégias instantâneas e pontuais para obter sucesso na situação de jogo em questão. A tática coletiva é a organização de todos os jogadores em cada situação de jogo, de forma a todos contribuirem, juntos e organizadamente, para a obtenção do ponto.

TÁTICA INDIVIDUAL

É parte do processo de amadurecimento técnico do atleta. Na medida em que ele se confronta com as situações de jogo, precisa recorrer à bagagem técnica que possui para, por exemplo, atacar para uma região que não é protegida pelo bloqueio adversário. Se o atleta tem domínio do ataque para a diagonal e para o corredor, ele poderá ser eficiente, porém, isso não lhe garante eficácia. Com mais recursos à disposição, ele poderá também "explorar o bloqueio", o que lhe dará mais chances de obter sucesso diante da mesma situação. No entanto, ele só será eficaz se souber com qual dos recursos disponíveis terá mais chances de resolver o problema a seu favor. Essa decisão não precisa se refletir imediatamente favorável, pois ele pode largar a bola, obrigando o levantador a defendê-la e, com isso, diminuir as possibilidades de ataque do oponente. Esse processo cognitivo de escolha e visualização do desdobramento da jogada a partir desta escolha caracteriza a tática individual.

Muitos técnicos pensam que dar liberdade para que seus atletas resolvam problemas de ordem tática pode comprometer a estratégia coletiva. Riqueza cognitiva nada tem que ver com indisciplina tática. Quando o jogador tem os recursos táticos individuais desenvolvidos, ele valoriza muito mais a estratégia geral, pois tem consciência de sua importância. É preciso, todavia, criar no atleta o entendimento de que a tática coletiva estará sempre acima da individual e que a interdependência ordenada das ações individuais se reflete diretamente no sucesso da equipe. Há momentos em que a equipe depende da tática individual de seus jogadores, pois não é possível uma ação coordenada conjunta, assim como há situações em que o preciosismo pode atrapalhar o que está combinado para ser realizado coletivamente.

Um exemplo claro desse choque pode ser percebido no momento do saque. Há uma orientação (anterior e devidamente combinada) para que o sacador dirija seu saque a determinada região da quadra adversária, pois, com isso, os bloqueadores poderão dar preferência para alguns atacantes e esquecer outro, que não receberá o levantamento nessas condições de recepção. No entanto, por capricho, o sacador decide por conta própria que seu saque deve tomar outra direção. Essa ação individual acaba por atrapalhar toda a organização coletiva que poderia gerar um ponto para a equipe.

TÁTICA

Os treinadores precisam tomar cuidado para não passar sempre receitas prontas, afinal, o jogo é dinâmico e repleto de alternativas que se sucedem durante as jogadas. Existem, logicamente, modelos táticos que devem ser obedecidos para que sejam eficientes, mas a flexibilidade deve ter seu espaço. Quanto mais oportunidades forem concedidas ao jogador para solucionar problemas difíceis e fazer parte da organização coletiva – por mais simples que ela seja –, mais ele estará apto a elaborar planos táticos pessoais e entender os coletivos.

A tática individual deve ser estimulada durante todo o processo de ensino-aprendizagem. É importante que o aprendiz se desenvolva cognitivamente e possa gradativamente evoluir taticamente, assim como acontece com a técnica. Não adianta ocorrer o progresso técnico isolado sem que o aprendiz saiba como utilizar os recursos adquiridos em situações (mesmo que adaptadas) de jogo. Nessa etapa é importante também que ele se conscientize de que a aplicação da tática individual está diretamente relacionada à capacidade técnica e física. Conhecendo suas potencialidades e limitações, o próprio praticante descobre quais estratégias táticas lhe são ideais e executáveis. O que serve a uns pode não ser útil a outros.

TÁTICA COLETIVA

A tática coletiva é a personalidade de uma equipe. Muitos técnicos desportivos têm concepções de jogo formadas e as tentam aplicar a todo grupo que dirigem. Não podemos negar que alguns princípios são fundamentais e quase unanimidade entre eles, cabendo aos mais tenazes a aplicação pragmática de alguns conceitos inovadores. Porém, é necessário considerar que a melhor tática é aquela que se adapta aos indivíduos disponíveis. Determinadas concepções, por mais que sejam eficientes, podem jamais ser assimiladas e/ou colocadas em prática por um grupo.

A tática desenvolvida atualmente é produto de experiências realizadas por mais de um século em todo o mundo. Há sólidas bases que sofreram adaptações, mas não tão significativas a ponto de descaracterizar o jogo. O que vemos hoje é resultado de várias descobertas que, depois de analisadas, testadas e selecionadas, foram consideradas as táticas mais apropriadas. Portanto, ninguém conseguirá reinventar o voleibol. Inovações poderão e deverão surgir com o tempo, porém, as novidades dificilmente não se basearão no trabalho cognitivo e estratégico de gerações anteriores. Em suma, novas concepções serão sempre bem-vindas, mas lampejos dignos de um Professor Pardal não resultarão em táticas consolidadas, com certeza.

Como se fossem peças de uma grande engrenagem, os jogadores devem servir ao bem comum de modo a contribuir com suas virtudes, apesar de suas deficiências. Na maioria das vezes, cabe ao técnico moldar os atletas tecnicamente para que eles se encaixem em uma tática que seja vislumbrada como ideal, mas que só possa ser aplicada quando o grupo estiver mais maduro e apto. A mesma percepção que conduz a equipe ao aprimoramento das táticas convencionais pode, com base nas características individuais, promover adaptações específicas e pontuais que diferenciarão o time de outros, criando uma identidade própria. Assim aconteceu com algumas das táticas revolucionárias que depois foram copiadas pelos demais.

As táticas adotadas por grupos de menor idade aperfeiçoam-se e evoluem para padrões mais altos na medida em que a equipe amadurece e se desenvolve técnica e fisicamente. Porém, a linha mestra é sempre a mesma. É importante que o professor vislumbre a evolução do grupo e ensine táticas mais simples em um primeiro momento, porém, que estruture as bases para a aplicação de táticas mais adiantadas a serem aprendidas futuramente.

A estruturação tática de uma equipe deve considerar, a princípio, suas próprias características:
- Capacidade técnica – Qual o grau de maturidade técnica do grupo para adotar determinadas táticas? Conseguirão aplicá-las? Todos estão aptos a fazer parte da engrenagem coletiva?
- Raciocínio tático – Todos entendem o objetivo e a dinâmica da tática adotada? Todos farão a sua parte, entendendo

TÁTICA

que sua ação está diretamente ligada à ação anterior e/ou posterior?
- Condições físicas – Individual e coletivamente, o grupo está apto a desenvolver a tática? Há limitações físicas (estatura, potência, resistência específica de jogo etc.) que os impeçam de desenvolver a tática de forma uniforme?
- Diferenças individuais – Nenhum grupo é absolutamente homogêneo, por isso é importante que o treinador elabore adaptações às táticas adotadas de acordo com as diferenças individuais. Por exemplo, uma equipe que tem um levantador mais baixo, sabendo que os atacantes adversários levarão certa vantagem quando se defrontarem com ele na rede, deve redesenhar a tática defensiva, alterando o posicionamento defensivo dos jogadores que atuam nas posições 1 e 6.

As concepções táticas adotadas devem ser treinadas de modo a oferecer segurança aos atletas. Com o tempo, eles ficam mais à vontade, entendem-na melhor e contribuem de forma mais efetiva com o grupo. Quando se dá o embate entre duas equipes, fatores ligados ao adversário também devem ser considerados. Sabendo que a essência da tática está nessa "personalidade" própria, a complementação da fórmula está do outro lado da quadra. A dinâmica do jogo de voleibol – a disputa entre duas equipes autônomas que podem preparar seu jogo sem a interferência direta do adversário – condiciona a tática coletiva de jogo ao seguinte raciocínio: com o que temos, qual a melhor forma de tirar proveito de nossas virtudes e neutralizar as dos adversários?

Deve-se considerar, em relação ao adversário:
- Táticas adotadas – Quais são as táticas adversárias e quais as melhores opções para neutralizá-las ou enfrentá-las com condições de suplantá-las?
- Condições técnicas, emocionais e físicas – Individual e coletivamente, os adversários possuem características positivas, mas também outras que podem levá-los a fraquejar; quanto mais o técnico conhece esses detalhes, mais chances a equi-

pe tem de impedi-los de atuar em nível de excelência. Por exemplo: um passador com base física ou emocional frágil pode ser tirado do jogo se for "caçado" insistentemente pelos sacadores.
- Pontos fracos e fortes – Quanto mais os adversários forem estudados, maior a possibilidade de vencê-los.

Além desses, há alguns fatores circunstanciais que também acabam por interferir na adoção da tática específica para uma ou outra partida. São eles:
- Agentes externos – Se, por exemplo, o jogo for disputado em um ginásio com pouca área livre a partir da linha de fundo, é preferível adotar o saque mais próximo da linha do que outro mais longo, impossível de ser executado ou que aproxime o sacador da torcida adversária. Fatores como clima, pressão da torcida e estado psicológico da outra equipe e do próprio jogo também devem ser observados e transformados em vantagem.
- Estratégia na competição – As equipes podem se enfrentar várias vezes na competição, porém, algumas partidas são mais importantes do que outras. Desse modo, as estratégias novas devem ser guardadas para a ocasião oportuna, assim como, para vencer um jogo subsequente, táticas diferentes das utilizadas anteriormente podem ser necessárias.

METODOLOGIA PARA ENSINO DA TÁTICA COLETIVA

A tática no voleibol não se resume aos sistemas bem elaborados praticados por atletas de ponta. Ela deve fazer parte do processo de aprendizagem, bem antes de o vôlei ser jogado de acordo com as regras oficiais. No início, é importante desenvolver noções simples que permitam estruturar, em nível cognitivo, uma linha de raciocínio tático a ser aperfeiçoada com a prática permanente. Essa

TÁTICA

vivência permitirá a maior facilitação da aprendizagem e aplicação das estratégias adiantadas, na medida em que elas forem incluídas no processo.

Jogos adaptados, brincadeiras e mesmo exercícios mais complexos estimulam a busca por soluções táticas. Os professores de iniciantes devem criar situações que desenvolvam o raciocínio tático. O minivôlei (jogado em quadras menores, com três jogadores de cada lado) é ideal para esse fim, a partir da etapa de aperfeiçoamento técnico.

Os processos táticos devem ser ensinados do simples para o complexo e intensificados a cada etapa. Inicia-se pela criação, continua com o elementar e, então, ganha complexidade, sem se tornar complicado. Devem ser iniciados a partir de um desenvolvimento dinâmico lento, evoluindo para a velocidade real de jogo. O oponente é incluído somente quando o processo está assimilado. Recomenda-se começar com ataques mais fracos, saques mais fáceis de serem recebidos, lançamentos de bola para o levantador e depois, aos poucos, aumentar o grau de dificuldade e a interdependência dos fundamentos, até chegar à aplicação da tática em questão nos jogos.

O processo pedagógico ideal é o sintético-analítico-sintético:
1) Partir do sintético, com o grupo tendo noção do todo e da filosofia de jogo.
2) Ir para o analítico, dividindo o plano de ação em partes e dando funções a cada jogador.
3) Relacionar as partes que efetuarão ações conjuntas, envolvendo dois ou mais jogadores.
4) Voltar ao sintético e ao conjunto total das ações.

Como visto anteriormente, o voleibol possui algumas características que o diferem de outros esportes coletivos, o que torna suas estratégias especiais em razão, principalmente, da ausência de contato físico e da impossibilidade de retenção da bola.

A tática coletiva do voleibol é norteada por sete perguntas específicas:

1) Como jogar?
2) Como receber?
3) Como levantar?
4) Como atacar?
5) Como bloquear?
6) Como defender?
7) Como contra-atacar?

A estruturação tática de uma equipe deve preceder o confronto competitivo. A aplicação de qualquer tática em partidas oficiais só deve ocorrer quando ela estiver perfeitamente entendida, solidificada e treinada; em caso contrário, as chances de fracassar e cair em descrédito dentro do próprio grupo são grandes. Quando a disputa competitiva se inicia, é importante que os integrantes do grupo entendam que a trama se desenvolve continuamente, com ações próprias coordenadas e tentativas semelhantes dos oponentes.

O treinamento da tática coletiva em forma de coletivo dirigido é uma boa estratégia para a assimilação, repetição e recorrências de situações de jogo. A preparação para enfrentar determinados adversários deve envolver a análise da situação (observação) e a escolha dos procedimentos possíveis e mais adequados (estudo antecipado). As estratégias pretendidas devem ser apresentadas ao grupo isoladamente, para que cada momento possa ser entendido e assimilado. Em seguida, a associação dos elementos deve ser treinada para que a aplicação se concretize, pois uma ação isolada não determinará o sucesso do plano tático, mas sim a persistência e a constância nas ações. Por fim, a preparação tática para um jogo deve, simulando ações que são esperadas do adversário, confrontar os planos táticos na prática.

SISTEMAS DE RECEPÇÃO

A maneira como uma equipe distribui seus jogadores em quadra para receber o saque adversário constitui um sistema de recepção. Três questões norteiam a escolha da estratégia tática:

1) Onde?
2) Com quantos?
3) Como?

1) O primeiro cuidado é traçar a área de posicionamento, onde ficarão os jogadores responsáveis pela recepção. A quadra, que tem área de 81 m², deve ser ocupada de maneira racional, pela probabilidade de cada região ser alcançada pelo saque. Levando em consideração a capacidade de deslocamento, a envergadura dos passadores, a altura da rede e o tempo de viagem da bola a partir do saque, presume-se que, de dentro do espaço a ser ocupado pelos responsáveis pelo passe, seja possível alcançar qualquer bola enviada pelo sacador.

A área de posicionamento dos passadores é um retângulo imaginário de 24 m² que se situa a 3,5 m, aproximadamente, a partir da rede e 1,5 m da linha de fundo e das laterais (Figura 5.1).

Distribuídos os passadores na área de posicionamento, é fundamental determinar a área de responsabilidade de cada um, para evitar que saques dirigidos entre eles caiam no chão. Com a definição, cada um saberá onde termina o próprio espaço de atuação e onde começa o do companheiro. Jamais se deve deixar uma região para "aquele que chegar primeiro" ou para "qualquer um dos dois", pois, quando isso acontece, quem ocupa tal região é a bola.

Fig. 5.1 – Área de posicionamento dos passadores

A divisão das áreas de responsabilidade não é democrática nem simétrica. Independentemente de quantos jogadores sejam responsáveis pela recepção ou do sistema utilizado, deve-se proceder à distribuição, primeiramente, de acordo com a capacidade técnica, física e psicológica de cada envolvido. Aos mais capacitados caberá sempre mais área. No entanto, outros fatores devem ser considerados, como o posicionamento e as características do sacador e a combinação ofensiva traçada pelo levantador. Assim, os melhores passadores são redistribuídos para as áreas preferidas pelo adversário ou procura-se facilitar a movimentação dos atacantes, respectivamente.

A comunicação é, também, fundamental para o sucesso da organização tática de uma equipe no momento da recepção do saque. Os passadores devem conversar antes e durante a realização do saque e, principalmente, enquanto ele descreve sua trajetória, para evitar que dois jogadores – ou, o que é pior, nenhum – se dirijam para a bola. Muitas vezes, a movimentação de um atacante fica prejudicada por causa de uma hesitação ou um deslocamento desnecessário, proveniente da falta de comunicação entre os passadores.

2) A recepção do saque pode ser realizada por cinco, quatro, três ou dois jogadores. A quantidade de responsáveis por receber o saque adversário dependerá substancialmente do nível técnico da equipe. Quanto mais capacitados os atletas, menos jogadores é possível utilizar para a função. O potencial ofensivo da equipe aumenta proporcionalmente à diminuição do número de passadores, pois aqueles que não participam desta etapa do jogo têm mais facilidade para se deslocar para atacar.

3) A disposição espacial dos jogadores em quadra está diretamente relacionada à tática ofensiva coletiva, à capacidade técnica e às regras do jogo. Eles devem ser distribuídos de modo a recepcionar o saque de modo eficaz e movimentar-se com facilidade para as regiões em que atacarão.

De acordo com o número de passadores, seguem as formas mais comuns de distribuição.

TÁTICA

Recepção com cinco jogadores

Utilizada por iniciantes e categorias menores, é conhecida como recepção em "W", em razão do posicionamento dos jogadores em quadra (vista de cima, traçando-se linhas imaginárias, cada passador representa uma ponta da letra W). Esse tipo de recepção pode ser empregado em qualquer uma das seis passagens, independentemente do sistema de jogo. Os cinco jogadores (exceto o levantador) são organizados em duas linhas; a mais próxima da rede com três passadores e a outra com dois.

A Figura 5.2 mostra, guardadas as alterações circunstanciais, a distribuição básica das áreas de responsabilidade para a recepção em "W" (neste exemplo, com o levantador ocupando a posição 3). Variações de formações com cinco passadores foram usadas ao longo dos tempos, porém, abandonadas por sua ineficácia.

Recepção com quatro jogadores

Por volta de 1975, algumas equipes masculinas deixaram de recepcionar o saque com cinco jogadores. Para neutralizar a intenção crescente dos sacadores de buscar o jogador com mais dificul-

FIG. 5.2 — RECEPÇÃO COM CINCO JOGADORES OU RECEPÇÃO EM "W": DISTRIBUIÇÃO BÁSICA DE ÁREAS DE RESPONSABILIDADE

dade técnica ou o atacante de velocidade, retirou-se uma das peças do "W". Em pouco tempo, a recepção com quatro jogadores ganhou mais adeptos. A organização mais utilizada é em "semicírculo", voltado para a rede (Figura 5.3).

Recepção com três jogadores

Com o aumento da média de altura, o jogo tornou-se mais veloz e as equipes masculinas abandonaram o quarto elemento na recepção. Assim, dois jogadores, além do levantador, não tendo mais responsabilidade de receber o saque, ficavam junto da rede, livres dessa função, podendo bloqueá-lo. Os sacadores passaram a imprimir maior altura à bola, tornando o saque muito fácil de ser recebido. O jogo ficou monótono, pois dificilmente a equipe receptora deixava de colocar a bola no chão adversário. Essa evolução tática provocou uma mudança na regra: a proibição do bloqueio do saque.

No entanto, a formação com três passadores vingou alguns anos depois, em função da evolução técnica. Essas formações de recepção configuram uma linha reta ou tendem para um "semicírculo", dependendo das características do sacador. É a mais utilizada atualmente pelas equipes femininas ou, entre os homens, para receber saques do tipo "viagem".

Fig. 5.3 – Recepção com quatro jogadores: organização em "semicírculo"

TÁTICA

A distribuição das áreas de responsabilidade segue geralmente o traçado da Figura 5.4 (neste exemplo, com o levantador infiltrando pela posição 1).

Recepção com dois jogadores

A proibição do bloqueio do saque não causou retrocesso na marcha imposta pelas novas táticas de diminuir o número de passadores. Nos Jogos Olímpicos de 1984, a seleção norte-americana masculina instituiu somente dois jogadores nessa função.

A revolução tática provocada pela inovação levou todas as equipes masculinas a adotar esse procedimento. Três motivos foram determinantes para essa aceitação:
- vantagem técnica, pois apenas os dois mais hábeis na recepção participavam da ação, deixando os menos capacitados isolados;
- vantagem ofensiva, pois há mais atacantes (os de meio e os de fundo) preocupados apenas com o ataque e, portanto, em condições de imprimir velocidade ao jogo e utilizar todo o potencial de salto;
- racionalização de treinamento, uma vez que, com a especialização, menos jogadores treinam recepção de saque.

FIG. 5.4 – RECEPÇÃO COM TRÊS JOGADORES: CONFIGURAÇÃO EM LINHA RETA, COM O LEVANTADOR INFILTRANDO PELA POSIÇÃO 1

O aumento da média de estatura e o aprimoramento técnico dos jogadores mais altos na habilidade específica de recepção – privilégio até bem pouco tempo dos mais baixos – são dois fatores que tornaram possível a implantação do sistema de recepção com dois jogadores.

Apesar disso, o saque "viagem", em razão da potência, é recebido por três jogadores. Para alguns sacadores, em determinados momentos, algumas equipes dispõem até de quatro passadores para ocupar a área de posicionamento.

A exigência em relação ao rendimento dos passadores sempre foi grande, porém, com o advento do ponto corrido e com a diminuição do número de responsáveis pela função, ela passou a ser maior. Isso resultou em aumento da carga de treinamento.

Em geral, a responsabilidade do passe é dos atacantes de ponta e do líbero. Para recepcionar um saque "viagem", os três ocupam a área de posicionamento, ao passo que, para os saques flutuantes, os primeiros se revezam na função. Normalmente, as equipes dispõem de um "ponteiro passador", especialista em receber saques flutuantes, e outro que se apresenta apenas para a recepção do "viagem". Dependendo da tática ofensiva da própria equipe e da capacidade técnica dos responsáveis pela função, o ponteiro da rede fica exposto ao saque flutuante, ao passo que o ponteiro que está na linha de defesa fica livre para realizar um ataque de fundo (normalmente pela posição 6). Caso o ponteiro que está exposto tenha dificuldade para passar e atacar, pode haver uma troca de função com outro. Algumas (poucas, e principalmente femininas) equipes valem-se de jogadores de meio que tenham habilidade no passe, quando estes estiverem no fundo de quadra. Esse expediente pode proporcionar alívio mental e físico aos ponteiros.

Atualmente, em razão da melhora dos saques flutuantes (realizados em suspensão), tanto em velocidade como em efeito, algumas equipes adultas masculinas utilizam três passadores também para esse tipo de saque.

No feminino, a recepção continua sendo problemática, por causa da altura da rede. Se forem levadas em conta a distância da

TÁTICA

zona de saque para a rede e a força relativa que é imprimida em um saque flutuante, o alcance dos homens e o das mulheres quase se equivalem. Com isso, um saque feminino tem a mesma força de execução, porém, passando por uma rede 19 cm mais baixa. Por esta razão, as mulheres ainda usam mais o saque flutuante e contam com mais de duas jogadoras para a função de passe. Mesmo assim, a seleção russa, em meados dos anos 1990, introduziu a recepção com duas jogadoras e as demais equipes já utilizam essa formação em algumas passagens, motivadas pela presença do líbero, que ocupa uma fatia maior da quadra, principalmente para saques distantes da linha de fundo.

Com o ganho de força em treinamentos físicos específicos e também do aumento da média de altura das voleibolistas, o saque "viagem" tem sido adotado por uma parte considerável das mulheres. Isso, com base nas observações do parágrafo anterior, tem dificultado bastante para a recepção.

A distribuição de áreas de responsabilidade na recepção com dois jogadores deve buscar oferecer mais campo ao líbero que ao atacante. A Figura 5.5 mostra a distribuição básica desse tipo de recepção.

FIG. 5.5 – RECEPÇÃO COM DOIS JOGADORES: DISTRIBUIÇÃO BÁSICA

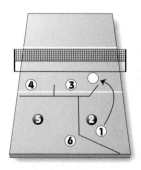

METODOLOGIA

É aconselhável utilizar as formações em "W" em um primeiro momento e caminhar para as outras gradativamente, obedecendo ao processo de maturação técnica, tática, cognitiva e psicológica da equipe. O ideal é que, mesmo optando pelo número menor de passadores, seja concedida a todos a possibilidade de executar a recepção em determinados momentos. Às vezes, o domínio de certas habilidades surge somente depois de algum tempo. Daí o cuidado para evitar a especialização precoce, que poderá tolher o talento no momento em que ele estiver aflorando.

Vale lembrar que um sistema que é bom para equipes de nível profissional não necessariamente deve ser aplicado às menores. Copiar os campeões nem sempre é sensato ou garantia de sucesso.

TREINAMENTO E APLICAÇÃO

A recepção em manchete deve ser a maneira de treinamento técnico predominante.

Como parte desse processo, são treinados os seguintes fatores:
- análise do saque;
- postura;
- deslocamentos;
- execução do passe.

A *análise do saque* é fundamental. Ela começa pelo posicionamento do sacador: depende de como ele segura a bola, onde se posiciona, para onde olha e como lança a bola. Essas são dicas que os grandes passadores captam prontamente.

Uma avaliação correta ajudará muito na antecipação para receber a bola. A trajetória que ela assume após o saque deve ser analisada de maneira rápida e precisa, para o início da resposta motora. Quanto mais esse processo for retardado, menor será a chance de sucesso na recepção.

TÁTICA

A *postura* adequada que antecede a execução do passe permite ao jogador reagir prontamente, além de aumentar seu poder de concentração para a análise do saque e início das movimentações para chegar à bola. Quando o cansaço é intenso (provocado por uma posição de expectativa prolongada e desnecessária) ou o saque é subestimado, o jogador tende a relaxar, o que prejudica a qualidade da ação. Com o amadurecimento, o jogador passa a conhecer as limitações e capacidades do próprio corpo e de sua qualidade motora. Com isso, ele assume uma postura de adaptação, colocando-se mais à frente ou atrás e expondo ao sacador o lado do corpo com o qual tenha facilidade para passar a bola. Essa tendência é natural e não precisa ser anulada, porém, deve ser corrigida quando se tornar um ponto vulnerável.

Deslocamentos isolados e incluídos em exercícios de manchete ajudam a aprimorar a fluidez, amplitude e velocidade das passadas específicas. No entanto, é importante lembrar que somente o saque permite o treinamento da recepção.

No treinamento da *execução do passe*, os objetivos devem ser claros e alcançáveis, nem que demandem longo tempo. A exigência maior deve ser em relação a concentração, execução técnica e precisão. Cada um desses pontos pode ter preferência em determinados períodos, dependendo do objetivo do treinamento e do grau de evolução do grupo. Por exemplo, não adianta buscar a precisão se um jogador apresenta desvios técnicos que vão interferir direta e decisivamente no rendimento da recepção. Portanto, mesmo que o princípio do jogo exija que o passe chegue ao levantador, isso não será alcançado caso não se aprimore o gesto técnico (ou a concentração) do atleta.

Por ser um fundamento que requer extremo rendimento, a recepção não pode ser treinada aleatoriamente, sem cuidado e atenção devidos por parte de treinadores e atletas. Assim como os levantadores, os passadores têm funções definidas na equipe e precisam ter espaço para treinamentos específicos.

A altura e a velocidade da bola recepcionada dependem das características da equipe e da estatura do levantador. Equipes mais baixas, que jogam com mais velocidade, preferem acelerar o jogo a partir da recepção. Porém, é fundamental respeitar um limite que permita ao levantador observar seus próprios atacantes e o bloqueio adversário e realizar o toque de maneira correta, além de permitir que os atacantes se desloquem de forma adequada, sem pressa.

Em relação à execução da recepção, os fatores a serem observados e cobrados nos treinamentos são:
- movimentações rápidas que antecipem a chegada do passador à região em que a bola cairá;
- colocação atrás da bola;
- descontração antes e no momento da recepção, sobretudo pescoço e ombros;
- braços afastados do corpo, sem tocar o tórax;
- movimento suave de contato;
- ritmo de execução;
- finalização do movimento (responsável pela precisão).

Para aumentar a concentração e aprimorar o ritmo de execução é importante que o passador trabalhe isoladamente com exercícios de sequência ininterrupta. Isso pode ser feito no início do treino, mas também quando ele estiver cansado física e mentalmente, com estímulos que possam desconcentrá-lo. Por desagradar os jogadores, essa situação transforma-se em importante fator de superação, pois o corpo precisa reagir sob estresse. Quatro aspectos melhoram o rendimento desse tipo de trabalho: comunicar sua realização antes de iniciar o treino; não estendê-lo em demasia; criar objetivos claros e atingíveis; e, principalmente, conscientizar os jogadores da importância dessa preparação.

O aparato ilustrado na Figura 5.6 é um alvo eficaz para o treinamento da precisão da recepção. Construído com material leve, fácil de transportar, mas resistente para suportar o impacto das bolas, essa "gaiola" tem uma abertura retangular de 1 × 2 m que equivale a uma condição ótima de passe, na qual o levantador não precisa se deslocar ou no máximo realizar ajustes de salto ou deslocamentos bem curtos. Para que as bolas não se espalhem pela quadra, recomenda-se fechá-la com rede, deixando uma abertura por onde as bolas passarão e outra para que elas rolem para um único lugar.

As chances de sucesso do ataque são diretamente proporcionais à qualidade da recepção. Quanto mais o passe se afastar da rede ou da região em que o levantador o espera, mais chances terá o bloqueio adversário.

Em início de temporada, é mais indicado o trabalho isolado da recepção, sem o saque, para que o passador adquira ritmo e execute mais repetições. À medida que se aproximam os campeonatos, obedecendo ao planejamento geral, convém incluir exercícios de saque contra a recepção. Os passadores e os sacadores devem alternar-se nos treinamentos para que todos enfrentem diferentes tipos de saque e recepção.

O treinamento para a recepção do saque "viagem" tem características particulares e, portanto, segue procedimentos diferentes para que a sessão não perca em ritmo e continuidade. A utilização de mesas próximas da linha de ataque, com jogadores simulando saques dirigidos, tem bom efeito. Quando o saque for incluído nessas sessões como objetivo concomitante, o número de sacadores precisa ser aumentado. O procedimento para o "viagem" requer mais preparação e o erro de um sacador não pode atrapalhar o

FIG. 5.6 – APARATO AUXILIAR NO TREINAMENTO DE RECEPÇÃO: "GAIOLA"

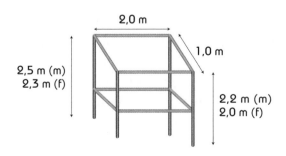

ritmo do treino, até que este ou outro se prepare para executar um novo saque. O ideal é que haja três sacadores se revezando, prontos para iniciar a corrida para o saque, assim que o anterior executou o seu (certo ou errado). Outro procedimento que é possível adotar em exercícios desse tipo é incluir um saque do chão sempre que houver um erro no "viagem".

Ao trabalhar o "viagem", é aconselhável isolar meia quadra, para não prejudicar o treinamento conjunto. Por exemplo, o saque será dado da posição 1 em direção à posição 5, onde estará montada a recepção a ser treinada. O mesmo acontecerá na quadra contrária. Com isso, os sacadores não correm o risco de saltar sobre os passadores, que estariam treinando naquela região, nem precisam esperar o desfecho da ação realizada do outro lado.

O fator psicológico também é um aspecto fundamental a ser treinado. É comum que a tática das equipes vise a sacar somente em um passador adversário durante todo o jogo, procurando tirá-lo da partida. Esse jogador precisa de equilíbrio emocional para suportar a pressão e realizar sua função com eficácia. Se a tática de sua equipe para o próximo jogo for esta, lembre-se que o adversário pode estar pensando em fazer o mesmo com os seus passadores.

Outra variante que deve ser considerada e trabalhada por preparadores físicos e técnicos de maneira particular é a condição física específica do atacante-passador ou do líbero. O treinamento da recepção não pode limitar-se ao passe em si. Existem movimentações de ataque e proteção de ataque subsequentes ao passe e os deslocamentos variados devem ser incluídos nos treinos técnicos e circuitos técnico-físicos para que o jogador se acostume com a dinâmica total coordenada.

O entendimento e treinamento da divisão do espaço limítrofe entre áreas de responsabilidade vizinhas também é importante. O treinamento em pares ou trios serve para tornar a tática de recepção coletiva mais coesa e sem pontos vulneráveis. Determinada a responsabilidade individual para cada fronteira entre duas áreas, deve-se praticar constantemente utilizando-se variados tipos de saque, para que durante o jogo não haja dúvida entre os passadores. As Figuras 5.7, 5.8 e 5.9 mostram, respectivamente, como é possível isolar algumas áreas nos sistemas de recepção com cinco, quatro ou três passadores. O treinamento dessas situações elimina as dúvidas na relação de partes e aumenta a autoconfiança e o conhecimento do companheiro que trabalha ao lado.

SISTEMAS DE JOGO

A quantidade de atacantes e levantadores em quadra determina o sistema de jogo de uma equipe. Com o tempo, alguns foram abandonados e outros sobreviveram. Como acontece com os sistemas de recepção, à medida que evolui técnica e cognitivamente, o grupo pode adotar sistemas mais avançados e complexos. Por isso, alguns são aprendidos antes e outros, depois. Não existem sistemas

FIG. 5.7 – FORMAÇÃO EM 5

FIG. 5.8 – FORMAÇÃO EM 4

Fig. 5.9 – Formação em 3

perfeitos ou ineficazes, eles devem ser escolhidos sempre de acordo com o material humano disponível. O melhor sistema de jogo é aquele que, baseado nas características individuais dos elementos do grupo, consegue aproveitar a máxima possibilidade de utilização e coordenação entre eles.

Um sistema de jogo não deve ser copiado porque todos o aplicam nem outro preterido porque poucos o utilizam. Todavia, não se pode retroceder na história e acreditar que uma equipe possa, hoje, entre profissionais, competir jogando 6 × 6.

Quando se fala de formação de jogadores e se elabora um planejamento a longo prazo para produzir atletas de alto nível, é preciso considerar os fatores tempo e maturidade. Um sistema de jogo mais complexo adotado precocemente pode estancar a evolução técnica dos atletas, pois eles não terão oportunidade de vivenciar funções que podem despontar futuramente. Todos devem ser testados e levados a atuar em todas as posições até que se tenha a certeza da função ideal de cada um. A especialização é a cartada final dada pelo técnico, após proporcionar aos atletas todas as vivências possíveis e, de acordo com seu conhecimento e experiência, determinar com certeza aquela que será a função ideal para ele desempenhar dali em diante. Essa escolha, logicamente, pode ser reversível, mas depois de anos praticando ações específicas de determinada posição, é muito difícil uma readaptação já em idade madura.

Além disso, a especialização precoce leva iniciantes a serem submetidos a sistemas incompatíveis com sua maturação biológica,

TÁTICA

o que os priva de vivenciar outras experiências e os transforma, inadequadamente, em miniaturas de jogadores adultos.

A seguir serão analisados os pontos positivos e negativos dos sistemas mais utilizados atualmente, buscando formas de adequá--los às faixas etárias e níveis de competição.

Sistema 6 x 6

Além de ser o mais empregado nas formas recreativas, é o mais indicado para os iniciantes, pois todos podem levantar, atacar e jogar em todas as posições da quadra, vivenciando as particularidades de atacar e defender igualmente em todas as regiões.

O 6 × 6 pode ser usado de duas maneiras: com o levantamento da posição 3 ou da posição 2. O levantamento da posição 3 permite ao jogador executar o toque de maneira variada, utilizando o toque de frente (para a posição 4) e o de costas (para a posição 2). Da mesma maneira, o bloqueio trabalha para ambos os lados, empregando as passadas para as extremidades. O levantamento realizado da posição 2 limita a variação do toque, mas as funções do atacante de meio e de ponta são mais claras na organização do jogo. Pela proximidade do levantador, o atacante da posição 3 terá condições de atacar bolas mais baixas.

Assim, o ideal é implantar o 6 × 6 com o levantamento da posição 3 e depois fazê-lo da 2. Assim, quando se adotar o 4 × 2, a transição estará mais facilitada. O sistema de recepção indicado nessa etapa é com cinco jogadores, em "W". É importante que o treinador distribua os jogadores em quadra de modo a conceder homogeneidade à equipe. A distribuição equilibrada em quadra de uma equipe que adota o 6 × 6 deve levar em conta a qualidade técnica geral dos seis jogadores. Na Figura 5.10 exemplificamos uma organização adequada, considerando que 1 é o melhor tecnicamente e 6, o pior. Nota-se que a soma dos números dos jogadores da rede ou do fundo será sempre 10 ou 11 para cada uma das seis passagens, o que demonstra o equilíbrio.

FIG. 5.10 – SISTEMA 6 × 6: EQUILÍBRIO ENTRE OS JOGADORES

Sistema 4 × 2

Primeiro sistema de jogo com elaboração mais apurada de trocas e especializações mais claras. Os jogadores recebem funções diferenciadas e a equipe é distribuída dentro da quadra de acordo com as características individuais. No processo de aprendizagem, o 4 × 2 é o sistema que sucede ao 6 × 6. Ensinar as trocas e conscientizar os alunos da importância e da razão de elas estarem sendo feitas são os primeiros procedimentos em sua adoção.

Nesse sistema, a posição de saída e a distribuição em quadra obedecem a algumas razões táticas para facilitar as trocas e diminuir os problemas com a recepção do saque e seu consequente ataque.

O 4 × 2 simples deve ser incluído por etapas. O instante mais propício para realizar as trocas é quando o saque é dado pela própria equipe. Nesse momento, após obedecerem as posições em quadra antes do saque, conforme as regras, os levantadores colocam-se à direita (no fundo e na rede), os atacantes de meio nas posições 3 e 6 e os atacantes de ponta, à esquerda (5 e 4).

A assimilação das trocas se complica quando a equipe recebe o saque. Dois fatores impedem que elas sejam feitas imediatamente: a regra proíbe a troca antecipada e a organização do sistema de recepção não pode ser comprometida. Assim, sem infringir as regras, a recepção é organizada, na medida do possível, de modo a

TÁTICA

facilitar a ação de cada jogador nas faixas em que jogam. Os jogadores são distribuídos para receber o saque do seguinte modo: os levantadores ficam na posição 2 (ou o mais próximo possível dela), o mesmo acontece com os atacantes de ponta e meio, em relação às posições 4 e 3, respectivamente. A chegada deles às posições preferenciais deve ser facilitada, desimpedindo o caminho que eles têm a percorrer.

Ao se adotar o 4 × 2, o ideal é manter o sistema de recepção com cinco jogadores em "W" e, à medida que o grupo se adapta ao novo sistema de jogo, diminuir o número de passadores. A Figura 5.11 mostra as posições de recepção do saque para as três situações básicas do sistema 4 × 2. Nessa figura, os números representam a posição ocupada pelo jogador, e a letra, a função desempenhada por ele no sistema de jogo: levantador (L), meio (M) ou ponta (P).

Efetuado o ataque, as trocas que não foram feitas devem ocorrer, porém, em condições favoráveis, sem prejuízo da organização de bloqueio e defesa.

A distribuição em quadra da equipe que adota o 4 × 2 visando ao equilíbrio técnico segue o mesmo princípio levantado anteriormente no 6 × 6. Considerando que 1 é o melhor e 2 é o pior entre os jogadores de mesma posição, a Figura 5.12 apresenta uma formação equilibrada nesse sistema, de forma que o jogador mais fraco tecnicamente sempre tenha um melhor a seu lado.

Fig. 5.11 – Sistema 4 × 2: posições de recepção do saque para três situações básicas desse sistema

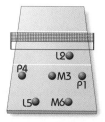  

FIG. 5.12 – SISTEMA 4 × 2: EQUILÍBRIO ENTRE OS JOGADORES

Sistema 6 × 2

O que distingue o 6 × 2 (também chamado de 4 × 2 ofensivo) do sistema anterior é a infiltração – expediente que consiste na movimentação do levantador que está na linha de defesa até a zona de ataque, para realizar dali o levantamento, transformando o levantador que está na linha de ataque em um terceiro atacante. O 6 × 2 deve ser o sistema de jogo adotado posteriormente ao 4 × 2, dentro da evolução coletiva pretendida com o grupo. A transição de um sistema para outro parece problemática, mas somente no início do processo. A infiltração é novidade e demora algumas sessões para que se torne habitual e ocorra com naturalidade e coordenação. É comum ocorrerem trombadas entre os levantadores ou com o responsável pelo levantamento e um atacante durante a infiltração, porém, quando assimilada, potencializa as possibilidades ofensivas da equipe.

A distribuição dos jogadores em quadra, em relação ao 4 × 2, sofre uma alteração substancial. Visando principalmente à distribuição dos passadores e atacantes para receber o saque, a ordem dos jogadores é invertida. Enquanto no 4 × 2 a ordem dos que iam para o saque era: levantador-meio-ponta; no 6 × 2 passa a ser: levantador-ponta-meio. A Figura 5.13 ilustra a mudança. Essa modificação permite adotar um sistema de recepção mais adiantado, com menos passadores e com maiores possibilidades de combinações ofensivas. A distribuição dos jogadores em quadra, visando ao equilíbrio técnico, também se modifica. Nesse caso, há uma inversão dos levantadores, pois quem realiza o levantamento é aquele que está no fundo, conforme é mostrado na Figura 5.13. Se houver um levantador que ataque muito melhor que outro, ele será colocado junto do pior atacante.

A adoção do 6 × 2 potencializa as combinações ofensivas, pois, mesmo havendo dois jogadores envolvidos na finta, ainda resta um atacante em condições seguras de receber o levantamento, caso o passe não seja perfeito. Além dessa vantagem, o 6 × 2 permite que haja um contingente maior de levantadores se formando. A adoção quase exclusiva do 5 × 1 já entre os adolescentes levou a uma diminuição na formação de levantadores, que pode ser contornada com a adoção do 6 × 2 em categorias infantojuvenis e até mesmo juvenis.

As formações de recepção nesse sistema sofrem adaptações em razão da infiltração e da própria evolução técnica do grupo, o que permite a ocupação do espaço por menos passadores. A Figura 5.14 mostra as três situações básicas de formação para recepção com quatro passadores em semicírculo de uma equipe no sistema 6 × 2.

Assim como nas formações de recepção do 4 × 2, atacantes de meio e de ponta (ou o levantador-atacante, nesse caso) precisarão atacar bolas em regiões diferentes daquelas que normalmente ocuparão. Esse detalhe, no entanto, não atrapalhará o rendimento

FIG. 5.13 – SISTEMA 6 × 2: EQUILÍBRIO ENTRE OS JOGADORES

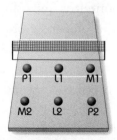

Fig. 5.14 — Sistema 6 × 2: três atacantes na rede e levantador de fundo infiltrado

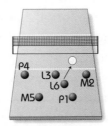

geral, pois eles vêm de uma etapa de desenvolvimento técnico mais generalizado e ainda não chegaram à alta especialização.

Caso o treinador entenda que o número de passadores pode ser diminuído, ele deve proceder as mudanças de forma gradativa, até encontrar o número ideal de responsáveis pela função, sem que haja comprometimento da recepção e do ataque.

Sistema 5 × 1

O sistema 5 × 1 foi se aperfeiçoando com o tempo, até chegar a ser utilizado por quase todas as equipes de ponta. O calcanhar de Aquiles do 5 × 1 era a diminuição do número de atacantes nas três redes em que o levantador se encontrava no ataque. O ataque de fundo tornou-se, porém, forte, veloz e habitual, deixando o sistema eficiente e equilibrado, a ponto de algumas equipes até apresentarem rendimento superior quando o levantador está na rede.

A contínua evolução fez com que os ataques de fundo também fossem realizados pelos ponteiros que estavam na defesa, o que aliviou a responsabilidade dos opostos e ofereceu alternativas para o levantador. Essas possibilidades foram facilitadas com a inclusão do líbero, que permitiu a entrada de um atacante com características mais ofensivas, que não precisasse ser tão eficiente na recepção.

A determinação de funções e a iniciação das especializações são momentos particularmente especiais quando da adoção do 5 × 1,

TÁTICA

pois o técnico fará uma escolha que pode determinar uma trajetória profissional. Em algumas situações, logicamente, o processo pode ser revertido e o atleta pode escolher outra função para desempenhar, no entanto, o processo não é fácil e nem sempre reversível.

Por isso, a escolha do treinador deve se basear em observações pertinentes e substanciais. Muitas vezes, a especialização pode servir ao grupo em um determinado contexto, porém, pode não servir ao atleta dentro de um planejamento a longo prazo. Nesse caso, não se deve abandonar o trabalho paralelo de evolução individual, para que o atleta possa, em um futuro próximo, se especializar na função que ele desejar e/ou que possa explorar todo o seu potencial.

A escolha deve se basear nas condições físicas, técnicas, cognitivas e psicológicas de cada posição. Essas características devem ser treinadas e desenvolvidas:

- Atacante de meio – Alto, com bom bloqueio e poder de análise diferenciado, pois será o principal personagem na organização do bloqueio conjunto da equipe. Como atacante, deve ter desenvolvida a velocidade de deslocamento e de ataque, uma vez que atacará as bolas mais velozes na tática ofensiva.
- Atacante de ponta – Bom passador, alto, dependerá sempre do poder de salto para atacar bolas de segurança, em que os adversários chegam com o bloqueio montado.
- Atacante oposto – Principalmente poder de ataque diferenciado e condição física e psicológica capaz de suportar a carga de decidir a maior parte dos ralis.
- Levantador – Bom toque de bola, visão periférica desenvolvida, raciocínio tático diferenciado, capacidade de liderança, velocidade, agilidade e marcação de bloqueio bem desenvolvida. Joga em uma posição (2) em que é grande a incidência de ataques do adversário.

Nesse sistema há a vantagem de se racionalizar as sessões ofensivas, pois toda a tática ofensiva gira em torno de um único levantador: os acertos são feitos com ele; as preferências individuais são controladas por suas mãos; e a organização e o ritmo do jogo ficam sob sua responsabilidade.

Todavia, no caso de equipes com levantador inseguro e inconstante, essas vantagens se transformarão em graves problemas. Pelo fato de o jovem estar sujeito a insegurança e inconstância, a adoção do 5 × 1 deve ser criteriosa e até adiada enquanto essa instabilidade puder comprometer a qualidade geral do jogo. Por esse motivo, quando se adota o 5 × 1, deve-se oferecer ao levantador reserva as mesmas condições dadas ao titular, pois, assim, aquele estará em condições de substituir este com qualidade, quando necessário.

Porém, à medida que se aproximam os períodos competitivos, os acertos táticos devem ser centralizados no levantador titular, despendendo-se um tempo maior dos treinos para o acerto dos atacantes com ele. Os sistemas de recepção no 5 × 1 variam segundo as características individuais dos jogadores e as passagens. A tendência é que o grupo se adapte gradualmente à diminuição do número de passadores e torne a recepção em três e dois jogadores habitual.

Nos sistemas anteriores, foi sugerida uma distribuição padrão para que o equilíbrio técnico fosse alcançado. O 5 × 1 possui vários aspectos que devem ser considerados para se buscar essa homogeneidade. Portanto, deve-se proceder a uma análise mais detalhada do rendimento para distribuir os jogadores da melhor forma possível. De modo geral, o equilíbrio é alcançado seguindo as orientações constantes na Figura 5.15. Considerando que 1 é o melhor e 2 é o pior entre os jogadores de mesma posição, o jogador mais fraco tecnicamente sempre terá um melhor a seu lado.

A inversão do 5 × 1 é um expediente importante e habitual e deve ser treinada e utilizada sempre de maneira criteriosa. A entrada do levantador no fundo de quadra e de um atacante no lugar do levantador titular que subiu à rede pode trazer benefícios importantes para a equipe, porém, algumas mudanças táticas ocorrem durante a inversão e devem ser consideradas, para que não revertam desfavoravelmente à equipe. Um dos pontos, por exem-

TÁTICA

FIG. 5.15 – SISTEMA 5 × 1: DISTRIBUIÇÃO DOS JOGADORES; REQUER ANÁLISE DETALHADA DO RENDIMENTO INDIVIDUAL

plo, é o de que o atacante de ponta – que normalmente ataca da posição 4 – deve estar preparado para receber o saque e atacar da posição 2, quando o levantador estiver infiltrando pela posição 1. Cabe ao treinador conhecer o grupo e as potencialidades individuais e encontrar soluções para minimizar as limitações impostas por esse expediente do sistema.

FORMAÇÕES OFENSIVAS

Não há, logicamente, possibilidade de uma tática ser aplicada antes da outra dentro de um planejamento, pois a dinâmica do jogo exige que uma equipe esteja preparada para atuar de maneira coordenada e eficiente em todas as situações. Ou seja, não há chance de um time estar armado taticamente para receber um saque se não tiver uma estratégia, mesmo que básica, para atacar a bola que foi recepcionada.

É importante diferenciar duas situações que são tratadas, muitas vezes (principalmente pela mídia nas partidas televisionadas), como se fossem idênticas: o ataque (ação subsequente à recepção) e o contra-ataque (finalização de bolas defendidas). Alguns atacantes chegam a apresentar rendimento acima dos 70% em ataques e abaixo dos 30% em situações de contra-ataque, o que comprova a diferença significativa entre ambos. Isso deve ser levado em conta nos treinamentos e na tática coletiva.

A elaboração do ataque é potencialmente mais rica em variações do que o contra-ataque. Não só pelo fato de a precisão da recepção ser mais elevada, mas também pela organização mais facilitada no momento de receber o saque, quando alguns jogadores estarão posicionados apenas para atacar. Assim, o levantador conseguirá colocar seus atacantes em melhores condições de pontuar (contra um bloqueio simples, por exemplo) no primeiro ataque (também chamado de *side-out*).

Na defesa, essa situação é dificultada pelos deslocamentos próprios dessa fase do jogo. Os atacantes dificilmente estarão preparados, de forma exclusiva, para o ataque, pois terão antes que bloquear ou defender o ataque adversário, precisando em seguida se posicionar rapidamente para o contra-ataque. Muitas vezes, nem mesmo será o levantador, quando este defender o ataque adversário, quem realizará o segundo toque coletivo.

No feminino, como a potência do ataque é menor, o volume de jogo e a qualidade de defesa são maiores, o que faz com que as mulheres contra-ataquem um maior volume de bolas e possam inclusive desenvolver combinações ofensivas com maior regularidade.

Neste título serão abordados o levantamento, as situações individuais e coletivas de ataque e os caminhos que, no confronto entre ataque e bloqueio, tornam algumas fintas eficazes.

Levantamentos

De acordo com a velocidade e a altura com que podem ser realizados, os levantamentos são classificados em:
- Altos – Endereçados geralmente para as extremidades, são utilizados quando o passe não sai em boas condições, obrigando o levantador a se deslocar para a bola e dar-lhe altura, com o objetivo de aumentar a precisão e conceder ao atacante tempo de se posicionar adequadamente para a finalização. São realizados também pelos demais jogadores, que não o levantador, quando lhes cabe realizar o segundo toque coletivo.

TÁTICA

- Rápidos – São utilizados por equipes mais adiantadas, pois exigem precisão e coordenação apurada, além de alta sintonia entre o levantador e o atacante e precisão constante da recepção. É usado em ataques pelo meio da rede (à frente ou atrás do levantador) e também pelas extremidades, quando a bola assume uma trajetória quase retilínea em direção ao atacante.
- Médios – Também chamados de meias-bolas, colocam-se entre os dois anteriores, em relação a altura e velocidade. São levantamentos que podem ser utilizados em direção a qualquer posição, porém, são normalmente usados para a segunda bola de uma combinação de ataque ou para as posições 1 e 2.

Dependendo do tipo de levantamento, o deslocamento do atacante sofre variações, para que ele chegue à bola no tempo devido e nas melhores condições de ataque. Levantamentos altos permitem que o atacante aguarde a definição da trajetória da bola para iniciar sua corrida, podendo corrigir seu posicionamento em caso de levantamentos imprecisos, graças ao tempo de permanência da

FIG. 5.16 – TIPOS DE LEVANTAMENTO

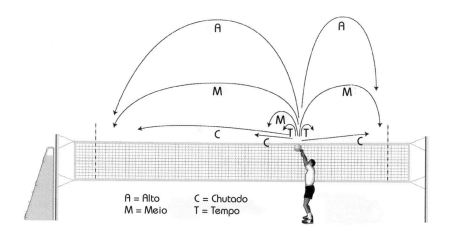

bola no ar. Para as bolas rápidas, ao contrário, a saída do atacante deve ser antes do levantamento, e nas jogadas próximas do levantador, o salto do atacante ocorre até mesmo antes de a bola chegar às mãos do levantador. Para atacar meias-bolas, as passadas podem ser iniciadas após ou um pouco antes do levantamento, dependendo da distância que o atacante está do levantador, porém, devem ser aceleradas, para que se chegue a tempo de armar o gesto ofensivo por completo.

As bolas rápidas podem ser classificadas em baixas ou chutadas.

As bolas baixas são utilizadas pelo meio de rede e conhecidas como bolas de tempo. A altura do levantamento se limita a atingir o ponto de golpe do atacante – não mais que isso. Possuem duas variações básicas: tempo-frente ou tempo-costas (levantamentos à frente ou atrás do levantador, respectivamente). O tempo-frente coloca o atacante em confronto direto com o bloqueador na posição exata em que este está. O tempo-costas faz o bloqueador central deslocar-se para trás do levantador ou obriga o jogador da posição 4 adversária a saltar com o atacante de meio. Para fugir do confronto direto, há duas variações da bola de tempo: o tempo-positivo – a bola é levantada verticalmente, junto do levantador – e o tempo-negativo – a bola afasta-se um pouco do levantador, sendo atacada sobre o ombro esquerdo do atacante. Essa variação vale também para o tempo-costas, em que o positivo é batido junto do levantador e o negativo, sobre o ombro direito do atacante.

São comuns outras denominações para essas bolas: o tempo-frente-positivo é chamado, também, de "direito" (pelo fato de vir próximo do ombro direito), "posi" (forma reduzida de "positivo") ou "cabeça" (sobre a cabeça do levantador); o tempo-frente-negativo recebe o nome de "esquerdo" (sobre o ombro esquerdo), "nega" (forma reduzida de "negativo") ou "passando" (em razão da trajetória da bola passar o corpo do atacante). Na comunicação entre os jogadores, o tempo-costas não possui tantas denominações, sendo diferenciado quando é o negativo, que é também chamado de "passando" – pela mesma razão anteriormente explicada.

TÁTICA

Às vezes incorre-se em erro de concepção, ao achar que todas as bolas são levantadas positivas para serem atacadas para a direita ou negativas para a esquerda. Essa não é uma verdade absoluta. Se o objetivo de ludibriar o bloqueio for alcançado, o atacante terá essas regiões mais abertas para o ataque e não pode desperdiçar a chance. No entanto, se o bloqueador marcá-lo, deve ter habilidade para escapar dessa marcação, atacando para o outro lado ou explorando-o.

As bolas chutadas podem ser realizadas para as extremidades ou também para os atacantes centrais. Nas chutadas de meio, o atacante guarda uma distância de um a dois metros do levantador. Essa bola tem o objetivo de fazer o bloqueador deslocar-se com uma passada para realizar o bloqueio, tirando-o da posição central da rede. Se o levantador perceber que não ocorreu esse deslocamento, dificilmente o atacante de meio deixará de colocar essa bola no chão. Até o bloqueador saltar, a bola chegou ao atacante e a envergadura daquele não permitirá que ele a alcance. Enquanto nas bolas de tempo o salto tem de ser feito antes do levantamento, na chutada de meio, o atacante deve estar saindo do chão quando a bola estiver nas mãos do levantador. A chutada de meio tem uma vantagem em relação às bolas de tempo: por ser feita mais longe do levantador, dá margem de correção maior para os passes que saem da área ideal de levantamento; já as bolas de tempo, por serem realizadas junto do levantador, dificultam o recebimento pelos atacantes que as têm, muitas vezes, a suas costas. Por esse motivo, a chutada de meio deve ser preferida para contra-ataques.

A chutada para as extremidades visa dificultar a chegada dos bloqueadores centrais para a montagem do bloqueio duplo. O tempo de saída do atacante para este tipo de bola é antecipado ao levantamento e precisa contar com a precisão da ação coordenada entre os dois envolvidos. A china diferencia-se das demais pelo deslocamento da atacante, porém, não deixa de ser uma bola chutada levantada para a posição 2. É utilizada pelas equipes femininas quase que obrigatoriamente, ao passo que no masculino não é muito usada, pois o alcance dos bloqueadores pode tirar sua eficiência.

A china tem a característica de ser realizada em um pé só, após uma corrida diagonal à rede. Esse tipo diferenciado de passada permite à atacante alcançar a bola além da bloqueadora que não se antecipa. O tempo-costas batido com a passada da china confunde o bloqueio, que não sabe se a atacante realizará o ataque junto da levantadora ou da antena.

Treinamento e aplicação

O treinamento das formações ofensivas envolve várias situações de jogo e fatores:
1. Técnica individual.
2. Fintas (individuais e coletivas).
3. Proteção de ataque.
4. Levantamento.

1. Técnica individual

A tática ofensiva de uma equipe se baseia principalmente na condição técnica individual dos atacantes. Na maioria das vezes, eles estarão diante de bloqueios duplos e será a capacidade de adaptação às situações que decidirá o sucesso da ação. Por isso, o treinamento ofensivo de uma equipe começa pelo aperfeiçoamento individual dos atacantes. Esse deve ser dirigido à obtenção de:

Poder de ataque

Trabalho técnico aliado à preparação física, no qual se objetiva aumentar a potência de ataque (impulsão + coordenação dos segmentos + potência de cintura escapular, tronco e membros superiores). É fundamental que o treinamento seja planejado e conduzido de modo a não sobrecarregar ombro, coluna e joelhos do atleta. Repetições excessivas, uso de bolas mais pesadas, falta de compensação muscular (alongamentos e reforço da musculatura antagônica) e saltos em piso duro podem aumentar o risco de contusões e até mesmo abreviar a carreira do atleta.

Versatilidade

Por mais que o jogador prefira bater determinados tipos de bola ou atuar em certas posições, é preciso oferecer-lhe possibilidades de atacar bolas diferentes. Há jogadores que nunca tiveram essa oportunidade e têm um potencial adormecido que, se despertado, poderá ser útil à equipe. Um jogador limitado também acaba inibindo a evolução coletiva ofensiva, pois algumas combinações de ataque não poderão contar com ele.

Habilidade

Treinos com variação de força e direção de ataque devem ser habituais. Treinos que visam à habilidade são de difícil assimilação, principalmente para equipes masculinas acostumadas à força física como fator determinante. Mesmo assim, deve-se insistir nesse objetivo, pois será um diferencial importante a médio e longo prazos. Apesar de todo atacante possuir características próprias de ataque mais forte para um lado ou para outro, ele deve ter recursos para dirigir as bolas para outras regiões que não as de sua preferência, pois o jogo não se desenha sempre como ele gostaria. Quanto mais recursos técnicos o jogador tiver, maior a chance de ele aumentar seu rendimento ofensivo.

Preparação para as situações de jogo

Deve-se tentar aproximar o treinamento das situações técnicas, táticas, físicas e psicológicas do jogo: bloqueios montados, repetição de bolas para o mesmo atacante definir a jogada, combinação das ações que antecedem o ataque – recepção, bloqueio, defesa –, estímulos psicológicos propondo situações de definição de *sets* ou de jogo.

Todos esses itens devem ser combinados com os treinamentos de levantamentos (a partir de situações facilitadas) em que se visa ao acerto de bolas, ou seja, a sincronia entre atacantes e levantador. Da mesma forma, quando o objetivo é aperfeiçoar o gesto ofensivo, o treinador deve buscar a repetição sem muitas interferências externas. No entanto, cabe ao treinador, também, criar exercícios em que o atleta vivencie situações similares às de jogo. É muito diferente atacar contra bloqueios montados do que sem obstáculo algum, assim como receber o saque e atacar não é igual a defender ou bloquear e imediatamente se posicionar para definir um contra-ataque.

2. Fintas

Individuais

A aquisição e a aplicação de fintas individuais constituem uma complementação do treinamento técnico. Elas enriquecem não só o arsenal técnico, mas também o acervo cognitivo do atleta, o que lhes permite descobrir meios de vencer situações adversas contra o bloqueio e a defesa adversários. Além disso, ele aprende a modificar ações em um curto espaço de tempo, aumentando também sua capacidade de análise em relação às intenções alheias quando a situação estiver invertida.

As fintas podem determinar o sucesso da ação, pois não concedem ao adversário tempo suficiente para alterar em nível neuromotor uma resposta já iniciada. As fintas variam de acordo com a criatividade individual e devem ser introduzidas já na etapa de aperfeiçoamento da cortada, para não limitar a condição do atacante somente à força.

As fintas individuais podem ser gestuais ou de deslocamento. As gestuais se caracterizam por serem determinadas na finalização da ação de ataque – algumas estão exemplificadas no título "Os recursos", no Capítulo 4 –, ao passo que as de deslocamento são realizadas durante as passadas da cortada. Elas exigem agilidade, velocidade e poder de salto. Para executá-las, o atacante perde o auxílio que a corrida concederia à impulsão, precisando valer-se quase exclusivamente do poder de salto. A finta de deslocamento requer entrosamento perfeito entre levantador e atacante. Se isso não existir, ela corre o risco de reverter contra os executantes. Um exemplo de finta de deslocamento é a ida do atacante para uma

TÁTICA

região da rede (por exemplo, a 4) e a súbita mudança de direção para atacar uma bola mais curta (uma chutada de meio).

Coletivas (combinações de ataque)

O princípio da finta coletiva é associar a movimentação de dois ou mais atacantes a fim de dificultar a análise e deslocamento dos bloqueadores adversários. Ao atrair a atenção dos adversários para um determinado atacante, sobrará espaço para outro atacar sem marcação, contra um bloqueio individual ou um não muito compacto. Uma combinação de ataque envolve todos os atacantes em condições de receber a bola, não se restringindo à ação de apenas dois elementos. Mesmo o jogador que não realiza um deslocamento diferente ou mais rápido está incluído na combinação.

Elas podem acontecer a partir de deslocamentos com ou sem cruzamento. Quando as movimentações não se cruzam, a intenção é induzir a marcação correspondente ao erro, quando o atacante se desloca para bolas mais curtas ou longas do que as habituais. Em caso de cruzamento, o objetivo é inverter a marcação e provocar a confusão em relação a qual bloqueador deve se responsabilizar por qual atacante. Podem, também, levar o adversário a saltar antecipadamente, abrindo, assim, espaço para que o ataque seja realizado sobre ele.

Não é estabelecido de antemão qual atacante receberá o levantamento. Cabe ao levantador, dependendo do passe, da movimentação dos atacantes e da distribuição dos bloqueadores adversários, analisar qual companheiro estará em melhores condições de fazer o ponto. A utilização das fintas individuais de deslocamento nas combinações de ataque não é recomendada. Somente nas chamadas "voltas da finta" – o jogador inicia a movimentação como se fosse atacar determinada bola, mas no meio do caminho muda o sentido da corrida e volta para atacar na região que abandonara – ocorre a utilização dessas fintas. Mesmo assim, ela está incluída na própria ação coletiva.

As fintas coletivas são construídas geralmente a partir de uma combinação de ataque mais veloz. Envolvem um atacante na primeira bola e outro na segunda, que é um pouco mais lenta. Os demais são definidos como atacantes da terceira bola.

Uma combinação sem cruzamento, que mantenha os atacantes em suas posições e apresente, pela velocidade de uma única bola, intenções claras de colocar um deles em melhores condições junto do bloqueio adversário pode ser chamada de *combinação ofensiva fundamental*. Uma bola de tempo pelo meio, associada a uma meia-bola na saída e outra na entrada de rede, pode ser considerada como tal.

A idealização da finta coletiva deve se basear no raciocínio em termos de confronto entre ataque e bloqueio, considerando as particularidades de cada atacante, além das características dos bloqueadores adversários – bloqueador mais alto, mais baixo, com maior dificuldade de deslocamento para determinado lado etc.

As combinações mais famosas são a "desmico" e a *"between"* (descritas no Capítulo 2).

Além da desmico tradicional, realizada entre os jogadores das posições 2 e 3, há a variação para trás, o primeiro atacante vem da posição 2 e desloca-se para o tempo-costas. O atacante 3 chega por trás dele para atacar uma bola junto da antena. As equipes femininas utilizam a passada da china para realizar essa segunda bola, tornando-a mais rápida (Figura 5.17).

FIG. 5.17 – DESMICO PARA TRÁS

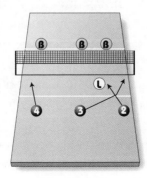

Uma variação interessante da *"between"* tradicional (realizada entre os atacantes da 4 e da 3) é a *"between"* da china. É uma jogada que apresenta uma dinâmica interessante e é eficaz quando bem realizada. O primeiro jogador vai para a china a partir da posição 3 e o que está na posição 2 pode receber um levantamento entre este e o levantador (Figura 5.18).

A "volta da finta" é usada somente quando nenhum atacante ocupa o espaço deixado pelo atacante que se movimenta para a segunda bola. A Figura 5.19 mostra dois exemplos: a volta da desmico e da *"between"*, respectivamente.

Fig. 5.18 – "Between" da china

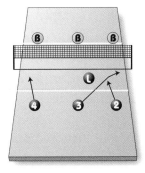

Fig. 5.19 – Volta da finta

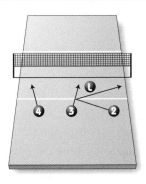 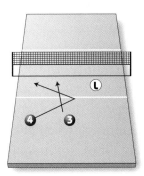

Algumas combinações atrás dos levantadores têm sido abandonadas e a preferência recai nas fintas à frente, liberando o espaço deixado pelo jogador da posição 2 para o atacante da posição 1. É comum que os jogadores da posição 6 sejam transformados no segundo homem das fintas pelo meio da rede. Por exemplo, na "*between*", o atacante da posição 6 pode receber a bola entre o atacante da chutada e o levantador.

Alguns atacantes de fundo, com poder diferenciado de salto e velocidade de braço, têm se transformado, principalmente pela posição 6, em atacantes de primeira bola, dada a velocidade com que são realizados esses levantamentos. O ataque de fundo não pode ser compreendido como exclusivamente de segurança, sem envolvimento direto nas combinações ofensivas adotadas pela equipe. Taticamente, ele tem três princípios básicos de utilização:

- servir, eventualmente, de ataque de segurança, utilizando jogadores acostumados a decidir bolas difíceis e decisivas;
- ser realizado no espaço deixado pelo bloqueio adversário que acompanha os jogadores que participam da finta;
- ser feito sobre o bloqueio que salta na primeira bola ou acompanha o atacante de velocidade.

As combinações de ataque mais elaboradas, com mudanças de posição entre os atacantes, estão desaparecendo das opções ofensivas de várias equipes adultas, as quais preferem atacar de forma simples. O raciocínio tático dos levantadores tem sido conduzido em duas etapas interligadas. Primeiramente, eles tentam trazer a marcação dos bloqueadores adversários para o centro da rede, forçando o jogo com os atacantes de meio. Depois, quando isso acontece, soltam mais bolas para as pontas abandonadas pelos bloqueadores, voltando à primeira opção quando os oponentes se adaptam à segunda. O risco que se corre fazendo isso o tempo todo é dar ao adversário o ritmo do próprio jogo, deixando-o adaptar-se rapidamente à tática apresentada. Não é necessário ter um arsenal de fintas, no entanto, é fundamental que se planeje algumas combina-

TÁTICA

ções que possam oferecer possibilidades de fugir de algumas marcações preestabelecidas de bloqueio.

O técnico deve adotar, inicialmente, algumas opções básicas de combinações de ataque, treinar os jogadores exaustivamente até que as automatizem, enriquecendo-as gradativamente com as variações possíveis.

Apesar de a especialização das funções trazer maior eficiência às fintas, é interessante, no entanto, deixar que os jogadores vivenciem todas as bolas, para aumentar a versatilidade deles e enriquecer o arsenal ofensivo da equipe.

A aprendizagem e a inclusão das combinações de ataque nos treinamentos e na tática da equipe seguem esta ordem:

1. Atletas executam somente as movimentações associadas da finta.
2. Às movimentações, é incluído o levantamento, com a repetição de um dos ataques da finta por vez.
3. Os levantamentos passam a ser variados.
4. Passes do treinador fazem com que o levantador se desloque junto da rede, para adaptação dos atacantes ao passe.
5. Passes do treinador mais longe da rede, para os atacantes ritmarem o deslocamento.
6. Execução a partir da recepção.
7. Contrabloqueio.
8. Em condições normais de jogo.

O técnico deve selecionar as fintas para cada passagem, levando em conta se o levantador está na rede ou na defesa, de acordo com as habilidades individuais e a distribuição dos jogadores na quadra. O momento do jogo também é determinante na escolha da combinação de ataque, podendo aguardar um ponto importante para utilizar uma que surpreenda o adversário.

A passagem dos bloqueadores adversários pela rede também deve nortear a escolha da finta. Por exemplo, um jogador baixo na posição 4 não ajudará os bloqueadores de meio; qualquer jogada que o obrigue a marcar a primeira ou a segunda bola dará bom resultado.

O atacante acostumado aos momentos de decisão é mais acionado nos finais de *set*. No entanto, ele não pode receber qualquer tipo de bola, como se todos os outros atacantes não estivessem em quadra. O ideal é que haja uma combinação entre outros atacantes, chamando a atenção dos bloqueadores, o que facilitará a sua ação.

É interessante aplicar combinações ofensivas básicas às equipes menores que adotam ao menos o 4 × 2, pois fomentam o raciocínio tático individual e o entendimento do coletivo. É possível adotar a desmico e a *"between"* em alguns momentos do jogo que facilitem sua execução – saques fáceis e bolas de presente.

A inversão do 5 × 1, por ser uma estratégia usual e modificar a estrutura inicial da equipe, deve receber atenção para que tenha também combinações ofensivas treinadas.

3. Proteção de ataque

A proteção de ataque é uma estruturação tática defensiva dentro da dinâmica de elaboração ofensiva e, apesar de não ser tão enfatizada por alguns treinadores, merece atenção especial. Na verdade, é a primeira ação defensiva diante da tentativa imediata do adversário de bloquear ofensivamente a bola atacada. Aqueles que não participarão do ataque, primeiramente, e os que não receberam o levantamento, na sequência do jogo, devem ser responsáveis pelas bolas que voltarem do bloqueio adversário para a própria quadra.

A disposição espacial dos jogadores durante a proteção de ataque não segue uma regra fixa. Por sofrer a interferência de vários fatores (local da recepção, qualidade do passe, jogadores envolvidos nas combinações de ataque, entre outros), ela depende muito mais da disponibilidade e da disposição dos outros cinco jogadores.

Assim, a distribuição acontece de acordo com a chegada de cada um. Por causa da dificuldade de se estabelecer uma regra para o posicionamento, é importante seguir o princípio da ocupação dos espaços vazios. Os jogadores que chegarem primeiro ocupam os espaços e os seguintes se colocam sempre entre os primeiros, evitando postar-se atrás destes.

TÁTICA

No caso de um levantamento muito colado à rede ou em uma situação de desvantagem do ataque em relação ao bloqueio, os primeiros jogadores se posicionam mais próximos da rede. Quando essa dificuldade não é aparente, a proteção de ataque pode ser mais afastada.

Em equipes adultas, dificilmente haverá cinco jogadores na proteção de ataque, exceto nas bolas altas, em que não há outra possibilidade de levantamento e todos sabem de antemão para qual atacante essa bola será dirigida. No entanto, quando a participação de todos for possível, a disposição poderá ser feita em duas linhas: no caso em que há predominância do bloqueio, a primeira linha deve ser composta de três jogadores e a segunda, com os outros dois (Figura 5.20); em caso contrário, a segunda linha é composta de três jogadores (Figura 5.21). A primeira linha é responsável pelas bolas que voltam forte e rápido do bloqueio, ao passo que a segunda recupera as bolas mais lentas e protege o fundo de quadra.

O líbero deve estar sempre presente, por sua função defensiva. O outro jogador que quase sempre está presente é o levantador, pois ele é o único que sabe para onde vai levantar a bola e pode, assim, se antecipar. Os demais devem ser voluntários e devem se posicionar o mais adequadamente possível (postura e região da quadra).

Fig. 5.20 – Proteção de ataque 3-2 (três jogadores na primeira linha e dois na segunda)

O VOLEIBOL DE ALTO NÍVEL - DA INICIAÇÃO À COMPETIÇÃO

Fig. 5.21 – Proteção de ataque 2-3 (dois jogadores na primeira linha e três na segunda)

A proteção de ataque deve ser incluída nas sessões de treinamento técnico e tático. Além de aperfeiçoar a técnica, predispõe o grupo à cooperação e oferece melhora à condição física. Treinos com auxiliares técnicos atacando contra placas de madeira simulando a volta da bola do bloqueio desenvolvem valências físicas e tornam as movimentações para a proteção de ataque habituais. O volume de jogo é fundamental para garantir preciosos pontos na partida e alimentar o espírito de luta.

4. Levantamento

O levantador é o jogador em quadra que mais participa das ações do jogo, pois é o responsável pela armação das jogadas ofensivas. Após a adoção quase unânime do sistema 5 × 1 pelas equipes adultas, ele se tornou único e recebeu *status* de comandante. A importância desse jogador é tão grande que qualquer atacante torna-se substituível dentro de uma partida, mas todo o trabalho pode ser comprometido se o levantador apresentar condições técnicas abaixo do esperado ou estiver impossibilitado de participar por contusão. Ele é o termômetro da equipe e dá o ritmo do jogo.

O raciocínio tático deve ser altamente desenvolvido. Sua mente deve funcionar como a de um estrategista de guerra, anali-

TÁTICA

sando os movimentos do adversário, conhecendo as possibilidades da própria equipe e arquitetando constantemente planos para vencer as batalhas que se sucedem de maneira diferente a cada rali.

Muitas vezes, o levantador não é um líder nato, nem é necessário que seja o capitão da equipe, mas precisa exercer liderança inquestionável. Ele deve passar aos companheiros confiança suficiente para assumir a direção geral das estratégias ofensivas, devendo, portanto, ser uma pessoa equilibrada, corajosa e de personalidade firme, principalmente nos momentos decisivos.

Quanto às características físico-técnicas, o levantador precisa:
- ter um bom toque de bola;
- ter precisão no envio da bola ao alvo, seja em toque, manchete ou qualquer outra variação desses dois fundamentos;
- ser habilidoso para adaptar-se às diversas situações em que o passe não chega a suas mãos;
- ser veloz e ágil para deslocamentos rápidos e para se submeter a situações adversas em que o controle de corpo é imprescindível para realizar o levantamento com qualidade.

Há algum tempo os treinadores preferiam levantadores baixos, pois acreditavam serem eles possuidores de mais habilidade e agilidade. A especialização era antecipada de modo simplista: os mais altos atacam e os mais baixos levantam. Com o aumento da média de estatura entre os praticantes, o bloqueio passou a ser fundamental e ter um levantador muito baixo passou a representar uma séria ameaça à vitória. Para evitar um ponto vulnerável no bloqueio, a altura dos levantadores obrigatoriamente também aumentou.

Hoje em dia, a defasagem de agilidade entre os de estatura diferente diminuiu consideravelmente, pois as crianças têm estimulação motora desde o nascimento, o que faz com que o jogador mais alto possa ser tão ágil e hábil quanto um mais baixo. Além disso, a eficiência da recepção faz com que a maioria dos passes chegue às mãos do levantador.

Deve-se dar a oportunidade a todos os jogadores iniciantes e de categorias menores de exercerem a função de levantador. É preciso, no entanto, estar atento ao momento oportuno de especializá--los. Da mesma forma que se pode perder um atleta especializando-o precocemente, é possível prejudicar sua evolução se não lhe for dada a chance de assumir uma posição definida quando a vocação e a maturidade chegarem.

Treinamento do levantador

Deve abranger o desenvolvimento técnico-físico e cognitivo individual e a coordenação entre ele e os atacantes, além da estruturação tática a partir dos elementos envolvidos em cada situação de jogo. Técnica e fisicamente, podemos elencar algumas valências a serem trabalhadas em exercícios individuais:
- movimentação;
- habilidade e agilidade;
- técnica;
- movimentações e levantamentos;
- precisão;
- visão periférica.

Coletivamente, os exercícios devem ser associados a situações específicas de jogo:
- ajuste com atacantes;
- referências táticas.

• MOVIMENTAÇÃO

Nas primeiras etapas do processo de aprendizagem, os exercícios de movimentação devem ocupar boa parte dos treinamentos. No estágio de pré-especialização, todos devem realizar os deslocamentos específicos. Com a determinação das funções, os levantadores devem ter sistematicamente um tempo, que pode ser inserido no aquecimento, para que realizem movimentações de saída da rede, infiltrações, retorno de bloqueios, salto etc.

TÁTICA

- **Habilidade e agilidade**

Os treinos que visam à habilidade do toque devem objetivar o completo domínio da bola nesse fundamento, em diferentes situações, graus de dificuldade e posições de corpo. O levantador deve conseguir dirigir a bola ao alvo a partir de todas as regiões da quadra e em qualquer situação, por isso a riqueza de variações proposta pelo treinador é determinante para o desenvolvimento do atleta.

- **Técnica**

Como o levantamento não se limita ao toque isoladamente, a qualidade final da ação está diretamente ligada ao que antecede ou sucede o levantamento:
- colocação para esperar o passe;
- saídas para a bola;
- preparação para o toque;
- apoio dos pés em relação à rede;
- preparação do corpo em relação ao local para onde se deseja levantar;
- posicionamento das mãos;
- redução da velocidade do passe;
- tempo com a bola nas mãos;
- finalização do movimento;
- sequência do rali.

- **Movimentações e levantamentos**

Deve-se incluir às movimentações anteriores as variações possíveis de levantamentos.
No momento de planejar a sessão, o treinador deve inserir as possíveis variações:
- distância do passe em relação à rede (colocado, pouco ou muito afastado);

- posição da bola em relação ao executante (à frente, atrás, ao lado);
- trajetória do passe (alto, normal, baixo, rasante, com rotação);
- origem do passe (as várias posições da quadra).

Na medida em que o levantador adquire domínio sobre o corpo e aumenta a habilidade no toque, deve-se treinar os levantamentos em suspensão, pois este será preferido ao levantamento do chão nas categorias mais adiantadas. Mesmo nos passes mais altos que saem da rede é importante que o levantador execute o toque de suspensão, projetando-se para a bola e não deixando que ela chegue baixa à rede. É importante também treinar o levantamento em manchete para bolas baixas ou mais distantes da rede, em que a precisão e a força do toque ficam comprometidas.

- ### Precisão

Os treinos devem conter levantamentos com objetivos de precisão. A utilização de alvos fixos – aros, cadeiras sobre mesas etc. – é válida desde que sempre na altura ideal, pois é necessário que o levantador tenha parâmetros exatos da qualidade do levantamento efetuado. Por isso, deve-se evitar utilizar como alvo uma pessoa que se coloca em pé junto da linha lateral, pois a referência não é exata nem real.

- ### Visão periférica

Incluir auxiliares do outro lado da quadra simulando movimentações de bloqueadores e defensores é uma boa estratégia. O levantador deve escolher a direção do levantamento, de acordo com o deslocamento antecipado do auxiliar, procurando enviar a bola para o espaço deixado por este. O treino pode, ainda, alternar saltos e simulações de bloqueio, para que o levantador opte entre largar de segunda ou levantar a bola sobre o bloqueio que ficou no chão.

TÁTICA

- **Ajuste com atacantes**

É importante o acerto com cada atacante, a descoberta das preferências, tipo de passada, velocidade de chegada e de braços, poder de salto e aceleração particulares.

Para isso, deve-se formar pequenos grupos de atacantes para que o *feedback* possa fornecer a eles as informações necessárias para os ajustes e a assimilação. Entretanto, deve-se ter cuidado com o seguinte: apesar de cada atacante ter o tipo de bola preferido, deve haver um padrão de velocidade de execução do levantamento.

É comum levantador e atacante discutirem o acerto de bolas e nenhum conseguir corrigir o tempo, pois um tenta se adaptar ao outro. O levantamento deve ser um só em termos de velocidade; o atacante é que precisa adaptar-se à velocidade da bola.

- **Referências táticas**

Exercícios com referências de defesa e bloqueio adversários desenvolvem a capacidade tática-cognitiva do levantador. O treinador deve elaborar exercícios em que as situações de jogo coloquem o levantador diante da necessidade de escolher a melhor solução. Coletivos dirigidos levam a uma maior proximidade das situações reais de jogo, no entanto, deve-se sempre conversar com o levantador sobre sua atuação diante de cada situação, parando o treino no momento em que elas ocorrem, dialogando ou alertando, fornecendo *feedbacks* externos.

- **Informações complementares**

O levantador deve treinar largadas e ataques de segunda. Na medida em que o gesto se automatiza, o próprio posicionamento em relação à rede se modifica, podendo ficar mais afastado para ter um ataque mais eficiente e, com a experiência, incluir a escolha pelo ataque de segunda ou o levantamento.

É preciso acostumar o levantador a retardar ao máximo a intenção do levantamento sem, no entanto, diminuir a velocidade dos atacantes e do jogo. O tempo de permanência da bola nas mãos do levantador diminui na medida em que ele ganha maturidade.

O trabalho físico do levantador deve ser diferenciado, pois dele não se exigem as mesmas capacidades dos atacantes. Não precisará, por exemplo, ter potência de salto e força de ataque iguais à de um atacante oposto. Com a aproximação da fase competitiva, o preparador físico deve dar atenção especial ao levantador, permitindo-lhe mais soltura de movimentos e diminuindo a carga do trabalho de membros superiores e inferiores.

O relacionamento entre técnico e levantador deve ser equilibrado. Alguns técnicos jogam pelos levantadores, falando o jogo inteiro o que eles precisam fazer. Outros, ao contrário, não interferem em momento algum, deixando-o decidir por si só. Esses extremos devem ser eliminados para se encontrar o salutar meio-termo. Se o técnico não acreditar que dispõe de um bom levantador, deve treiná-lo o suficiente para deixá-lo "no ponto".

A partir daí, o técnico terá a função de administrador, estando atento ao jogo para passar informações precisas para que seu atleta adquira a segurança de ter um parceiro ao lado da quadra. Dará a ele responsabilidade e autoridade para atuar de maneira conveniente, mas irá corrigi-lo quando preciso, instruí-lo nas situações desfavoráveis, elogiá-lo e aplaudi-lo nos acertos, criticar caprichos e ações contrárias ao raciocínio tático do jogo e substituí-lo, se necessário.

A formação do levantador só se dá por completo quando ele entende o jogo como um todo. Para isso, é importante que o técnico assista com ele à gravação de jogos da própria equipe e/ou de adversários. Aproveite para analisar o rendimento do próprio levantador e seu comportamento em quadra, assim como a equipe a ser enfrentada, discutindo com ele sobre o bloqueio oponente e encontrando saídas ofensivas para vencê-lo. Com os mais jovens, procure os melhores exemplos, mostre os grandes levantadores em ação e selecione trechos de vídeos relacionados ao que se deseja transmitir.

TÁTICA

USO TÁTICO DO SAQUE

Com a crescente eficácia da recepção e a baixa possibilidade de se fazer um ponto direto de saque, este fundamento deve ser considerado apenas como início de um processo facilitador para se conseguir o ponto na sequência do rali. A intenção clara por parte do sacador, o entendimento de todos quanto aos desdobramentos que se objetiva provocar na equipe adversária e as ações coordenadas para neutralizar a ofensiva contrária constituem o processo completo do uso tático do saque.

A intenção tática na realização deste fundamento pode estar ligada aos seguintes fatores, de ocorrência independente ou coligada:

1. A técnica do saque e a trajetória da bola.
2. As posições da zona de saque.
3. As regiões da quadra.
4. A análise técnica do passador.
5. Os fatores psicológicos envolvidos.
6. A tática coletiva.

1. Técnica do saque e trajetória da bola

- Forte – Dado do fundo da quadra e com força, tem o objetivo de dificultar a recepção, por conta da velocidade e do efeito que a bola assume.
- Veloz – Executado de perto da linha e com trajetória retilínea e rápida, procura surpreender o adversário, diminuindo o tempo de ação do passador.
- "Viagem" – É o saque mais forte; a rotação da bola faz com que ela caia rapidamente.
- Flutuante – A trajetória irregular traz dificuldades aos passadores menos habilidosos.
- Curto – Procura deslocar o passador para a frente, dificultando o passe e o subsequente deslocamento para o ataque ou comprometendo a velocidade ofensiva adversária.

- Caindo à frente – Executado geralmente do fundo da quadra, dá a impressão de que será forte, mas a bola acaba caindo à frente do passador, depois de o sacador aliviar a potência, sem dar continuidade à força inicialmente simulada. Nesse tipo de saque, deve ser eliminada a ação do corpo, utilizando-se a velocidade do braço para fazer a bola apenas ultrapassar a rede. A rede será a referência do sacador.

2. Posições da zona de saque

- Posição 1 – Ideal para quando se quer imprimir um saque veloz à esquerda do passador que se posiciona na faixa esquerda adversária; quando se busca a diagonal longa ou um saque caindo à frente do passador da faixa direita; para um saque curto na posição 4, pois a diminuição da distância aumenta a precisão. É a posição preferida de quem defende na posição 1.
- Posição 6 – Só se justifica quando a intenção é sacar para o meio da quadra, pois essa posição de saque limita muito as diagonais, encurtando o espaço de quadra alcançável e facilitando, assim, o posicionamento da recepção.
- Posição 5 – Ideal para quando se quer imprimir um saque veloz à direita do passador que se posiciona na faixa direita adversária; quando se busca a diagonal longa ou um saque caindo à frente do passador da faixa esquerda; para um saque curto na posição 2, pois a diminuição da distância aumenta a precisão. É a posição preferida de quem defende na posição 5.

3. Regiões da quadra

- Diagonal ou paralela.
- Curto ou longo.

TÁTICA

4. Análise técnica do passador

- À direita ou à esquerda – Quase todos os passadores têm preferência em receber a bola de um dos lados do corpo, no qual se tem mais recursos técnicos para dirigir a bola. A observação apurada possibilita saber qual o lado preferível e como eles se posicionam para não oferecer o lado mais vulnerável. A partir daí, encontra-se a melhor forma de colocá-los em dificuldade.
- Longo ou curto – Alguns jogadores preferem atacar partindo mais próximo ou mais longe da rede. O sacador deve descobrir essas dificuldades e explorá-las.
- À frente ou na altura do tórax – Alguns passadores não têm tanta intimidade com os saques que vêm na altura do tórax, pois sentem dificuldade em tirar o corpo da trajetória da bola e utilizar manchetes altas. Outros não gostam de abaixar o tempo todo para passar a bola.
- Diferente do saque utilizado pelo adversário – Supõe-se que um time que executa bem o "viagem" tenha passadores mais acostumados a este saque. Portanto, um tipo diferente do que eles normalmente utilizam pode trazer melhores resultados.

5. Fatores psicológicos

Alguns comportamentos individuais podem indicar certa instabilidade emocional do oponente. Essa descoberta pode render preciosos pontos, direta ou indiretamente, para a equipe do sacador. Um saque pode ser favorável se dirigido a um jogador que apresente alguns dos comportamentos a seguir:
- nervoso ou alterado psicologicamente naquele momento;
- que acabou de errar;
- recém-punido;
- que acabou de entrar;
- contundido.

Alguns momentos psicológicos são característicos do jogo de voleibol. Quem consegue tirar proveito deles, seja não se expondo desnecessariamente, seja induzindo o adversário ao erro, pode se dar bem. O saque deve ser usado favoravelmente diante das situações de intranquilidade e insegurança relacionadas a seguir:

- o primeiro saque de cada jogador;
- depois de um saque errado da própria equipe;
- após uma substituição ou pedido de tempo;
- depois de um rali longo;
- em momentos de alta ansiedade (início e final de *set*);
- quando um jogador entra exclusivamente para sacar;
- depois do melhor sacador adversário, tenha ele errado ou acertado;
- todos os saques de final de *set*.

Esses momentos, ao menos em teoria, nem sempre podem sofrer interferência que não do próprio sacador. Porém, valendo-se de alguns procedimentos, eles podem ser abreviados a favor da própria equipe ou potencializados em sua carga psicológica quando o saque couber ao adversário. Os jogadores podem apoiar e dar confiança ao colega que se encaminha para realizá-lo, enquanto o técnico pode paralisar o jogo (pedido de tempo ou substituição) quando o saque for da equipe contrária.

6. Tática coletiva

- Alternando ritmo e tipo de saque – Durante a partida, sempre haverá adaptação da recepção a um tipo de saque repetitivo e consequente saída tática para minimizar seus efeitos. Uma equipe que não sabe variar o saque pode ver o jogo se inverter, sem compreender o porquê.
- Deslocando o atacante para dentro da quadra – Dificulta a movimentação do atacante, levando-o a ter uma área reduzida para o ataque, pois o ataque para a diagonal fica limitado. Facilita a colocação de defesa e bloqueio.

TÁTICA

- No atacante da primeira bola – Dificulta a movimentação, comprometendo a velocidade de jogo adversária.
- Alto – Diminui a velocidade de jogo do oponente.
- Curto – Dificulta a movimentação dos atacantes em fintas coletivas ou individuais.
- Atrás do atacante de velocidade – Alguns atacantes de meio têm dificuldade para acompanhar bolas que vêm de suas costas. Isso os obriga a modificar o posicionamento para acertar o tempo das passadas, o que acaba muitas vezes limitando o seu campo de ataque.
- Às costas do levantador – Muitos levantadores não se sentem à vontade em levantar bolas rápidas ou para trás – principalmente a china –, quando a recepção vem da posição 2.
- Na infiltração – Em alto nível não funciona, pois a velocidade do levantador supera a do saque. No entanto, em categorias menores causa alguma confusão pela saída do levantador.
- No deslocamento do atacante de fundo – Atrapalhando sua movimentação, ele perde em poder de salto.

É importante que a equipe entenda a aplicação esperada da tática e que, cognitivamente, esteja conectada para o desenvolvimento das ações conjuntas conforme o objetivo do saque. A porcentagem de saques que entram direto é muito baixa e o aproveitamento do primeiro ataque é cada vez mais alto nas equipes adultas. Portanto, é preciso criar a consciência de que um saque tático trará mais facilidades para marcar o ponto no bloqueio ou por meio de um contra-ataque. O saque deve direcionar o jogo do adversário para o que se pretende em termos de organização defensiva (bloqueio + defesa) e obter o ponto a partir daí. Se o sacador conseguir um *ace*, ótimo, mas esse não deve ser o objetivo maior.

Em princípio, um saque que está dando certo não deve ser mudado até o momento em que passa a ser anulado. Todavia, o uso constante de determinada tática leva o adversário a se armar melhor assim que percebe a intenção do sacador. Inicia-se, então, uma briga particular entre sacador e passador. Nesse momento, entram em jogo a presença de espírito e a observação do sacador, que, utilizando uma tática individual, envia a bola para uma região contrária àquela que o passador esperava.

Treinamento

O treinamento do saque deve sempre incluir parâmetros de rendimento. O saque pode ser elemento isolado em uma sessão, mas não se deve inclui-lo dessa maneira por muito tempo sem que haja a inclusão da recepção. No treinamento tático, recomenda-se trabalhar todos os aspectos levantados neste capítulo.

Deve-se exigir concentração, colocar poucos jogadores em cada série e dar função a todos – entregar bolas ao sacador, recolher as que escapam da quadra, receber o passe etc.

É preciso treinar também:
- ritmo (por meio da repetição);
- direção (utilizando alvos e objetivos);
- efeito (cordas estendidas paralelamente à rede, obrigando que o saque seja mais rasante, ou bancos suecos distribuídos pelo fundo da quadra contrária, para que a bola passe sob eles são estratégias eficientes);
- táticas individuais (fintas com o corpo, mãos e braços);
- variações da técnica ("viagem", tipo tênis, chapado).

FORMAÇÕES DEFENSIVAS

As formações defensivas envolvem, de forma conjunta, o bloqueio e a defesa. Uma formação defensiva possui três momentos distintos intimamente ligados. A primeira etapa é a distribuição dos jogadores antes da definição do ataque adversário; a segunda se desenha a partir dessa definição; e, enfim, a formação se consolida no momento do ataque. Para fins didáticos, chamaremos esses três momentos, respectivamente, de:
- posicionamento de espera;

TÁTICA

- deslocamento para as posições de defesa;
- formação defensiva.

A formação defensiva mais indicada, desde as categorias menores, é a com o centro recuado, sem cobertura predeterminada (vide Capítulo 2). Esse tipo tem a vantagem de contar, durante o posicionamento de espera, com dois defensores adiantados junto das laterais, responsáveis pelas largadas de segunda e ataques de primeira bola e um jogador mais recuado (posição 6), que pode posicionar-se de acordo com o bloqueio (Figura 5.22).

A partir desses posicionamentos, os sistemas táticos se armam conforme a definição do levantador adversário. Os deslocamentos para as posições de defesa devem acontecer em um mesmo ritmo, com todos chegando a seu local antes de o ataque adversário ser realizado. As formações defensivas se fundamentam em posicionamentos individuais, os quais buscam ocupar regiões da quadra que podem ser atacadas. Cada membro da equipe será responsável por determinada área em que há probabilidade de ataques fortes. A partir da região ocupada, o defensor deve assumir uma postura que favoreça a pronta ação para eventuais exploradas, largadas, ataques de meia-força etc. São organizadas a partir da formação do bloqueio e da proteção que ele projetará na quadra. A área protegida pelos bloqueadores é chamada de sombra do bloqueio.

FIG. 5.22 — FORMAÇÃO DEFENSIVA COM CENTRO RECUADO

Os defensores devem ocupar as regiões fora da sombra. O jogador da posição 6 fica, muitas vezes, além da sombra e é responsável por bolas que batem no bloqueio e se dirigem para fora ou por ataques de meia-força dirigidos para o centro da quadra. Há três tipos básicos de formações defensivas: para ataque da posição 3, da 4 ou da 2. O entendimento das situações básicas facilita a compreensão das variações.

Em um ataque realizado pela posição 3, os jogadores das posições 1 e 5 colocam-se quase de costas para a linha lateral, deixando o corpo de frente para a região central da rede, com ligeiros ajustes a partir da posição inicial. A defesa nessas posições ocorre mais por colocação, em razão da velocidade da bola. O jogador da posição 6 fica mais adiantado e procura sair de trás do bloqueio central, ocupando uma área à direita ou à esquerda, dependendo da observação ou da comunicação antecipada entre os dois. O defensor deve se deslocar para o lado contrário ao que o bloqueio irá marcar. Os jogadores da rede que não subirem no bloqueio ficarão responsáveis, até a linha de ataque, pelas bolas largadas. Daí para trás, a bola será daquele para o qual ela está se dirigindo. A formação defensiva sofre alterações de acordo com a capacidade dos defensores. É recomendável que jogadores com melhor capacidade defensiva sejam responsáveis por regiões maiores (Figura 5.23) ou que são mais procuradas pelos atacantes adversários.

As variações ocorrem no caso de o bloqueador central contar ou não com a ajuda de uma extremidade. Quando isso acontece com o da posição 4 – o mais comum –, há uma pequena variação com o defensor da posição 5, que vem mais para trás e para dentro da quadra, ocupando o espaço entre os bloqueadores. O jogador 6 desloca-se para o outro lado, compondo com o 1, à direita da quadra, uma região que ficará mais a cargo da defesa do que do bloqueio.

No caso de uma chutada de meio, a ajuda geralmente é dada pelo bloqueador 2. O posicionamento segue o anterior, invertendo-se os papéis de 1 e 5, enquanto o 6 vai para a esquerda. Os dois exemplos são mostrados na Figura 5.24.

TÁTICA

FIG. 5.23 – FORMAÇÃO DEFENSIVA COM BLOQUEIO SIMPLES PARA ATAQUE REALIZADO NA POSIÇÃO 3

FIG. 5.24 – FORMAÇÕES DEFENSIVAS COM BLOQUEIO DUPLO PARA ATAQUE REALIZADO NA POSIÇÃO 3

Nenhuma iniciativa individual desvinculada à tática da equipe deve atrapalhar a organização coletiva. As coisas começam a dar errado em uma equipe quando um decide fazer o que é de responsabilidade do outro.

Em um ataque realizado pela posição 4, o bloqueio deve ser feito pelos jogadores 3 e 2. Os demais se distribuem da maneira como está exemplificada na Figura 5.25.

Nesse esquema, os jogadores das posições 5 e 6 estão registrados duas vezes. É que o posicionamento desses dois defensores

Fig. 5.25 – Formações defensivas com bloqueio duplo para ataque realizado na posição 4

dependerá da marcação do bloqueio. Se os bloqueadores marcarem a diagonal do atacante, o jogador 5 deve procurar posicionar-se mais para trás, na linha do bloqueador 3 e da bola – quase na direção do canto da quadra. Se a marcação for para o corredor, a diagonal estará mais aberta para os defensores, o que faz com que a defesa 5 procure o espaço ao lado do bloqueador central, compondo com o 4 a diagonal. O 6 deve aguardar a formação do bloqueio e avaliar quais as chances do atacante em relação a ele.

O 6 entra para defender o espaço entre os dois (se houver falha entre os bloqueadores) ou se posiciona atrás do bloqueador mais baixo ou até sai da quadra (no caso de um bloqueio alto e compacto que pode ser explorado). O jogador 1 deve estar com o pé direito quase sobre a linha lateral e ser responsável pela bola que passa entre a antena e o bloqueador 2, evitando deixar o corpo virado para o atacante. Pela força do ataque, a defesa do corredor é uma das mais ingratas. Guardando a posição correta, na pior das hipóteses, o ataque baterá no corpo do defensor e irá para dentro da quadra, dando chances aos demais jogadores de recuperar a bola.

A formação para o ataque pela posição 2 é semelhante à anterior, com papéis trocados. As observações para o jogador 5 valem para o 1 e vice-versa (Figura 5.26). Um sistema defensivo pode ser

TÁTICA

FIG. 5.26 – FORMAÇÃO DEFENSIVA COM BLOQUEIO DUPLO PARA ATAQUE NA POSIÇÃO 2

diferenciado em função do desenho formado pelo posicionamento dos defensores em quadra. Quando não há uma definição clara e antecipada de um jogador responsável exclusivamente por largadas, o sistema é chamado de formação defensiva em semicírculo, de acordo com os exemplos das figuras anteriores. Este sistema é o mais indicado, por distribuir melhor os defensores pela quadra e aumentar a capacidade de análise dos jogadores. Por não haver um elemento fixo na cobertura do bloqueio, a leitura dos movimentos do atacante torna-se mais apurada e, consequentemente, porém, a utilização de mergulhos é mais frequente.

Quando há cobertura fixa do bloqueio, a formação defensiva se chama "em quadrado". É muito utilizada em situações em que o bloqueio é superior ao ataque, deixando-o com menos opções. A defesa terá condições de dividir entre três jogadores a responsabilidade pelas bolas atacadas (Figura 5.27).

Os ataques de fundo merecem atenção especial. Os realizados pela posição 1 oferecem uma área relativamente reduzida, sobretudo para a posição 2.

Assim, a defesa deve armar-se de forma diferente: o jogador da posição 2 vai para trás do bloqueio, sendo responsável pela largada; os defensores 6 e 1 ficam com a segunda e terceira diagonais; ao passo que o defensor 5 se posiciona um pouco mais atrás do que

Fig. 5.27 – Formação defensiva com cobertura do bloqueio duplo (em quadrado)

para um ataque da rede. O defensor 1 praticamente se mantém na posição de preparação (Figura 5.28).

O bloqueador de meio, quando não conseguir integrar o bloqueio, é responsável pela largada e o jogador 2 ajuda a defesa da diagonal que estará mais exposta. No caso de o atacante dispor de habilidade e ter condições de bater para a diagonal curta, convém deixar o defensor da posição 2 com essa responsabilidade (Figura 5.29).

O ataque de fundo pela posição 6 tem uma mudança básica no deslocamento de dois jogadores, os defensores 5 e 1. A movimen-

Fig. 5.28 – Formação defensiva com bloqueio duplo para ataque na posição 1

TÁTICA

Fig. 5.29 – Formação defensiva com bloqueio simples para ataque na posição 2 ou 1

tação deve ser primeiro para trás, junto da linha lateral aguardando a definição do ataque.

Depois, o deslocamento se dá para dentro da quadra, no momento em que o ataque se define e o bloqueio determina sua composição. Quando somente um bloqueio simples é possível, o defensor 6 define sua movimentação para a esquerda ou para a direita de acordo com o bloqueador, saindo para o lado contrário à marcação deste (Figura 5.30).

No caso de o bloqueador 2 compor o bloqueio, o jogador 6 deve ir mais para a esquerda (Figura 5.31) ou para a direita se a composição for feita pelo bloqueador 4 (Figura 5.32).

Os ataques vindos de combinações ofensivas provocam adaptações na organização da defesa conforme a consistência do bloqueio coletivo. Não é sempre que o bloqueio consegue chegar à frente do atacante como gostaria. Assim, a defesa deve adaptar-se aos espaços deixados pelos bloqueadores.

Função do bloqueio

O bloqueio é organizado a partir do posicionamento do primeiro bloqueador, aquele que está mais próximo do atacante e que chegará primeiro e mais bem equilibrado. É o chamado blo-

O VOLEIBOL DE ALTO NÍVEL – DA INICIAÇÃO À COMPETIÇÃO

Fig. 5.30 – Formação defensiva com bloqueio simples para ataque da posição 6

Fig. 5.31 – Formação defensiva para ataque da posição 6 considerando o bloqueio duplo com o jogador 2

Fig. 5.32 – Formação defensiva para ataque da posição 6 considerando o bloqueio duplo com o jogador 4

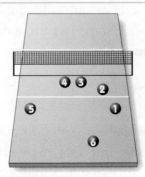

queio de marcação. Este deve obstruir a trajetória que o adversário dispõe para o ataque mais forte. Depende, portanto, das características individuais do atacante, circunstâncias do levantamento (distância, altura, proximidade da antena) e colocação do atacante em relação à bola.

A orientação do bloqueador que faz a marcação não é tarefa das mais simples. Onde saltar? Esta é uma das perguntas mais frequentes quando se questiona o local correto do bloqueio em relação ao atacante. Como já foi discutido, isso depende de vários fatores, no entanto, como referência ao iniciante, deve-se dizer para ele saltar de forma que suas mãos, a bola e a mão do atacante formem uma linha reta. Na medida em que o nível técnico dos participantes aumenta, essas referências podem mudar. Quando o atacante tem como preferência atacar para a diagonal, a marcação anterior continua valendo; no entanto, quando o ataque mais forte do adversário é para o corredor, o salto do bloqueador deve ser feito à frente do tronco do atacante.

No caso de levantamentos rasantes, deve-se guardar essas referências, porém, enfatizar a entrada rápida das mãos no espaço aéreo contrário para diminuir as possibilidades do atacante. Essa estratégia também é válida nas bolas rápidas pelo centro da quadra, com maior liberdade para o bloqueador de meio movimentar os braços lateralmente, com o objetivo de diminuir as chances de sucesso do oponente.

Tendo sempre o primeiro bloqueador como referência, a composição do bloqueio é feita pelo segundo jogador. Ele deve aproximar as mãos, os braços e, se possível, o corpo do primeiro sem deixar espaços que possam ser aproveitados pelo atacante. É responsável pela região que o primeiro bloqueador e a defesa estarão impossibilitados de cobrir.

Independentemente da eficiência da composição do bloqueio, ocorrem variações em sua estrutura, o que acarreta uma consequente mudança no posicionamento dos defensores:
- Bloqueio mais alto que o ataque – Reduz a área para o atacante e aumenta a possibilidade de largadas ou exploradas.

- Bloqueio mais baixo que o ataque – Aumenta a área que a defesa deve cobrir e a possibilidade de ataques fortes ao lado e sobre os bloqueadores.
- Bloqueio quebrado – A defesa cobre áreas centrais que podem ser atingidas pelo atacante.
- Bloqueio desigual – Um bloqueador é mais alto que o outro; a sombra do bloqueio não é uniforme e a defesa precisa preocupar-se com a região mais vulnerável, coberta pelo bloqueador mais baixo.
- Número de bloqueadores – A distribuição dos defensores modifica-se de acordo com o bloqueio simples, duplo ou triplo. No alto nível, sempre que possível, devem ser formados bloqueios triplos, pois a defesa com três elementos consegue cobrir toda a quadra. São usados nas bolas mais altas, em que o levantador só tem uma opção. Nas categorias menores, as condições motoras e físicas dos jovens desaconselham cobrir a quadra toda somente com três defensores.

Os bloqueadores devem, durante a realização do saque, ficar mais afastados da rede, aproximando-se quando a recepção adversária se define. Isso possibilita o aproveitamento de eventuais "bolas de xeque" – recepções defeituosas que passam direto para o outro campo.

Treinamento das formações defensivas

Deve ser treinado primeiramente o posicionamento dos defensores, deixando para um momento posterior a inclusão dos bloqueadores. Assim, o treinamento do sistema defensivo deve obedecer a seguinte sequência metodológica:
1. Posicionamento individual básico de defesa.
2. Composição parcial de dois defensores.
3. Composição de três defensores.
4. Composição geral.

TÁTICA

As formas de treinamento e aplicação para cada uma dessas etapas deverão seguir esta ordem:
- com o técnico atacando do chão;
- sobre uma mesa da quadra contrária;
- com ataques reais;
- com inclusão do bloqueio;
- com combinações ofensivas;
- com sequência de jogo;
- em coletivos dirigidos;
- em jogos-treino;
- em jogos.

Posições de defesa e áreas de responsabilidade

As orientações a seguir referem-se às regiões da quadra em que ocorrem os ataques e devem servir de referência aos planos de treino, para que não se deixe de treinar situação alguma. Treinar a defesa da diagonal curta, por exemplo, não é o mesmo que treinar a diagonal longa. Da mesma forma, a relação de partes sempre se modifica em função da posição em quadra e das variações possíveis de ataque e formação de bloqueio. Utilize as informações que se seguem como um roteiro.

- DIAGONAL CURTA

    Direita • esquerda • variações • relação de partes.

- DIAGONAL LONGA

    Direita • esquerda • variações • relação de partes.

- MEIO

    Direita • esquerda • variações.

- CORREDOR

Direita • esquerda • variações.

Líbero

Consideração especial deve ser feita em relação ao treinamento do líbero. Peça fundamental na formação de recepção defensiva, o líbero deve ter um treinamento específico parecido com o que se faz com o levantador. Sessões individuais e exercícios de movimentação, agilidade, habilidade geral de recepção e defesa devem constar no planejamento.

Os treinos, além de aprimorar a técnica e a capacidade de antecipação, devem buscar sempre aumentar a área de atuação desse jogador. Quanto maior a área de responsabilidade do líbero nos sistemas de recepção e de defesa, maior será a facilidade para os atacantes atacarem e contra-atacarem.

Procure incluir a defesa do líbero nos treinos de ataque, mesmo nos aquecimentos de rede, para desenvolver a coragem, a leitura dos gestos dos atacantes, a análise dos levantamentos e as possibilidades de ataque decorrentes dessas variações. Não deixe o líbero sem função em qualquer momento do treino. Caso esteja desenvolvendo algum tópico com os demais, do qual ele não participará, delegue aos auxiliares técnicos a responsabilidade de treiná-lo separado do grupo.

A inclusão do líbero na tática da equipe deve sempre fazer parte dos treinos coletivos, pois caberá a ele a responsabilidade por regiões mais amplas e bolas mais difíceis. Em coletivos, pode-se revezar o líbero com os atacantes de meio nas situações que enfatizam mais a defesa ou nas de recepção do saque. Essa ênfase vai ser determinada pelas necessidades individuais do líbero ou dos objetivos táticos da equipe. Por exemplo, se o desejo do técnico é melhorar a relação entre os passadores e a qualidade técnica do líbero nesse fundamento, pode-se obrigá-lo a sempre jogar do lado em que o saque será recebido. Caso o interesse seja o aprimora-

TÁTICA

mento da defesa, este jogador ficará sempre do lado em que é realizado o saque.

A maioria das equipes costuma utilizar o líbero na posição 5, por causa do ataque de fundo realizado pelas posições 1 e 6, que são ocupadas pelos atacantes, porém, em algumas situações específicas em que se deva reforçar a defesa em outras regiões, nada impede que se promova uma alteração na tentativa de se buscar uma defesa importante.

Não se esqueça de treinar levantamentos com o líbero. Deixe que ele os execute durante o aquecimento de ataque ou mesmo no início do treino específico dos levantadores, variando as posições em que ocorrerá a ação. Quando a bola estiver na zona de defesa, aprimore o levantamento em toque por cima, e dentro da zona de ataque obrigue-o a fazê-lo em manchete, conforme lhe permitem as regras de jogo. O líbero deve ser condicionado a comandar a proteção de ataque. Mesmo nos coletivos, conceda a ele a função de líder perante o grupo nessa função.

Outro papel importante do líbero dentro da equipe é o de motivador. Por ser o único jogador que não ataca, ele pode cobrar um bom rendimento de todos os atacantes e deve sempre incentivá-los e apoiá-los. As saídas constantes de quadra possibilitam que o técnico utilize esse jogador para transmitir informações que não podem ser ditas em alto volume a determinado atleta.

A preparação física do líbero é voltada, principalmente, para os membros inferiores, pois eles são determinantes nas situações que exigem velocidade e pronta reação para os estímulos próprios do jogo. Assim, o desenvolvimento da velocidade de deslocamento é uma das prioridades.

Porém, de nada adiantará desenvolver unicamente a rapidez das movimentações se não houver um aprimoramento paralelo da velocidade de resposta aos diferentes estímulos possíveis dentro da dinâmica do jogo. Os trabalhos técnicos, portanto, são fundamentais para o desenvolvimento físico dos líberos. Exercícios que permitam ao líbero identificar, selecionar a resposta adequada e reagir rápido aos estímulos podem ser oferecidos com riqueza de variação em treinamentos de recepção e defesa. O líbero aumenta a capacidade e a eficiência de defesa e recepção com sessões que tenham volume alto de repetições e com muita variabilidade de realizações.

Desconhecimento da tarefa é fator fundamental para desenvolver a velocidade de percepção. Exercícios técnicos e físicos a partir de estímulos conhecidos e repetitivos não permitem "reação", apenas ações condicionadas. Exercícios em que a bola pode assumir diferentes trajetórias e velocidades, com desvios ou ataques variados, darão ao líbero uma capacidade físico-técnica muito próxima das exigências de jogo.

Com relação aos membros superiores, objetiva-se desenvolver um equilíbrio entre grupos musculares, para que haja uma facilitação da realização de fundamentos de extrema precisão, principalmente a recepção. Outro objetivo da musculação nesse caso é o de proteger as articulações de ombros, cotovelos e punhos em função de várias quedas – mergulhos e rolamentos – que a posição de líbero exige.

Outras considerações

Apesar de as formações defensivas estarem diretamente ligadas ao poder ofensivo do adversário, elas devem obedecer às características da própria equipe.

O ideal é colocar os melhores defensores onde normalmente acontecem os ataques adversários. Entretanto, nem sempre isso é possível, primeiro pela posição do sacador e pela possibilidade de ele defender sem prejudicar seu melhor saque e, principalmente, pela armação do possível contra-ataque, com o levantador ou o oposto colocado na posição 1 e outro atacante na posição 6.

Estatura e capacidade técnica dos bloqueadores, juntamente da eficiência defensiva, devem direcionar o sistema de defesa básico a ser adotado pela equipe. Até mesmo a filosofia de jogo como um todo é dependente desses aspectos.

Uma equipe baixa apresenta um poder de bloqueio inferior ao ataque da maioria dos adversários, portanto, o jogo de quadra é

TÁTICA

sua principal arma para neutralizar a ofensiva contrária. Já uma equipe alta aposta no bloqueio como peça principal do sistema defensivo e dirige os treinamentos para essa virtude. É importante corrigir fragilidades, porém, é igualmente importante treinar os pontos fortes, armas estratégicas na conquista de pontos.

Com as novas regras que aboliram a vantagem, muitas vezes dois ou três pontos conseguidos com contra-ataques, frutos de uma formação defensiva eficaz, podem significar a vitória no *set*.

MEIOS AUXILIARES

Vários são os meios auxiliares ao treinamento desportivo em geral. Neste capítulo analisaremos alguns deles, sem os quais o voleibol de alto nível não pode ser desenvolvido.

PREPARAÇÃO FÍSICA

O objetivo deste título é discorrer sobre a preparação física e sua aplicação às diferentes categorias e níveis de voleibol praticado, além de sugerir estratégias que visem alcançar níveis de condicionamento elevados e ampliar a longevidade dos atletas. O principal papel da preparação física, hoje, é trabalhar menos e com mais qualidade, exigindo do atleta o menor desgaste mental e físico possível e oferecendo-lhe ganho necessário para desenvolver suas habilidades durante treinos e jogos.

A preparação física no voleibol ganhou impulso a partir da década de 1970, quando as equipes passaram a lhe dar maior importância. Até então, a técnica era o objetivo quase exclusivo das sessões de treinamento. No Brasil, ela vem ganhando destaque e investimento crescentes, principalmente em razão do acúmulo de competições no calendário. Diante da maratona de jogos a que um voleibolista é submetido, a preparação física surge não só como um meio de se ganhar força, velocidade e potência, mas como um amenizador dos desgastes provocados.

Em uma equipe de alto nível, o preparador físico é de fundamental importância. É dele a responsabilidade de elaborar o planejamento específico, com base na periodização traçada pela comissão técnica. Um trabalho qualitativo começa com a sintonia dos trabalhos técnico-tático e físico, de acordo com a planificação e com a boa relação entre médico, fisioterapeuta, técnico e preparador físico.

A maioria dos clubes que têm apenas categorias menores não dispõe de um profissional específico com essa função, muito menos da estrutura completa descrita no parágrafo anterior. Isso, todavia, não pode servir de desculpa para a negligência em relação à preparação física. Cabe ao treinador aprimorar seus conhecimentos de teoria do treinamento desportivo, fisiologia do exercício e outros assuntos afins, para reverter esses conhecimentos em preservação e desenvolvimento de seus jovens atletas. Durante a primeira etapa de uma temporada, o volume maior de treinamento é dedicado à preparação física, com menos ênfase no trabalho técnico e tático. Nesse período são feitas as avaliações iniciais (ver título "Planejamento", neste capítulo). Com base nelas, o preparador físico traçará metas individuais e coletivas, de modo a permitir que todos cheguem às fases mais importantes em condições ótimas de rendimento.

São dois os princípios básicos da preparação física dos atletas: a especificidade e a individualização do treinamento. A especificidade refere-se ao conhecimento dos técnicos em relação às capacidades físicas específicas solicitadas pela modalidade e o consequente treinamento delas. A elaboração dos treinos focada no ganho de resistência específica de jogo possibilitará que as atenções se vol-

MEIOS AUXILIARES

tem para as valências realmente importantes. Assim, a preparação física cumprirá o objetivo de buscar maior qualidade com menor desgaste, o que otimiza e racionaliza o treinamento.

A individualização permite extrair o máximo do potencial de cada elemento, fazendo com que o conjunto se fortaleça com a excelência das partes. Ao individualizar o trabalho, os técnicos deixam de enxergar o grupo como um punhado de atletas e levam cada um deles a atingir a plenitude de suas potencialidades. Além das características inatas e próprias, a individualização deve considerar as funções individuais a serem desempenhadas em quadra e o histórico particular de treinamento e rendimento. Não são raros, por exemplo, os casos de atletas com vários anos de carreira submetidos a trabalhos de força e potência sem, todavia, receber carga compatível de exercícios de flexibilidade e organização musculoesquelética – capacidades estas auxiliares para o ganho das primeiras.

O voleibol apresenta características próprias que interferem diretamente nas estratégias a serem desenvolvidas pelo preparador físico. Entre elas destacam-se:
- as fontes energéticas utilizadas;
- a resistência específica de saltos;
- força, velocidade e potência específicas, de acordo com os gestos técnicos.

No tocante às fontes energéticas, deve-se levar em conta que o voleibol é um esporte cuja dinâmica favorece a recuperação, ou seja, possui períodos de ação e pausa durante toda a partida e a disputa dos ralis não exige nível de participação igual de todos os atletas. Fisiologicamente, portanto, o sistema ATP-CP é o fornecedor energético predominante durante as partidas. Isso mostra que não se deve gastar tempo buscando o ganho de outro tipo de resistência, a não ser a específica. Exercícios e tarefas com pouco tempo de execução e pausa suficiente para a ressintetização do ATP-CP são mais indicados do que aqueles longos e ininterruptos, que desenvolvem a resistência aeróbia, ou outros que levam o atleta a se intoxicar com o acúmulo de lactato.

O VOLEIBOL DE ALTO NÍVEL – DA INICIAÇÃO À COMPETIÇÃO

Com grupos mais jovens, todavia, é interessante desenvolver atividades aeróbias enquanto não houver uma especificação definitiva (determinada pela idade e pela decisão do praticante de realmente escolher o voleibol como esporte competitivo). Exercícios técnicos com duração contínua de cerca de 15 minutos, com trocas de posição e intensidade média podem alcançar esses objetivos. Essas atividades são, ainda, maneiras, associadas a hábitos alimentares, de diminuir a adiposidade.

O desenvolvimento da resistência de saltos deve ser moderado, pois é também um fator limitante de volume de treinamento, além de influenciar no desgaste do sistema nervoso central e das articulações. Como os treinos técnicos e táticos encerram uma quantidade considerável de saltos, convém que o técnico e o preparador físico elaborem em conjunto os microciclos e os planos diários (ver o título "Planejamento", neste capítulo), para que não se incorra em uma overdose de saltos. Um treino físico que vise a esse tipo de resistência pode ter sua complementação na quadra.

Força, potência e velocidade são capacidades que estão diretamente relacionadas. A força deve ser desenvolvida levando-se em conta que ela aparece no voleibol de duas formas distintas: força máxima e força rápida. Desenvolvida de forma equilibrada, com ênfase na movimentação isotônica excêntrica – ou seja, o atleta realiza todos os exercícios de musculação com total controle sobre a carga sugerida –, não ocorrerão trações que possam agredir os tendões. Potência de saltos e de ataque são as formas principais dessa valência no voleibol. As formas de trabalhar a potência são os saltos em profundidade e arremessos de *medicine balls* de 1 e 1/2 kg.

Há três tipos de velocidade empregados no jogo de voleibol:
- de deslocamento, que pode ser fracionada em linear e lateral, de acordo com as movimentações específicas;
- de membros superiores, indispensável no alto nível em virtude da exigência dessa capacidade nos fundamentos de ataque e saque;

- de percepção, que desenvolve o tempo de interpretação do atleta para prever e antecipar ações que poderão ser realizadas pelo oponente.

A velocidade de deslocamento linear deve ser aprimorada por meio de tiros curtos, com máxima aceleração nos primeiros metros e com a cabeça elevada. Visa à recuperação de bolas fora dos limites da quadra, que apesar da baixa ocorrência tem a sua importância. Utilize sempre o estímulo visual, de preferência a bola, para determinar a saída rápida para a execução da tarefa proposta. A velocidade lateral deve ser específica e adaptada a cada elemento do jogo – bloqueio, ataque, defesa, recepção ou levantamento.

O desenvolvimento da velocidade de membros superiores visa otimizar o movimento rápido de braços não só para atacar e sacar, mas para defender os ataques, receber o saque "viagem" e também para defesas altas com as mãos. Os exercícios técnicos servem para desenvolver esse tipo de velocidade.

A velocidade de percepção é, talvez, a mais importante do voleibol e está presente em todos os momentos do jogo. É o que também chamamos de "leitura". Leitura do passe e do levantamento, para bloqueadores; do corpo, do braço, da mão do atacante, para defensores; dos bloqueadores adversários, para o levantador. "Ler" é observar dicas oferecidas pelas ações adversárias, que proporcionarão antecipação e consequente reação correta. Essa velocidade deve ser trabalhada tanto em treinos técnicos como em táticos e físicos.

A ação no voleibol é composta de uma cadeia geral de etapas neuromotoras. Antes da execução do fundamento há primeiramente a análise dos fatores que determinarão a continuidade do jogo; depois há a reação do executante – o estímulo foi enviado ao cérebro, e os músculos estão prontos a reagir ao comando do sistema nervoso; e, por último, há a resposta motora.

Assim sendo, o desenvolvimento da velocidade de percepção é conseguido oferecendo estímulos em que o atleta não saiba de antemão a intenção do adversário (no caso, o treinador ou o companheiro que desenvolve essa função no treinamento) e se condicione a responder sem desperdício de movimento. Devidamente treinado, o atleta reagirá com velocidade e precisão deslocando-se ou utilizando os membros superiores. O desenvolvimento desse tipo de velocidade pode ser alcançado plenamente nos trabalhos técnicos. O treinador pode realizar ou um ataque direto ou uma largada, sem o conhecimento prévio do defensor. Esses treinamentos técnicos gerarão um bom condicionamento físico ao atleta, desde que realizados com frequência e volume apropriados, como parte de microciclos.

Todas essas valências devem ser treinadas seguindo as regras da especificidade e da individualização e dentro dos princípios do treinamento desportivo. Um dos meios mais indicados para se evitar lesões por repetição de gestos, principalmente saltos e ataques à bola, é o desenvolvimento do equilíbrio muscular. Isso se consegue com contrações isocinéticas. É necessário equilibrar a musculatura das coxas, tanto a posterior como a anterior, proporcionando condições favoráveis de flexão e extensão dos joelhos. Com os ombros acontece processo semelhante. O movimento de ataque e saque gera um desequilíbrio entre os músculos anteriores e os desaceleradores do movimento, causando sérias consequências na estabilidade da articulação do ombro.

Fatores limitantes individuais interferem na prática do voleibol. Eles podem ser de ordem estrutural (geneticamente determinada) ou funcional (a ação repetida gera o fator de limitação). Correções posturais e de gestos técnicos, levando em conta a biomecânica correta das ações e a análise de músculos e cadeias musculares envolvidas, podem reduzir a repetição e a intensidade das lesões.

Várias áreas afins do treinamento desportivo oferecem métodos que podem ser utilizados, o que individualiza o trabalho e objetiva a profilaxia e o desenvolvimento físico. Os indicados são:
- Reeducação postural global (RPG), por meio do *stretching global* ativo – técnicas posturais que promovem melhor organização musculoesquelética.

MEIOS AUXILIARES

- Facilitação neuromuscular proprioceptiva – estratégia de alongamento com atuação de músculos agonistas e antagonistas.
- Diagonais de Kabbat – exercícios que geram fortalecimento de músculos envolvidos em cadeia.
- Cadeias musculares (GDS) – alongamentos que promovem maior amplitude do movimento realizado por uma cadeia de músculos.
- Pilates – técnica de fortalecimento e alongamento simultâneos e de movimentos coordenados que prioriza a estrutura ventral, chamada de "colete abdominal".
- *Deep runner* – atividades em piscina profunda.
- Minitramp ou trampolim acrobático – exercícios em trampolim que favorecem o fortalecimento de tornozelos e joelhos.

O preparador físico deve se guiar pelo bom senso, avaliando constantemente volume e intensidade do treinamento, pois fadiga e dor são limitantes de rendimento e, principalmente, dificultam a absorção de informações pelo executante. Para realizar correta e adequadamente uma solicitação do técnico, o atleta deve estar em plenas condições de executar o que foi pedido.

Além disso, o preparador físico não pode enxergar o atleta fragmentado apenas em um corpo e se julgar responsável somente pelo que é matéria, fisiológico e musculoesquelético. Deve estar conectado com todos os fatores influenciadores do rendimento, a saúde psíquica, integridade do ser e bem-estar de seu comandado.

O controle de treino poderá ser feito por meio de avaliações (ver o título "Planejamento", neste capítulo) que possuam correlação com o objetivo traçado.

Nas categorias mirim, infantil e infanto-juvenil, os jovens atletas devem ser trabalhados para alcançar pleno desenvolvimento de seu repertório motor. Para isso, necessitam experimentar as mais variadas vivências de movimento. Com o acervo motor ampliado estarão aptos, no tempo devido, para finalmente serem direcionados para a especialização exigida.

É importante salientar que o correto aprendizado de cada fundamento é a base para o desenvolvimento das capacidades físicas necessárias, e assim atingir a excelência na execução das tarefas. O gesto motor precisa ter consistência e qualidade para que a força, a velocidade e a potência adquiridas proporcionem saques, ataques e defesas eficientes.

Atletas provenientes de categorias de base, que estão iniciando o seu histórico como profissionais do esporte, devem ser tratados com atenção e carinho. Eles passarão por adaptações de todo tipo e o preparador físico deve ser um facilitador dessa integração, ministrando progressivamente cargas e volumes que não os agridam.

O preparador físico dispõe de um leque de atividades para aprimorar e diversificar o treinamento. As atividades que a área de *fitness* vem criando são excelentes meios auxiliares, tanto na preparação como na recuperação após jogos. Esses recursos também servem a jogadores lesionados.

Todo o processo a que é submetido um jogador lesionado deve ser acompanhado pela comissão técnica. Desde o tratamento até o retorno, as atividades devem ser discutidas entre os profissionais e os procedimentos, definidos de comum acordo. Em muitos casos, o acompanhamento do preparador físico é fundamental no abreviamento do tempo de afastamento.

Por fim, a atualização constante do preparador físico permitirá que atletas em qualquer nível de treinamento ou investimento financeiro desfrutem de vidas esportivas mais duradouras e de melhor qualidade.

PREPARAÇÃO PSICOLÓGICA

Apesar da solidificação da psicologia no campo esportivo e da contribuição desta ciência para a conquista de resultados, a aceitação de sua aplicação, sobretudo em esportes coletivos, ainda esbarra no arcaísmo de alguns dirigentes e até de treinadores. O voleibol não foge a essa regra. No entanto, a importância da preparação psicológica é incontestável e vem ganhando espaço, mesmo que timidamente.

Como este livro é destinado a profissionais que trabalham em diferentes níveis competitivos e faixas etárias, o presente título procurará reforçar com exemplos práticos a importância da preparação psicológica em várias realidades. Sabendo que nem todos podem dispor de um psicólogo em sua comissão técnica, a intenção é que mesmo o professor que conte somente consigo próprio à frente de uma equipe competitiva possa identificar certos comportamentos de seus atletas e aplicar nos treinos e na condução da equipe durante os jogos os conhecimentos adquiridos em estudos, transformando emoções em fontes de reações positivas.

O livro não pretende, de forma alguma, considerar o técnico como o psicólogo do time. Ao contrário, defende a inclusão deste profissional em equipes que possam contratá-lo. Psicólogo Desportivo é uma pessoa que estudou psicologia e se especializou para desenvolver essa atividade. O técnico tem outra formação. Ele pode ser esforçado, estudioso, ler sobre psicologia desportiva, mas nunca poderá se colocar como tal, a menos que siga a formação universitária. Portanto, o auxílio da psicologia no esporte deve ser buscado sempre que possível, e a escolha do profissional que atuará com o grupo segue o mesmo critério utilizado com qualquer membro da comissão técnica, ou seja, com base na competência e no caráter.

Mesmo que não seja possível contar com um psicólogo, é recomendável que se recorra aos trabalhos de um profissional para ministrar aferições psicológicas iniciais. Essas avaliações permitirão conhecer melhor os atletas e auxiliarão bastante na elaboração de tarefas individuais e de treinos, na seleção dos grupos de trabalho, na escolha do capitão, no encaminhamento de discussões e em várias outras situações.

Os aspectos emocionais que interferem nos jogos podem, muitas vezes, ser treinados. Um plano diário que se preocupa somente com a técnica ou a tática está desperdiçando a chance de aperfeiçoar componentes psicológicos treináveis. A elaboração dos exercícios e das regras dos coletivos orientados pode conter estímulos que permitam ao atleta conviver com situações similares às que ele encontrará na competição.

É necessário desenvolver percepção, concentração, criatividade, decisão, motivação, autoconfiança, determinação, força de vontade, agressividade, controle de todos os tipos de estresse, responsabilidade social, liderança, união de objetivos, comunicação, dentre outros. E tudo isso pode ser incluído juntamente de um treinamento técnico de recepção ou de ataque, por exemplo. Basta incluir desafios que exijam do executante não somente músculos e um punhado de neurônios e sinapses. Crie metas nas tarefas em que as valências emocionais sejam colocadas à prova.

A concentração deve ser treinada intensamente, exigindo dos atletas alta e constante atenção em períodos que se aproximem do tempo de duração dos ralis, *sets* e jogo. Deve ser trabalhada intercalando atenção e relaxamento, pois concentração total durante todo o jogo é neurologicamente impossível. É preciso que o atleta se concentre antes da jogada e durante a ação, mantendo-se em relaxamento nas pausas entre um rali e outro e durante as interrupções de jogo.

A decisão pode ser apurada durante os coletivos, colocando jogadores em confronto direto. Por exemplo, dois atacantes, um de cada equipe, serão os finalizadores de todos os ataques. Ganha o time que conseguir fazer cinco pontos primeiro. E, assim, todos eles passam por essa situação, sendo os "responsáveis" por dar a vitória a sua equipe.

A agressividade é outro aspecto treinável e o técnico pode submeter determinado atleta a uma situação de desafio em que ele é instigado e provocado pelo próprio treinador, por colegas e adversários nos coletivos. Diante das provocações ele precisa reagir. É importante que, ao final de um treino desses, deixe-se bem claro que a intenção era instigar a agressividade, e não desqualificar ou agredir moralmente o atleta.

Durante uma partida há diferentes situações que levam o jogador ao estresse. No esporte, ele é benéfico enquanto controlado e transformado em energia para solucionar os problemas surgidos.

MEIOS AUXILIARES

Porém, se ele extrapola os limites do autocontrole, torna-se um empecilho ao bom senso e à escolha das soluções mais adequadas. Procure descobrir qual tipo de estresse é mais desgastante para cada jogador e o treine para elevar o nível de tolerância a ele. Alguns atletas têm baixo limite de tolerância a cansaço físico, barulho, iluminação, dor, erros de arbitragem, críticas etc. Descubra exercícios e situações com os quais esses tipos de estresse possam ser treinados.

A responsabilidade social inclui executar funções que nem sempre são de agrado particular, mas que são fundamentais para que o grupo desenvolva o trabalho e se fortaleça com coesão. Pegar bolas enquanto os outros treinam, transportar material em viagens ou enxugar a quadra molhada são algumas dessas indesejadas funções. Não tolere corpo mole. Não permita que um integrante se limite a se aproveitar do trabalho braçal dos outros. Foi-se o tempo em que somente os mais jovens faziam esse tipo de atividade. Todos devem ter funções, desde o reserva do reserva até o medalhista olímpico.

Liderança é uma virtude inata, porém, não são poucas as vezes em que um jogador tímido ou reservado precisa chamar a responsabilidade para si. E este é um tipo de liderança que deve ser incentivado. Treinos de proteção de ataque nos quais há revezamento da função de comandar e incentivar os demais a realizar o que foi proposto são boas estratégias para despertar lideranças e colocar todos os atletas nessa situação.

O atleta é por natureza egocêntrico e os objetivos individuais não podem ser desprezados. Porém, sem união de objetivos não se constrói uma equipe esportiva. Cabe ao técnico saber entender os anseios individuais e canalizá-los em prol do grupo. Essa talvez seja a mais difícil e preciosa função do líder do grupo.

Por que alguns jogadores chegam ao limite do aperfeiçoamento e, diante de novas tarefas, justificam-se dizendo "Nunca fiz isso", "Não sou capaz"? A autoestima deve ser sempre valorizada. Quando um técnico desiste de corrigir ou de melhorar o rendimento de determinado atleta, este se perde para sempre do grupo.

Não deixe de motivar, incentivar e buscar sempre o aperfeiçoamento de seus atletas. Esse é o motor de todo o trabalho. Saber que é possível evoluir fará com que ele contribua para o grupo e realmente cresça individualmente.

O amadurecimento psicológico depende de fatores motivacionais; alguns internos – nível de aspiração, fixação de metas e responsabilidades – e outros externos – incentivos, desafios e exigências. O papel do treinador como mediador da interferência dos motivos externos é importante para o encaminhamento da carreira profissional do jogador. Criar desafios nas tarefas diárias, oferecendo sempre objetivos de acordo com a capacidade do grupo e de cada indivíduo, é fundamental para essa maturação.

Um grupo é composto de jogadores de diferentes níveis técnicos. Isso acaba levando a divisões naturais em vários subgrupos:
- os titulares e os reservas;
- os de seleção e os outros;
- os bons, os médios e os que completam o grupo;
- os altos e os baixos;
- os que decidem e os que não decidem;
- os que são mais bem remunerados e os que ganham menos.

Essas divisões são normais, mas devem ser bem administradas para não se transformarem em "panelas" que geram desarmonia e provocam situações às vezes irremediáveis.

A relação entre titulares e reservas pode gerar atritos e deve ser cuidadosamente gerenciada pelo técnico. Em períodos competitivos, um tempo maior é dedicado a exercícios para os titulares. Diante disso, o que passa pela cabeça dos demais?

Os reservas baixam o nível de concentração, garra e força de vontade em médio prazo, caso percebam que não são úteis. É importante que esses jogadores saibam que, mesmo estando tecnicamente abaixo daqueles que estão em quadra, têm utilidade para a equipe. Fulano é quem pode entrar em um final de *set* e marcar o último ponto de bloqueio. Beltrano saca bem e pode ser escolhido para sacar em um momento importante do jogo. Sicrano entra-

MEIOS AUXILIARES

rá junto do levantador nas inversões do 5 × 1. Os reservas precisam estar conscientes de que ainda não têm condições de estar entre os titulares e receber do técnico informações sobre o que e quanto precisam melhorar para que isso aconteça.

O atleta fica, muitas vezes, resignado a essa condição e apenas cumpre ordens, sem buscar evolução ou um lugar entre os titulares. É preciso dar aos reservas responsabilidades claras, falando da importância de estar em boas condições técnica, física e psicológica para substituir um titular em situações difíceis. É importante, também, conscientizar ambos os lados de que a situação pode ser momentânea e os papéis se alterarem por conta da evolução de um e involução de outro, contusão ou mesmo eventos fortuitos. Não se pode permitir que jogadores permaneçam no banco de reservas sem se aquecer com os companheiros nem incentivar os que estão dentro da quadra. Por mais que um jogador esteja descontente com a situação, ele faz parte do grupo e precisa dar sua contribuição à equipe. Caso o técnico não consiga reverter essa insatisfação, o jogador descontente, para o bem da equipe, deve ser afastado. Procure colocar sempre o interesse do grupo à frente dos anseios individuais.

Há, também, o caso dos contundidos. Recuperam-se isolados do grupo, em extenuantes trabalhos de fisioterapia. Se o time vence, alguém está em seu lugar e poderá ocupá-lo definitivamente; se perde, a equipe está precisando de sua colaboração e ele não pode ajudar. O jogador que é obrigado a ficar longe das quadras convivendo com a dor vivencia uma experiência frustrante. O atleta precisa sentir que o técnico não o esquece.

Chega, enfim, o momento para o qual todos se prepararam: o jogo. Em um jogo em que os dois times têm as mesmas condições físicas, técnicas e táticas, a condição psicológica determinará o vencedor. O ser humano é um animal racional e emotivo. Assim, a emoção interfere diretamente no raciocínio e no desempenho do atleta. A mesma emoção poderá provocar reações diversas e contrárias: excitação ou relaxamento; tensão ou inibição; vontade ou apatia; coragem ou medo.

A expectativa excessiva pode levar a atuações decepcionantes. A ansiedade não é maléfica, mas deve ser controlada e levada a um nível ótimo. Ela consome energia do atleta muito antes do tempo devido, pois a preocupação com a partida antecipa o desgaste físico e mental.

O descontrole emocional, além de provocar um rendimento abaixo do possível, pode levar a lesões e crises psicológicas que tiram o jogador de batalha. Ele pode ser provocado por contusões, insucessos anteriores, histórico pessoal, falta de orientação, pressões externas e até fatores desconhecidos.

É preciso observar manifestações psicossomáticas que os jogadores possam apresentar antes ou durante a disputa. Certos sintomas identificarão o estado que o indivíduo se encontra para a partida: processos fisiológicos; controle; concentração; segurança; disposição; obediência ao plano tático; domínio da força e das habilidades finas; racionalidade; desempenho técnico. Não hesite em sacar um jogador que durante o aquecimento ou antes de entrar em quadra mostre alterações nesses pontos levantados.

É importante analisar a partida em seus diferentes momentos e dar atenção a algumas situações específicas às quais aquele que primeiro se adaptar poderá dar passo importante rumo à vitória:

- início do jogo ou *set*, buscando o ritmo;
- metade do *set*, estimulando a manutenção da concentração;
- finais dos *sets* ou do jogo, incentivando a decisão.

Por mais que o técnico se esforce, os jogadores amolecem diante de adversários teoricamente mais fracos. Isso deve ser objeto de um trabalho psicológico de longo prazo, pois muitas equipes perderam classificação melhor no *set average* em razão de um *set* perdido para equipes menos expressivas. Além dos atritos desnecessários que provocam no grupo e entre técnico e atletas.

A busca obsessiva pela vitória pode provocar frustrações incontroláveis. A derrota faz parte do processo e deve ser encarada como oportunidade para reavaliações e mudança de rumo, em direção a novas vitórias. Em contrapartida, ela não pode ser aceita com passividade, como se fosse o único caminho para aprender.

Qualquer um deseja o primeiro lugar, mas nem todos estão preparados ou possuem condições para tal. Muitas vezes, ambas as equipes poderiam chegar ao título, mas só cabe a uma essa glória. É necessário sensatez para avaliar os reais motivos da vitória e da derrota e aprender com eles. O segundo lugar em uma competição, mesmo podendo ser encarado como honroso, pode levar a equipe a adotar posição de inferioridade em relação ao vencedor e carregar esse estigma por várias temporadas, ficando atrás de seu oponente campeão mesmo que possua, teoricamente, condições de vencê-lo. Psicologicamente, às vezes é importante até alterar o planejamento a fim de preparar a equipe para um confronto direto com esse adversário, com a intenção de evitar o trauma e vislumbrar a chance de vitória em um momento mais à frente.

O jogo é o momento propício para a manifestação de variadas reações psicológicas. O atleta sabe que será cobrado por tudo que fizer. Seu esforço em treinamentos pode ser cruelmente relegado e seus acertos esquecidos se a última bola do jogo foi atacada para fora. Em questão de segundos, seu nome está associado ao fracasso da equipe e um adversário recebe as glórias e as manchetes dos jornais. No que se refere ao técnico, a análise dos acontecimentos e as posturas diante do ocorrido nos momentos e dias subsequentes a estes acontecimentos podem determinar a "volta por cima" ou a "pá de cal" sobre o atleta. É importante salientar que nem sempre o tapinha nas costas é o melhor estímulo. A sensibilidade deve dirigir a ação do treinador.

Após o jogo, todos os envolvidos na partida se autoavaliam. A maneira como cada um lida com as autocríticas proporcionará a qualidade do trabalho dali para a frente. Independentemente de vitória ou derrota, título ou desclassificação, todas as emoções devem ser bem trabalhadas para uma continuidade em direção aos objetivos traçados ou a novas metas a serem estabelecidas a partir daquele momento.

A maioria dos jogos faz parte do caminho, mas não constitui o objetivo em si. Esse detalhe pode ser a chave de várias conquistas que estão por vir, pois muitas equipes se perdem em comemorações de partidas que, embora vitoriosas, não trouxeram ainda o objetivo maior. Uma equipe vencedora e bem preparada emocionalmente sabe curtir o momento sem perder de vista o que é realmente importante: o objetivo final.

Voltando à questão direta da psicologia desportiva e sua aplicação nas equipes profissionais, a inclusão do trabalho de psicólogos desportivos, infelizmente, é aceita com ressalvas. O senso comum até o aceita, desde que seja esporádico e passe por vários questionamentos e limitações de ação e interação dentro do grupo. A maioria dos dirigentes considera o psicólogo uma pessoa que "ajuda" aqueles atletas problemáticos ou que tem de fazer reuniões após as derrotas para elevar o ânimo da equipe. Alguns jogadores, por sua vez, costumam ver o psicólogo com desconfiança, pois acreditam que ele seja um aliado do técnico, que está lá para "tirar alguma coisa" e depois levá-la ao treinador.

É preciso que se entenda a inclusão da psicologia no voleibol como um item fundamental na obtenção de resultados que o alto nível cobra diariamente. Os técnicos de equipes profissionais devem ter o psicólogo a seu lado, dividindo e compartilhando as dúvidas e trocando experiências. Findou-se a época em que o técnico deixava a sala ou a quadra quando o psicólogo chegava. Ele é um profissional que integra o grupo, convive com o estresse característico do esporte competitivo e deve fazer parte do trabalho, como os demais membros da comissão técnica. No esporte coletivo, todos do grupo – treinadores, atletas e dirigentes – devem estar ajustados psicologicamente.

É importante que técnico e psicólogo estejam sintonizados, conduzam o trabalho integrados e utilizem formas de associar atuações de um ao outro. Quanto antes isso acontecer, mais rápido os resultados aparecerão.

O compromisso do psicólogo não termina após uma sessão com o grupo, e em nada contribui um técnico que deixa de aplicar

MEIOS AUXILIARES

os princípios propostos pelo primeiro. Se o psicólogo está empenhado em aumentar a concentração do grupo e o técnico utiliza métodos de treinamento em que a dispersão é facilitada, a ausência de objetivos concretos desmotiva o grupo; não existe sintonia e não haverá melhoras. Do mesmo modo, se o técnico nota manifestações negativas do grupo e não as comunica ao psicólogo, o resultado demorará muito mais.

A análise das categorias menores confirma a importância da presença do psicólogo em um grupo que tem condições de contratar esse profissional. Não são raros os casos de garotos que migram para os grandes centros voleibolísticos com o sonho de se tornar atletas de alto nível. São adolescentes, às vezes pré-adolescentes, que:

- são escolhidos entre centenas de postulantes, passando a fazer parte de um grupo de elite;
- mudam de cidade ou estado, alterando completamente costumes, culturas etc.;
- abandonam a família, ficando longe dos pais, irmãos, avós, amigos, namorada;
- mudam de escola, tendo contato com outros métodos educacionais, novos professores e colegas;
- renovam o sonho de uma carreira de provável sucesso, sendo cobrados por isso.

Vários outros fatos novos podem ser acrescentados a essa relação, pois de uma hora para outra o jovem vê sua vida modificada, seus valores alterados e seus pilares de sustentação substituídos.

Outras situações mais comuns em equipes menores e que alteram significativamente a relação dos atletas com o grupo e com ele mesmo são:

- mudança de categoria;
- jogadores que atuam em duas categorias;
- aqueles que não são utilizados nas categorias superiores por deficiência técnica;
- atletas que deixam de ser juvenis para serem adultos e tornam-se donos absolutos de seus atos, alugando apartamento

por conta própria, cuidando dos contatos e contratos, ou até precisando optar por seguir a carreira ou abandoná-la;
- brigas e discussões com colegas;
- convocações para seleções estaduais e nacionais de categorias menores ou mesmo convites de clubes mais importantes;
- relação com o técnico (e/ou supervisor) que assume a posição simbólica de pai (é aquele que cobra atitudes, resultados, comportamento, notas na escola etc.).

Será que o técnico pode considerar-se o psicólogo do time, depois desse breve levantamento de situações relacionadas às categorias menores? Essa é a etapa de desenvolvimento de um atleta em que é mais importante a atuação de um psicólogo.

Em uma equipe adulta, o psicólogo encontrará outras situações. Várias aspirações afloram, porque o jogador tem noção de seu potencial e dos objetivos particulares. Não é simples lidar com sucessos e fracassos, associar interesses individuais aos coletivos e administrar relações e interdependências sem uma estrutura psicológica adequada.

Quando o atleta profissional torna-se ídolo, ele vira assunto na mídia e deixa de ter privacidade. Nem todos absorvem esta transição com maturidade. Muitos se perdem, procurando manter a qualquer custo a individualidade. Outros se deprimem, por não conseguir fugir da notoriedade. Uma atitude que passaria despercebida se ocorresse com uma pessoa comum pode custar a um jogador famoso cobrança do patrocinador, especialmente se ele estiver uniformizado. Será suficiente apenas um treinador para lidar com essas mudanças e exigências tão fortes em nível psicológico?

Em equipes profissionais, o regime de concentração deve ser discutido com o psicólogo. Nem sempre é necessário e muitas vezes chega a ser prejudicial. É importante avaliar se o grupo precisa ser submetido ao isolamento e por quanto tempo. Dependendo do momento do campeonato, a divisão dos quartos pode obedecer a um rodízio. É mais indicado, nos momentos decisivos do torneio, o emparceiramento de colegas que tenham afinidade e mesmos

MEIOS AUXILIARES

hábitos. A concentração tem a vantagem de manter os atletas sob controle alimentar, de sono, de descanso e de absoluta atenção para o jogo.

O jogador se submete a horários rígidos, convívio forçado, disciplina, tempo livre limitado ao local de concentração e ausência dos familiares e amigos. No entanto, são essas limitações que aumentam o foco no motivo maior (o próprio jogo). Se estivesse em casa, estaria sujeito à rotina doméstica e aos problemas familiares e livre para eventos sociais que podem ultrapassar os limites da boa alimentação e do sono adequado.

A canalização de objetivos é facilitada pela concentração, mas acaba se invertendo quando o tempo é prolongado. Muitas vezes, com um grupo consciente e em momentos não decisivos, é preferível ficar em casa, dormir na própria cama e conviver com os parentes a estar enfurnado em um quarto de hotel rodeado por coisas nada familiares.

Quanto mais importante o campeonato e cada uma de suas fases, maior o assédio de imprensa, amigos, fãs e familiares. Quando isso ocorre, é fundamental isolar o grupo, preservando-o dessa pressão. Ingressos, convites e atenção aos de fora devem ser de responsabilidade dos dirigentes nesse momento, não permitindo que membros da comissão técnica ou atletas se preocupem com isso.

Um especialista em psicologia desportiva pode observar, explorar e reverter algumas importantes situações específicas da dinâmica de um jogo de voleibol de forma mais aprofundada e pragmática que o técnico, porém, cabe a este, na ausência daquele, procurar minimizar os seguintes pontos:

- alta ansiedade em jogos decisivos ou em determinados momentos do jogo;
- baixa ansiedade em jogos fáceis ou em determinados momentos do jogo;
- má administração da energia durante os *sets*;
- queda da capacidade de luta durante o jogo;
- medo do fracasso ou do sucesso;
- acomodação após vantagem no placar;

- perda do raciocínio lógico durante os momentos mais tensos;
- convivência com a pressão externa (torcida);
- baixo rendimento em razão de problemas particulares extraquadra;
- ausência de tomada de decisões em jogadores sem passado vitorioso;
- baixa resistência ao estresse contínuo (por exemplo, passador muito acionado pelo saque adversário);
- fraca transferência do rendimento de treino para os jogos;
- transformação do erro em frustração;
- transformação do acerto em sublimação.

Esses são alguns exemplos que podem acarretar uma infinidade de implicações emocionais, afastando o atleta do estado de excelência. O treinador que não pode contar com um psicólogo para auxiliá-lo deve elaborar tarefas durante os treinamentos que se aproximem dessas situações, tornando-as familiares ao grupo.

A presença de um psicólogo desportivo na comissão técnica é, hoje, fator imprescindível para o alto rendimento. O psicólogo não é mágico e, portanto, não trará vitórias impossíveis, mas, assim como um técnico gabaritado, oferece mais condições para uma equipe evoluir e conseguir títulos. Engajado no grupo, com liberdade para trabalhar e entrosado com o técnico, ele é uma peça forte nessa batalha.

PLANEJAMENTO

O planejamento é um dos momentos mais importantes da preparação de uma equipe esportiva. É a estruturação de como e quando alcançar estágios de evolução, que vão desde resultados físicos, técnicos e táticos até conquistas de campeonatos. Cada meta estabelecida será alcançada a seu tempo, a partir do caminho construído para se chegar a ela. O planejamento é o mapa a ser seguido e consultado durante a busca ao tesouro.

Ele permite enxergar com nitidez a correlação entre as fases e a evolução gradativa do trabalho, com vistas a alcançar um objetivo geral. Por isso, é necessário que seja estruturado com organização, clareza e segurança.

Algumas frases são muito comuns no meio esportivo e estão diretamente ligadas à planificação do treinamento. "O time rendeu além do esperado nas finais" ou "tal atleta 'virou o fio'" referem-se, respectivamente, à excelência do trabalho e a um possível equívoco no plano traçado para a equipe. Porém, talvez a pior entre elas seja aquela ouvida de um técnico sobre as chances de sua equipe na temporada: "vamos jogando e ver onde podemos chegar". A falta de planejamento é tatear no escuro à procura de algo que se sabe onde está, mas não se sabe como chegar a ele. É obrigação do treinador avaliar as chances de sua equipe e idealizar a melhor forma para ela alcançar suas reais possibilidades.

Um bom planejamento pode não ganhar campeonatos, mas aumenta consideravelmente a possibilidade de enxergar os próprios passos e vislumbrar o que separa a equipe de seus objetivos. Permite, na pior das hipóteses, detectar em que momento ocorreu um eventual equívoco que impediu a chegada ao objetivo e, consequentemente, corrigir o rumo, ainda que, lamentavelmente, ele só possa ocorrer no replanejamento das próximas temporadas.

O planejamento permite que se alcance a homogeneidade na preparação do grupo. Para atingir esse equilíbrio, a preparação deve ser conduzida respeitando-se as individualidades. O sentido de homogeneidade, nesse caso, leva em conta não a busca de níveis iguais de rendimento, mas a obtenção do melhor nível possível de cada elemento.

Não são poucos os casos de atletas fundamentais na estrutura tática da equipe a não apresentarem o rendimento aguardado ou serem surpreendidos por problemas de contusão ou desequilíbrios emocional ou fisiológico em etapas decisivas. O planejamento que leva todos a estarem em suas melhores condições permitirá substituir um atleta nessas condições por outro que, apesar de não ser talentoso como o primeiro, poderá dar o melhor de si para o grupo naquele momento.

Na prática, a primeira etapa do planejamento é a avaliação dos recursos materiais e humanos disponíveis para a temporada. Todas as opções de utilização de dependências, serviços e materiais em geral devem ser relacionadas e, se necessário, solicitadas antes que os trabalhos se iniciem. Os recursos humanos incluem atletas, comissão técnica e outros profissionais auxiliares.

Com a estrutura definida, é possível planejar a temporada. Todos os membros da comissão técnica devem receber funções claras e definidas e se envolver na planificação. No cotidiano, eles conduzirão os treinos pelos quais serão responsáveis e deverão ministrá-los como elos dentro de um processo mais extenso, o plano geral de trabalho, para que os objetivos sejam alcançados. De posse do calendário de competições da temporada, a comissão técnica se reúne para confeccionar o plano para o período.

Com equipes adultas, são as competições que norteiam o planejamento. Quando se trata de equipes menores, as competições são partes de um processo mais longo e inseridas no planejamento não como objetivo em si, mas como uma etapa da evolução dos jovens atletas. Nesse caso, as competições servem muitas vezes de avaliação evolutiva das etapas de aprendizagem pelas quais os jovens passam. Dirigindo-se equipes jovens, os objetivos devem sempre ser a longo prazo. Antecipar etapas leva, invariavelmente, a uma vida esportiva mais curta, apesar de alguns objetivos relacionados à vaidade pessoal do treinador serem facilmente alcançados, porém a um custo muito alto – a vida saudável do jovem atleta.

O planejamento de equipes menores deve se estender pelos vários anos que antecedem a formação completa do atleta. Os fundamentos a serem aprendidos e aperfeiçoados, além das táticas a serem aplicadas coletivamente, ocupam cada etapa planejada. Cada qual a seu tempo, sempre buscando aplicá-los de forma a construir o atleta de acordo com seu nível de maturação motora e física.

Pois bem, com a estrutura estabelecida e o calendário de competições em mãos, o próximo passo é traçar objetivos gerais e específicos para a equipe. Para alcançar essas metas, faz-se necessário dividir o tempo disponível e julgado adequado para cada uma das etapas a serem cumpridas.

Essa organização deve ser harmoniosa e gradativa, permitindo a realização dos conteúdos específicos em seu devido tempo, de maneira a preparar a equipe para os momentos mais importantes da temporada, ou seja, as competições prioritárias. A este processo dá-se o nome de periodização.

Um dos pontos fundamentais para uma boa periodização é enxergar a temporada como um todo. Será o desenvolvimento criterioso do trabalho físico, técnico e tático e a integração entre eles, até chegar à competição estabelecida como alvo, que determinará a probabilidade de sucesso.

Atualmente, as competições se sobrepõem e muitas vezes encurtam períodos iniciais que deveriam servir de preparação básica mais cuidadosa e menos exigente. Se não existir uma visão macroscópica da temporada, provavelmente o grupo não suportará a carga de jogos. A busca por rendimento extremo em todos os torneios pode fazer com que a equipe chegue ao final da temporada desfalcada de alguns elementos e em condições deploráveis de competitividade. É necessário priorizar uma ou algumas delas, para conduzir a equipe a um estágio ótimo de preparação no momento mais importante.

A formulação de objetivos e a periodização estão estritamente ligadas, pois os caminhos para se chegar às metas serão construídos com base no tempo disponível para alcançá-las e, em contrapartida, os objetivos só serão idealizados caso haja essa possibilidade.

O diálogo entre os membros da comissão técnica é fundamental nessa etapa, pois a coordenação dos treinos permitirá que cada um desenvolva seu trabalho e busque suas metas físicas, técnicas ou táticas sem interferir negativamente no planejamento do outro. Cada preparação tem metodologia específica, porém, elas se associam durante todas as etapas do treinamento.

Sem planejamento, dificilmente se conseguirá converter o tempo, por mais que ele pareça abundante, a favor da equipe. Sem planejamento sempre existe a possibilidade da pressão do tempo em um momento em que já não é mais possível reverter os planos nem conseguir adaptar-se, decorrente da proximidade das etapas mais importantes.

Os objetivos idealizados devem estar fundamentados na avaliação das chances da equipe dentro da temporada. Levantar situações que possam influir nos resultados pretendidos e estabelecer uma comparação realista com as demais equipes são procedimentos para se projetar metas de rendimento e a possível colocação em cada competição na temporada. Os objetivos devem ser consolidados dentro da realidade, no entanto, deve-se condicionar o grupo a saber que se consegue ir mais longe com determinação e trabalho.

Objetivo é algo em que todos precisam acreditar, senão alguns envolvidos acabam desanimando antes de iniciar a disputa, e o resultado se torna pior que a expectativa. Caso seja vislumbrada a chance de se chegar ao título, todos devem ir em frente, juntos! Se as chances de chegar ao título são impossíveis, que se trace o segundo ou o terceiro lugar como meta, mas que se busque o tempo todo condições para se chegar ao que se julgou possível. Há dois extremos dentro de um planejamento: a subestimação de um grupo e a superestimação. No primeiro caso, o planejamento deixa de acreditar no potencial da equipe e traça suas diretrizes com base em parâmetros que estão aquém das reais possibilidades do grupo. O custo disso é desastroso do ponto de vista pragmático, pois quando acaba a temporada, os atletas sabem que poderiam ser mais exigidos e que essa cobrança reverteria em melhores resultados. Apesar de imperdoável, as consequências de um erro desses são apenas morais. O outro extremo traz danos mais sérios e amplos. Objetivos que estão além das possibilidades do grupo levam à prescrição de treinamentos e períodos com níveis de exigência excessivos quanto a intensidade e volume. Carga descabida leva os atletas a patamares máximos de rendimento antes do período ideal. Com isso, eles se mantêm durante o período competitivo em estado constante de tensão e beirando o limite de suas tolerâncias. As consequências desse equívoco refletem invariavelmente na saúde

MEIOS AUXILIARES

física do jogador. O sobretreinamento é responsável por graves lesões musculares ou articulares, em razão do desgaste provocado pelo excesso. Outros males fisiológicos mais sérios podem ocorrer caso o treinador insista no erro.

É preciso sempre definir objetivos de longo, médio e curto prazos dentro da própria temporada, relacionando-os a metas de treinamento e resultados competitivos. Deve-se determinar com clareza e objetividade o que é importante alcançar nos aspectos técnico, físico e tático em cada fase e em termos de classificação final nos campeonatos. Alcançar objetivos a longo prazo acaba sendo mais fácil quando o atleta é acostumado a lutar para superar metas em sessões diárias ou semanais e quando existe uma avaliação constante da evolução.

Definido(s) o(s) objetivo(s) maior(es) dentro da temporada, faz-se necessário estabelecer as metas específicas dentro de cada etapa da periodização, as quais podem ser aferidas subjetiva ou objetivamente em treinamentos e em competições. Por exemplo, ao final da primeira etapa de preparação física, é importante que todos os atletas tenham um ganho de força de 20% em relação ao índice que apresentaram após as férias. Na preparação técnica, os objetivos para os atacantes opostos podem ser: atingir um coeficiente de acerto de cerca de 45% no contra-ataque ou acostumar-se a ajudar o bloqueio de meio com desenvoltura. Taticamente, a equipe deve utilizar determinadas combinações ofensivas ou estar desenvolvendo com eficiência uma tática defensiva considerada básica.

Exercícios de precisão em treinamentos específicos podem incluir níveis a serem alcançados, como forma de aumentar a motivação e deixar clara a busca por objetivos palpáveis. Executar quinze recepções perfeitas em vinte saques, por exemplo. É possível, ainda, traçar objetivos, adaptados às condições do grupo, com base em índices alcançados por equipes de ponta.

A cultura de que o tempo de trabalho é a medida para qualificar o desempenho do profissional não funciona com atletas. A máxima "quanto mais tempo, melhor" não vale para o treinamento de alto nível. Treinar por tempo preestabelecido é um equívoco.

Isso acaba refletindo diretamente no alcance do objetivo maior. Estabelecer metas a serem alcançadas nas sessões de treinamento pode condicionar o indivíduo a se superar e se unir ao grupo para conseguir outros objetivos coletivos. O condicionamento para alcançar objetivos leva o atleta e a equipe a terem noção do que é preciso fazer para alcançar a vitória. Um *set* de voleibol só acaba quando se alcançam 25 pontos e não quando se treina o ataque por trinta minutos. É perfeitamente possível treinar esse fundamento durante esse período de tempo, caso o treinador ache necessário, mas sempre alternando exercícios que busquem objetivos palpáveis.

Muitas vezes, apesar de uma avaliação cuidadosa e de um planejamento coerente, os planos iniciais mostram-se inalcançáveis já em uma fase anterior, por motivos que fogem ao controle. Nesse caso, é fundamental que se definam novos objetivos o mais breve possível. Uma equipe que almejava chegar ao título não pode se contentar com o oitavo lugar, caso seus sonhos desmoronem precocemente. Se as chances se reduziram à quinta colocação, todo o grupo deve ser motivado e conduzido a buscar esta, que é a melhor colocação possível.

A fórmula de disputa dos campeonatos na temporada é outro fator que interfere na periodização. Vamos tomar dois exemplos perfeitamente possíveis em função das fórmulas utilizadas, hoje em dia, para refletir sobre o tema.

Exemplo 1: a competição conta com oito equipes que jogarão entre si em turno e returno. Há equilíbrio entre as equipes e o sistema de disputa classifica todos para as quartas-de-final. O primeiro jogará contra o oitavo, o segundo contra o sétimo e assim por diante, em melhor de três partidas. Está claro, portanto, que não há necessidade de atingir o rendimento pleno na fase de classificação. Assim, a periodização deve buscar atingir os melhores níveis físico, técnico e tático nas fases que realmente decidem, ou seja, das quartas-de-final em diante.

Exemplo 2: em um sistema de classificação idêntico ao anterior, há duas equipes mais fortes e seis que se equilibram entre

MEIOS AUXILIARES

elas. Levando-se em conta que o objetivo do grupo, que se situa entre essas seis competidoras, é chegar às semifinais do torneio, a preparação deve priorizar um rendimento ótimo ainda na fase de classificação para que se escape das últimas colocações nessa etapa e, consequentemente, do confronto com os dois melhores times. Além disso, para alcançar o objetivo (chegar às semifinais), o grupo deverá render o máximo também nas quartas-de-final. Nesse caso, a periodização deve adaptar alguns microciclos dentro do plano geral para tentar vencer determinados adversários diretos na briga por melhores colocações.

Há outros aspectos que interferem na elaboração dos objetivos e na periodização. A experiência do grupo determina, por exemplo, a quantidade de jogos ideais na temporada. Uma equipe formada em sua maioria por jovens inexperientes precisa participar de vários jogos amistosos e contra equipes fortes, pois isso dará aos novatos a experiência que eles não possuem. No caso de uma outra, formada por veteranos, acostumados a decisões, é melhor que se escolha jogar menos, não provocando um desgaste desnecessário e aproveitando os períodos para conduzir treinamentos que os deixem em condições físicas ótimas para as etapas derradeiras da temporada.

Os períodos em que se divide a periodização são chamados de ciclos. Esses podem ser mais extensos ou mais curtos dependendo de suas características e dos objetivos aos quais se prestam. São eles:

1. Ciclo plurianual.
2. Ciclo anual.
3. Macrociclos.
4. Mesociclos.
5. Microciclos.
6. Planos diários.

Um trabalho a longo prazo se desenvolve em um ciclo plurianual. Quando se dispõe de tempo e é possível vislumbrar uma sequência de trabalho que englobe alguns anos, o planejamento deve ser projetado sem visar a objetivos imediatos. É o caso de planejamentos de ciclos olímpicos ou com vistas a campeonatos mundiais. Geralmente esses ciclos são de quatro ou até de oito, doze anos, dependendo do país e da estrutura esportiva oferecida pela confederação nacional. Os ciclos plurianuais são usados também, e principalmente, nos planejamentos de equipes jovens, nos quais a formação do atleta é priorizada e são necessários vários anos para que ele atinja a plenitude esportiva.

As equipes menores devem ter um cuidadoso planejamento em que esteja claramente estabelecido quando, em que nível e como elas serão colocadas em situações competitivas, assim como em que momento serão cobrados resultados. A evolução da aprendizagem para o aperfeiçoamento, e deste para o treinamento, segue uma sequência planejada, em que o respeito à criança deve direcionar todas as atividades e atitudes.

Os ciclos plurianuais são formados, em geral, por macrociclos anuais, pois o mais importante não são as competições intermediárias, mas sim o processo de formação como um todo. Isso não implica em desconsiderar a importância das competições, afinal a formação do atleta se faz também com a preparação do espírito competitivo e da experiência com os embates.

Os ciclos anuais em equipes adultas que priorizam somente uma competição estendem-se por toda a temporada. A sobreposição de competições hoje em dia, no entanto, impede que um ciclo anual seja planejado linearmente e ocorra somente com treinamentos e jogos amistosos devidamente encaixados no planejamento. Ao mesmo tempo em que, teoricamente, não se deve incluir as competições intermediárias como objetivo dentro do processo anual, não se pode deixar de dar condições ao atleta e à equipe para que eles possam competir com possibilidades, se não plenas, ao menos aceitáveis.

Podem ocorrer de um – que seria o próprio ciclo anual – a três macrociclos em cada temporada. No planejamento com dois macrociclos, geralmente um deles está voltado para as competições da primeira metade da temporada e o outro, para as da segunda metade. São ciclos relativamente independentes, que se iniciam com um trabalho de base e se finalizam com o rendimento máximo possível. Eles têm relação entre si, pois o segundo macrociclo sempre aproveita o que se adquiriu no primeiro, mesmo que exista uma fase intermediária entre eles que provoque a perda (necessária) de algumas capacidades adquiridas. Porém, a retomada para o macrociclo seguinte se dá a partir de um estágio superior ao que o primeiro foi iniciado, exatamente por causa do lastro adquirido durante o ciclo anterior.

Um macrociclo divide-se em quatro períodos básicos, também chamados de mesociclos:
1. Preparatório especial.
2. Pré-competitivo.
3. Competitivo.
4. Transição.

O planejamento do macrociclo é elaborado do fim para o começo. Definidos os objetivos e os prazos a serem alcançados, estabelecem-se o período competitivo e sua duração. Procede-se da mesma maneira para o pré-competitivo e, depois, o preparatório especial. A divisão do tempo para cada período deve ser estudada conforme a possibilidade de se alcançar metas que são pré-condições para se mudar de etapa. Por exemplo, não é possível estabelecer quatro semanas para o período preparatório especial se o competitivo tiver três semanas. Se não houver tempo suficiente para se alcançar um estágio aceitável de condição técnica, física e tática, melhor não incluir a competição entre as prioridades e preparar convenientemente o grupo para outro período do ano. Outro fator que interfere decisivamente na estipulação do tempo de cada ciclo é a análise da condição do grupo. Essa avaliação determinará se o grupo precisa de um período preparatório maior ou se este poderá ser abreviado.

O equilíbrio entre os períodos, no que se refere à duração deles, deve ser determinado pela premissa de que o anterior deve sempre servir ao seguinte. De nada adianta um período preparatório especial longo se não houver um pré-competitivo extenso o suficiente para transformar o ganho do primeiro em preparação para o terceiro, o competitivo. Da mesma forma, um pré-competitivo que demore mais que o necessário fará o atleta entrar em estágio de competição mais cedo.

O período preparatório especial condiciona o atleta para assimilar a carga dos períodos que vêm depois e dar-lhe um lastro físico e técnico capaz de sustentar as próximas fases. Quanto mais tempo for destinado a ele, mais duradoura será a condição adquirida. Por isso, é preferível programar e enfatizar, nessa fase, o desenvolvimento técnico e físico, paralelamente, deixando de lado os treinos táticos. É nesse período que o atleta ganhará condição aeróbia (para suportar os treinamentos e perder adiposidade), força e resistência; aprenderá novas técnicas ou corrigirá padrões motores mal estabelecidos; desenvolverá habilidades individuais que serão utilizadas futuramente na estruturação tática da equipe; aprimorará o condicionamento psicológico para suportar a carga de treinamentos e competições futuras.

É durante o período preparatório que deve ocorrer a homogeneização das valências do grupo. Os atletas chegam para o início de uma temporada em condições diversas. A busca por padrões mais elevados e identificados com o que se espera do grupo é conseguida nessa fase.

O período pré-competitivo deve preparar o atleta para enfrentar a competição com a máxima capacidade de desempenho. Após ganhar condições básicas no período anterior, o atleta e a equipe entram nesse estágio aptos a receber informações mais específicas. É o período em que ele ganha todas as valências técnicas, físicas e táticas para participar dos jogos da melhor maneira possível. Dentro da preparação física, ele será treinado a adquirir capacidades como potência e velocidade, além de buscar excelência funcional – exercer sua função tática de jogo. O trabalho segue individualizado, mas ganha mais especificidade. Na parte técnica, o processo também segue este caminho, pois as habilidades básicas serão então transformadas em aprimoramento das técnicas que servirão à tática coletiva. Ou seja, enquanto todos treinaram cortadas de diversas formas durante o período anterior, nessa fase executarão aquelas específicas da posição em que jogam. Os treinamentos táticos procurarão construir as concepções desejadas para a equipe.

E o período competitivo, finalmente, é a fase em que o jogador poderá render o máximo de seu potencial no confronto com adversários. Quando se chegar às finais do campeonato, as sessões se resumirão principalmente em treinar especificamente para os adversários a serem enfrentados, além da manutenção das condições técnica e física obtidas.

A transição é a retomada para a nova temporada ou o novo macrociclo. É o período em que se recicla o jogador física e emocionalmente e no qual ocorre, propositalmente, a perda das condições adquiridas no macrociclo que se encerrou, o que possibilita que o atleta receba novas cargas. Descanso absoluto ou atividades diversas que fujam da prática do esporte que se pratica são as estratégias mais indicadas para se atingir a finalidade desse período. A fase de transição, muitas vezes, se sobrepõe à do próximo período preparatório especial. Nesse caso, atividades lúdicas que envolvam outro esporte são sugeridas para a retomada do trabalho, aliviando mentalmente o atleta ainda saturado dos treinos específicos.

Os microciclos podem durar alguns dias, dependendo da fase em que a equipe se encontra. Em geral, são semanais, por questões organizacionais, com dias de folga e de treino. Dependem da programação de jogos e viagens e são os ciclos que mais sofrem alteração. No microciclo, anotam-se os jogos, planejam-se as folgas e depois, nesta ordem, definem-se os treinamentos. Eles devem, também, seguir uma graduação em relação a volume e intensidade, de tal forma que as sessões que antecedem os jogos sejam mais leves e curtas e menos desgastantes, preservando os atletas para o fato mais importante do microciclo, o jogo.

Porém, em uma competição de doze dias, por exemplo, em que o grupo permanece concentrado e os jogos se sucedem diariamente, esse microciclo deve ser pensado como uma sequência só a ser planejada. Deve haver primeiramente, nessa situação, uma priorização dos jogos, para que a equipe possa desenvolver treinos mais fortes em dias em que enfrente adversários mais fracos e não perder as condições adquiridas para a competição. Ou mesmo promover um rodízio entre os titulares, a fim de poupar sistematicamente uma parte do grupo, compondo adequadamente os períodos de descanso e atividade durante o torneio. Caso esse campeonato não seja considerado prioritário dentro do planejamento, os treinos devem seguir um ritmo que sirva aos objetivos traçados para o período.

Apesar de os microciclos serem planejados e/ou adaptados quase que diariamente, deve-se ter a visão voltada para o geral. O planejamento não é, em hipótese alguma, uma sobreposição deles. Quando se dispersa a atenção para o microscópico, perde-se a noção do macro, e muitos trabalhos se perdem.

Finalmente, vêm as sessões diárias de treinamento. Algumas providências são básicas na elaboração do treino diário e podem determinar a eficácia da sessão:

- determinação de objetivos específicos;
- conteúdo da sessão;
- estratégias;
- tempo destinado a cada etapa do treino;
- escolha dos exercícios;
- quantidade de repetições e pausas para descanso;
- grau de exigência técnica e psicológica;
- metas específicas para cada jogador;
- formações táticas a serem testadas;
- rodízio dos jogadores nas posições em quadra e na equipe titular;
- trabalhos alternativos para os contundidos;
- eventuais treinamentos individuais;
- divisão do trabalho entre os membros da comissão técnica;
- material a ser utilizado.

A escolha das estratégias é ponto importante na elaboração dos treinos diários, pois, na verdade, não são os conteúdos em si que levam ao desenvolvimento. Fazendo uma analogia, não são quaisquer pneus que conduzirão o carro em segurança, mas o tipo ade-

MEIOS AUXILIARES

quado para aquele tipo de terreno é que o fará chegar ao destino. Em um planejamento, o objetivo é o "o quê" e a estratégia, o "como". Mais importante do que treinar é como se treina.

O estabelecimento do tempo de duração de cada etapa do treino é importante, devido às fases de atividade/descanso que se sobrepõem durante a partida. É necessário buscar uma aproximação da duração dos ralis ao tempo de execução de cada tarefa, assim como às pausas entre eles. Até mesmo os intervalos para descanso devem ter uma associação com os que serão encontrados no jogo, para condicionar apropriadamente os atletas a alternarem concentração/descontração e esforço/relaxamento.

Volume e intensidade são dois componentes a serem considerados com especial atenção na elaboração dos microciclos e das sessões diárias. Quando mal dosados, eles geram desgastes desnecessários e efeitos contraproducentes aos atletas. A administração correta e sensata de ambos ajuda a diminuir o risco de sobretreinamento. Ambos funcionam mais ou menos como os dois braços de uma gangorra; quando um deles sobe, o outro deve descer. Quanto mais se aumenta o volume, menos intensidade deve se dar ao exercício ou ao treino, e vice-versa. É um princípio fisiológico de adaptação.

Os dois componentes variam também de acordo com a periodização e devem ser dosados de acordo com a possibilidade e a necessidade do grupo. Por exemplo: no início de temporada, todos voltam sem as condições físicas ideais, e os treinos precisam ser menos intensos e de pouca duração. Na medida em que os jogadores apresentam melhor condicionamento, o volume aumenta gradativamente, diminuindo com a aproximação dos jogos e das fases finais dos campeonatos. A intensidade, por sua vez, é aumentada quando se tem o grupo em melhores condições de suportar um ritmo mais exigente. A dosagem correta de intensidade e volume leva o atleta a adquirir uma melhor condição física e técnica, além de lhe proporcionar maior resistência ao cansaço em treinos e jogos.

O volume total de treinamento deve ser programado de acordo com os objetivos da sessão e da etapa de planejamento. O ideal é que os treinos não excedam três horas de duração, quando as capacidades físicas e mentais dos jogadores caem, tornando o treino improdutivo, aumentando a desconcentração e o risco de contusões. Em contrapartida, um treino de menos de uma hora dificilmente cumpre com seus propósitos.

Atenção para o sobretreinamento, em geral resultado da má administração entre volume e intensidade. Alguns dos principais sintomas do sobretreinamento são: queda de atenção, cansaço excessivo, sudorese abundante, turvação da visão, alterações do sono e da alimentação, dentre outros. Em consequência, há diminuição da capacidade imunológica e queda de rendimento, o que obriga o atleta, em casos mais extremos, a interromper qualquer tipo de atividade física, sob riscos sérios à saúde.

O ideal é que os treinos deixem de ser longos, para se tornarem intensos, eficazes e pragmáticos. Para isso, o treinador deve habituar os atletas a buscar qualidade de execução em toda ação, durante todo o tempo.

Após cada sessão, faz-se uma avaliação geral do que foi realizado e reprogramam-se as sessões seguintes. Avaliações periódicas dos atletas servem para nortear e verificar se o trabalho está sendo desenvolvido de acordo com o esperado e se os objetivos estão sendo alcançados no tempo devido. Existem três tipos de avaliação, de acordo com a época em que elas são feitas e a que elas se prestam. As avaliações iniciais são realizadas antes de iniciado o treinamento e têm o objetivo de verificar as condições de chegada do atleta e servir de referência para a condução dos treinos individuais. As avaliações intermediárias visam ao controle do trabalho que está sendo desenvolvido e servem de reajustes para o plano traçado. As avaliações finais permitem comparar os resultados conseguidos no encerramento da temporada aos anteriores e aos determinados como metas. As iniciais podem ser realizadas depois de uma semana de treinamento, pois como elas exigem rendimento máximo do atleta, a baixa condição com que eles retornam aos treinos pode levar a lesões, afinal o sistema muscular não está preparado para arranques e gestos explosivos.

MEIOS AUXILIARES

Exames médicos iniciais são a garantia de que o atleta está apto a desenvolver as atividades esportivas no nível de exigência proposto para a temporada e para a própria vida atlética. Alguns dos mais indicados são: clínico geral, ortopédico, oftalmológico e odontológico; laboratoriais de sangue, fezes e urina; cardiovascular-respiratórios (eletrocardiograma de esforço e ecocardiograma); raio X de tórax e de face. A palavra do médico pode evitar a contratação de um atleta inapto ou orientar o treinamento de jogadores que necessitarão de cuidados especiais.

Os resultados devem ser transmitidos ao preparador físico, técnico e fisioterapeuta, profissionais que trabalharão diretamente com o jogador e saberão, em conjunto, administrar eventuais limitações e extrair o melhor de suas possibilidades.

Caso o treinador não disponha de um médico na equipe, deve recorrer ao profissional do clube e pedir orientação sobre os testes aos quais os atletas devem ser submetidos e o requisitar para o exame clínico geral.

O preparador físico também submete o grupo a avaliações iniciais específicas das capacidades que serão trabalhadas durante a temporada.

A avaliação técnica em uma equipe adulta é feita por observação ou com base em análises estatísticas de rendimento, pois a aprendizagem dos fundamentos do esporte está devidamente assimilada. As estatísticas de jogo servem, em geral, de parâmetro para o desenvolvimento do atleta na temporada. Em um ciclo plurianual, os treinadores que acompanharam os mesmos atletas em anos anteriores podem se basear no rendimento em temporadas passadas e traçar novas metas de rendimento individual e coletivo.

Em categorias menores, nas quais os jovens ainda estão no processo de aprendizagem, avaliações diretas de alguns fundamentos, como controle de bola, precisão etc., podem ser ministradas por meio de testes motores preestabelecidos. Determinar metas e níveis de desenvolvimento para cada faixa etária é um procedimento interessante.

Os componentes táticos são mais difíceis de serem mensurados e são quase que absolutamente observáveis. Mais uma vez, em planejamentos plurianuais, o estágio tático obtido ao final do ano serve de base para o início do trabalho que se inicia.

As avaliações intermediárias permitirão verificar se o trabalho está ocorrendo da forma que se espera ou se correções e adaptações são necessárias para que se chegue ao período competitivo nas condições previstas. Elas devem ser programadas no início da temporada e serão os moderadores da periodização.

As respostas devem vir de uma observação subjetiva quando o caso requeira sensibilidade e de uma análise objetiva e direta quando números permitirem uma análise mais fiel.

Nas reavaliações é importante saber que algumas valências são válidas apenas para algumas etapas da preparação e não para a dinâmica competitiva do voleibol. Por exemplo, desenvolver a resistência aeróbia pode ser importante no período preparatório especial, porém, como o vôlei não se vale dessa capacidade de forma determinante no jogo, a avaliação final pode trazer um resultado abaixo de fases intermediárias. Em hipótese alguma o trabalho pode ser avaliado como deficiente, nesse caso, pois essa capacidade teve outros propósitos dentro do desenvolvimento geral da preparação.

Infelizmente, a cultura brasileira atribui à cor da medalha conquistada a qualidade do trabalho. Sem dúvida, em equipes profissionais, o peso de um lugar no pódio é determinante para o patrocinador ou dirigentes, porém, para um técnico que se preocupa em fazer sua equipe e seus atletas evoluírem, as avaliações finais são os melhores indicadores das condições alcançadas pelo grupo após a aplicação daqueles métodos. Sem esses dados a temporada seguinte é iniciada sem um material comparativo e tudo começa do zero, novamente. Não que as conquistas não sejam importantes, mas dependendo do planejamento e dos objetivos traçados, a evolução subjetiva do grupo é melhor indicador do que uma medalha no peito.

Com categorias menores, a negligência com as avaliações finais e com uma análise mais cuidadosa da temporada que se finda é lamentável sob todos os aspectos. São elas as moderadoras dos ciclos plurianuais e os resultados obtidos é que modelarão a continuidade da formação do jovem e da equipe.

As avaliações finais servirão, ainda, para a elaboração de um relatório sobre as atividades desenvolvidas na temporada. Esse será enviado à supervisão e à direção como um balanço do período encerrado e uma perspectiva para o próximo ciclo. Alguns dados das equipes adversárias e da evolução do próprio grupo em temporadas anteriores podem servir de comparativo para a qualidade do trabalho. A avaliação e o relatório finais devem conter críticas construtivas caso os resultados não forem alcançados. Justificativas devem servir para elucidar pontos obscuros e não servir de apoio a uma possível incompetência. Um relatório limpo e fiel aos acontecimentos é o que se espera de um profissional. Se há desculpas, que elas sirvam unicamente para obter melhores condições de trabalho para a próxima temporada.

Outras considerações

Todo planejamento incorre em adaptações. Fatos inesperados acontecem e os técnicos devem saber flexibilizar o planejamento de modo a resolver os problemas. O bom planejamento é flexível, com espaços para redirecionamentos, sem perder de vista o objetivo final.

Uma boa parte das adaptações e reavaliações individuais – e às vezes coletivas – de planejamentos dá-se por conta de lesões. Quando isso acontece, a preocupação deve ser recolocar o atleta no mesmo patamar em que os demais estarão quando ele se recuperar. Todos os recursos devem ser usados, respeitando sobretudo a integridade física e a saúde geral do atleta.

Outro motivo que altera o que estava anteriormente planejado é o estresse. O grupo entra em períodos de estresse em razão de vários fatores, como cobranças competitivas, séries de eventos promocionais da empresa patrocinadora, ausência de folgas, excesso de viagens, período de provas (para os de categorias de base) etc. Isso gera maior risco de contusões e predisposição a animosidades dentro do grupo. A convivência deixa de ser cooperativa e passa a ser demasiadamente competitiva entre os integrantes da equipe, o que reverte contrariamente aos interesses gerais.

As adaptações devem acontecer para que se restabeleça o equilíbrio emocional e se devolva a motivação à equipe. Muitas vezes, a suspensão de uma sessão ou mesmo de alguns dias de treino acaba sendo mais proveitosa do que insistir em cumprir um planejamento previamente estabelecido. Reuniões festivas e de integração, como churrascos e passeios, também servem a este fim.

O fator gênero deve ser levado em consideração em todos os aspectos, a longo ou curto prazo, devido a diferenças naturais que, por mais que correntes filosóficas ou sociais se manifestem, são plenamente observáveis, estudadas e comprovadas no rendimento esportivo. Quando se planeja um microciclo ou se preparam as sessões diárias deve-se considerar as diferenças entre homens e mulheres atletas. Apesar de uma grande parte das atletas já se valer de recursos médicos, fitoterápicos ou até mesmo psicológicos, o período pré-menstrual altera fisiologicamente a mulher e isso deve ser respeitado e considerado. Alguns técnicos acompanham o ciclo menstrual de suas jogadoras, para poder se moldar aos períodos mais críticos, nos quais elas se encontram mais tensas, mais irritadiças, mais pesadas – com maior propensão à retenção de água – ou mesmo mais fracas – devido à perda de sangue e de alguns elementos bioquímicos. Suplementos podem ajudar a reequilibrar o organismo nessas fases e fazer com que o rendimento físico, fisiológico e emocional não se altere em etapas decisivas ou jogos em finais dos torneios.

Da mesma forma, garotos e garotas se desenvolvem de forma diferente durante a puberdade e a adolescência. Há fases do crescimento em que as meninas têm a mesma capacidade de força dos meninos e nada impede que eles aprendam fundamentos conjuntamente. Outros momentos da evolução apresentam discrepantes comportamentos motores e físicos, em que a metodologia pedagógica deve se adaptar às diferentes condições de aprendizagem ou de ganho físico.

MEIOS AUXILIARES

ANÁLISE TÉCNICA E TÁTICA

Nos Jogos Olímpicos de 1984, a estatística assumiu posição de destaque no voleibol. Embora existissem vários estudos anteriormente, os norte-americanos foram os responsáveis pela inclusão do computador na análise das partidas, inaugurando a utilização da informática em quadra.

Em 1990, a seleção italiana masculina desenvolveu um programa estatístico que marcou época: durante o jogo, todos os aspectos eram analisados a partir dos dados com os quais o computador fora alimentado. O Datavolley foi aperfeiçoado e até hoje é usado por equipes do mundo todo em versões atualizadas constantemente, e alguns países vêm criando seus próprios *softwares*.

No início de sua utilização, a estatística deu aos treinamentos um caráter altamente objetivo e se tornou obrigatória também para a elaboração de planos táticos. Com o *boom*, muitos treinadores deram a ela uma importância maior que a devida, renegando a sensibilidade e baseando-se somente nos números. Passada a novidade, os programas foram abreviados, a utilização em treinamentos foi resumida e o *notebook* passou a ser mais um integrante, auxiliando a comissão técnica no banco de reservas. Hoje em dia, os *tablets* substituem as antigas pranchetas de muitos técnicos à beira da quadra, que recebem atualizações instantâneas das informações pretendidas. As filmagens também ganharam impulso com os norte-americanos naquela mesma época e passaram a ser ferramentas essenciais para análise e melhor assimilação do jogo dos adversários. A filmagem realizada do fundo da quadra dá visão geral do jogo, de ângulo adequado para o estudo tático. Auxilia, ainda, na elaboração de um relatório estatístico posterior, quando não há condições de análise direta durante o jogo.

A partir delas há o agrupamento de sequências de jogadas, chamado de edição. As organizações mais comuns são: por posição, isolando cada uma das seis passagens da equipe; e individuais, com repetições de ataque, levantamento ou bloqueio. Essas edições podem ser acessadas pelos membros da comissão e exibidas aos próprios atletas nos intervalos de jogo.

A interação de estatística e filmagem oferece recursos como formar um banco de dados das equipes e jogadores adversários, o que pode determinar caminhos significativos para vitórias. As versões mais modernas do programa Datavolley dispõem de um sistema interligado de análise técnico-tática e edição de imagens, permitindo montagens instantâneas associadas a dados estatísticos de cada momento do jogo.

Os técnicos que analisam jogadas isoladas e confiam unicamente no poder da memória humana perdem a visão macroscópica do jogo. Só a repetição e o estudo de várias situações específicas são capazes de oferecer dados mais sólidos para uma análise mais profunda e correta.

Relatórios básicos de treinos e de jogos podem ser idealizados e aplicados mesmo que o técnico não disponha de uma estrutura completa de edição ou *softwares* complexos. Programas como o Excel oferecem planilhas que podem ser úteis como banco de dados e arquivos diversos. Caso o técnico não tenha um estatístico ou nem mesmo um auxiliar, com o uso de uma filmadora ele pode transformar o jogo em relatório estatístico posterior.

Os relatórios de treinamento podem ser apresentados ao grupo ao final da sessão, do dia ou mesmo da semana, dependendo do objetivo principal. Mais que uma semana de intervalo entre a realização do *scout* e a divulgação dos desempenhos não é recomendável, pois os dados se perdem, não sendo aproveitados para discussão com o grupo ou individualmente e tampouco servindo de parâmetro à comissão técnica como análise do próprio treinamento. Alguns resultados são úteis apenas para o técnico, mas outros precisam ser transmitidos ao grupo como forma de estímulo ou controle do nível técnico desejado.

Nos jogos, os dados devem chegar com agilidade e resumidos. O estatístico que trabalha fora da quadra deve ter entendimento estreito com o técnico, para transmitir informações que ele aguar-

MEIOS AUXILIARES

da a cada momento do jogo, sendo o placar favorável ou não, em finais ou inícios de *sets* etc.

Quando não se dispõe de um estatístico, as funções de análise devem ser distribuídas. O assistente-técnico, o preparador físico e o auxiliar que fica fora da quadra podem ser úteis para transmitir informações que fogem à observação geral do jogo que o técnico precisa ter. A transmissão dos dados e a velocidade na análise podem ficar prejudicadas, mas nunca se deve deixar de realizar a estatística dos aspectos fundamentais do jogo. Mesmo o técnico que não dispõe de um profissional que possa realizar essa função pode pedir a alguém com um mínimo de conhecimento do esporte para fazer anotações simples sobre alguns aspectos, por exemplo, saques certos e errados, ou ataques que reverteram em pontos a favor ou contra.

O assistente-técnico é a pessoa indicada para promover a análise das formações ofensivas do adversário e transmiti-la ao técnico e aos jogadores, em cada passagem e situação específica. Quanto mais cedo for percebida a tática pretendida pelo adversário, mais fácil será adaptar a própria equipe e neutralizar a estratégia do oponente.

Após os jogos, os relatórios podem ser mais detalhados, incluindo gráficos, desenhos, dados de outros jogos, comparação com os adversários ou partidas anteriores e outras informações. Isso também vale para os relatórios referentes aos adversários seguintes; devem ser completos e com mais informações na medida em que se aproximam os jogos decisivos.

Existem várias formas de avaliação técnica. Os fundamentos podem ser analisados por diferentes critérios e maneiras, dependendo do que se deseja. Algumas informações são divulgadas por meios de comunicação sobre o rendimento da equipe ou atuações individuais. As federações responsáveis pelas competições internacionais têm no *site* da competição as estatísticas do torneio, que seguem padrões da Federação Internacional. É comum jornais mostrarem gráficos de quantas bolas tal atacante coloca no chão, quantos pontos de bloqueio a equipe consegue fazer por partida etc. São dados interessantes, mas não para o técnico que quer analisar e corrigir sua equipe e seus jogadores. Ele deve definir a abrangência da análise e os parâmetros de análise, para traçar as diretrizes técnicas e ter a avaliação das ações e a interpretação dos resultados de acordo com suas necessidades. O rigor estatístico é fundamental para tirar conclusões acerca de dados.

Deve-se eliminar o que não interessa e esmiuçar o que precisa ser mais bem estudado. Por exemplo: ao analisar o ataque de um jogador da própria equipe, não basta fixar-se no rendimento isolado desse fundamento. É preciso fracionar a avaliação em ataque e contra-ataque, por posição, por formação de bloqueio, por tipo de levantamento, por qualidade de recepção ou defesa etc. Com as filmagens em treinamentos e jogos, é possível isolar os movimentos desse jogador, analisando biomecanicamente o que está interferindo no rendimento técnico.

Acumular resultados leva à construção da base do rendimento em longo prazo. O ideal é acompanhar a evolução passo a passo, para avaliar cada fundamento e cada jogador durante a temporada.

A análise das fases do *set* fornecerá a amostra do comportamento dos jogadores em momentos específicos. Separa-se o *set* do primeiro ao décimo pontos, do décimo ao vigésimo e do vigésimo ao último, e, dentro de cada faixa, analisa-se o rendimento de cada jogador para saber quando eles têm maior capacidade de concentração ou decisão. Detectados os momentos críticos, é possível criar formas para melhorar o desempenho quando ocorre uma queda de rendimento. Este *scout* servirá também de orientação ao levantador na distribuição de bolas.

De acordo com as seis posições do jogo, pode-se avaliar a regularidade da equipe analisando como, com quem e quando ocorre a perda ou o ganho de pontos. O técnico, então, estuda os dados para ver qual fundamento ou jogador está interferindo positiva ou negativamente em cada passagem e para conduzir os treinos e promover mudanças técnicas e/ou táticas que revertam as situações desfavoráveis.

MEIOS AUXILIARES

Ele deve, no entanto, ignorar diferenças pequenas, pois não existe equipe no mundo que tenha seu rendimento distribuído igualmente nas seis posições. Sempre haverá uma ou duas mais fortes e outras mais fracas. O que não pode acontecer é algumas desequilibrarem a equipe, prejudicando e decidindo jogos em favor do adversário.

Lembre-se que o jogador importante não é aquele que faz o maior número de pontos, mas aquele que no saldo entre pontos ganhos e perdidos advindos de suas ações traz mais vantagens à equipe.

Buscar objetivos com base nas estatísticas é um artifício muito motivante. O rendimento atingido em partidas anteriores, em médias de temporadas anteriores ou em limites idealizados pelo técnico, pode conduzir o atleta à evolução.

Por fim, a estatística deve ser uma referência, altamente importante, mas não deve ser uma muleta tampouco encerrar isoladamente a análise de um jogo. Um exemplo determinante para isso: o rendimento de ataque de um jogador chega a 20%, o que leva à fria conclusão de que ele não está bem; no entanto, de cinco bolas que foram levantadas para ele, somente uma (exatamente a que ele rodou) estava em condições de ser atacada. No papel (ou na tela do computador) estarão registrados somente os 20%, nada mais. O técnico sem a estatística fica limitado, mas a estatística sem o técnico não vale nada.

DIREÇÃO DE EQUIPES

A direção de uma equipe não se limita à maneira de conduzir o grupo em uma partida. Ela ocupa todos os momentos, desde o início da temporada. Muitos resultados são reflexos de comportamentos do treinador em treinos e do convívio extraquadra com os atletas.

O técnico deve comportar-se exemplarmente em todos os momentos. Deve estar bem vestido e asseado nos treinos e jogos, pois a imagem da equipe traduz o que ele passa ao grupo. O técnico deprimido e mal-humorado terá um grupo apático e sem vibração; o nervoso e ansioso, jogadores errando em momentos decisivos por descontrole emocional; o desleixado, que chega atrasado e falta a treinamentos, não poderá cobrar do grupo atitudes diferentes. Portanto, o técnico deve ter consciência de quanto seu comportamento interfere nas atitudes de seus jogadores. A direção da equipe começa com a postura digna, vitoriosa, honesta, pontual, dedicada, disciplinada e coerente.

O técnico de categorias menores, que tem seres em formação moral, deve ter a noção de que todas as suas atitudes refletirão no grupo de forma contundente. Atitudes aéticas, de raiva, de má-fé e pouco educativas podem gerar comportamentos iguais em seus atletas no presente e no futuro. Condutas que não concedam ao aprendiz exemplos virtuosos não condizem com um educador.

Evite conversas com pessoas alheias ao treino e concentre-se no rendimento de seus atletas. Eles precisam ter a segurança de que o treino que estão realizando foi cuidadosamente planejado e de que você está centrado no trabalho, atento às ações de todos e preocupado com os resultados. Telefones celulares não podem dividir a atenção que naquele momento deve ser dirigida somente a eles.

Enquanto estão juntos, seja em quadra ou fora dela, os jogadores devem manter comportamento adequado e íntegro. O técnico precisa ter coragem de implantar métodos que contribuam para firmar um padrão de comportamento uniforme, conduzindo à formação de um grupo vencedor. Brincadeiras de mau gosto entre si, ofensas a torcedores e transeuntes (no trajeto para os jogos fora do clube), atitudes de negligência com a higiene, cidadania, pontualidade, meio ambiente etc. não contribuem para a formação de um grupo coeso.

Os treinos

Durante os treinamentos, cobre o máximo rendimento de seus atletas e não se esqueça de dar atenção a todos. Isso, no entanto, é diferente de tratá-los igualmente. Lembre-se de que cada um tem um

MEIOS AUXILIARES

temperamento diferente e a maneira de tirar o máximo de seus atletas deve respeitar as individualidades. Todos devem ser iguais perante as regras estabelecidas, mas cada um responde diferente aos estímulos. Descubra o que serve para cada um de seus atletas.

Nos treinos específicos para cada partida, utilize o relatório estatístico, as filmagens e o estudo com o registro de todos os detalhes a respeito do adversário, os quais servirão de base para a aplicação prática.

O técnico deve ter completo domínio do plano tático que deseja adotar, dos detalhes técnicos fundamentais que poderão decidir a partida, para que possa, durante os treinamentos específicos, dirigir a equipe rumo à adaptação para o jogo. Os jogadores esperam do técnico uma postura convicta em relação ao planejamento geral. No plano tático, dê espaço para sugestões dos jogadores. Afinal, são eles que entram em quadra e sentem as dificuldades de maneira direta. É importante esse exercício democrático.

Nos coletivos em que os reservas atuam como os adversários a serem enfrentados, o plano tático do oponente deve ser imitado. Pare o treino, corrija posicionamentos e forneça esclarecimentos para definição e fixação da estratégia tática.

Procure não despejar informações excessivas nas reuniões que antecedem o treino, pois o poder de assimilação é limitado e muitas delas ficarão perdidas. Levantar situações na medida em que elas aparecem é mais proveitoso. Treine o que dará certo. Muitos jogadores utilizam esses treinos táticos para exercitar fundamentos ou situações que não interessam naquele momento. Não permita que um interesse particular prevaleça sobre o objetivo grupal de acerto tático.

O número de treinos será determinado pela importância do jogo. Dê um trabalho específico ou dedique ao menos um momento do treino ao adversário seguinte. Quando isso não acontece, por mais fraco que seja o oponente, o grupo tende a entrar em quadra desmotivado e desinteressado pela partida. Afinal, se o próprio técnico não dispensou um minuto sequer a treinar a equipe para aquele jogo, por que eles devem se preocupar com o adversário?

Quanto ao vídeo, de preferência, assista a ele com a equipe antes ou após os treinos específicos, mas apenas nos dias mais próximos do jogo. A visualização é mais bem assimilada, pois os jogadores estarão vendo o que será ou já foi executado. Quando o tempo de preparação for mais longo, as apresentações podem ser fracionadas e distribuídas em várias sessões. Depois de exibir edições com o adversário sacando, treine a parte ofensiva de acordo com o que foi visto do saque e formação defensiva adversários. Ao apresentar a atuação dos atacantes oponentes, dedique-se ao treinamento de bloqueio e defesa. Os jogadores podem receber cópias de suas próprias atuações contra esses adversários para assistir em casa e, assim, absorver melhor as imagens, buscando a solução para as marcações de bloqueio e defesa que os oponentes fazem.

Passar o vídeo nos momentos que antecedem os jogos é contraproducente. Apresente, se julgar necessário, algo resumido, para relembrar tópicos e ativar a memória. A preparação do espírito guerreiro começa nos treinos. No momento do jogo, essa disposição para a luta já deve estar incorporada. Evite tratamentos de choque momentos antes do jogo. Ninguém se prepara para uma batalha em cinco minutos.

Antes do jogo

O dia do jogo é muito importante. O grupo precisa estar à vontade, descansado, concentrado e relaxado para a partida. Convém diminuir o ritmo de treinamento no dia anterior, principalmente na última sessão do período, assim como dispensar os jogadores ou recolhê-los aos quartos mais cedo e deixar que repousem, recuperando energias para o dia seguinte. As individualidades devem ser respeitadas, sobretudo nesse dia.

O horário do jogo influenciará toda a programação do dia. O ideal é conceder aos jogadores a possibilidade de uma noite bem dormida, deixando o horário do café da manhã à vontade, de acordo com o sono de cada um, e marcar o treino da manhã, se houver, um pouco mais tarde. Nos jogos realizados no período matuti-

MEIOS AUXILIARES

no, é recomendável que os últimos três treinos já tenham sido feitos a partir do horário que a equipe entrará em quadra para iniciar o aquecimento. Com três dias de antecedência o corpo humano estará adaptado biologicamente ao novo horário e apresentará as condições ideais de trabalho.

Se o jogo for à tarde ou à noite, o treino da manhã deve ser breve. Procure evitar saltos, corridas vigorosas, coletivos ou exercícios extenuantes. Alongamentos ou caminhadas são excelentes opções.

Atividades em piscinas ou ambientes muito quentes são desaconselháveis. A musculatura se solta, vem a sensação de "moleza" e o jogador fica mais relaxado que o necessário.

No período entre o despertar e o jogo, mantenha um contato amistoso com os integrantes da equipe. Evite atritos desnecessários e incentive a disposição e a alegria para a partida, transmitindo-lhes a serenidade que buscam para aplacar a ansiedade normal. Quanto mais importante o jogo, menos é preciso ressaltar sua importância. Mas, se for fácil, desperte o interesse e a concentração. Fique atento a alguns indicadores de desinteresse: brincadeiras de mau gosto, conversas até tarde da noite, música alta, trotes com os jogadores mais novos, comentários debochados a respeito dos adversários etc. Não deixe que isso aconteça e muito menos que caia na normalidade.

As reuniões que antecedem a partida devem ocorrer em ambientes agradáveis. Nos jogos fora de casa, procure saber com antecedência onde será possível realizá-las. Caso o local não seja apropriado, elas podem ser feitas no hotel ou mesmo no ônibus. O ideal é uma sala arejada, com cadeiras confortáveis, um quadro-negro ou um *flip chart* para desenhos ou anotações. Essas reuniões devem durar no máximo 20 minutos e conter o resumo dos principais pontos adversários, afinal já houve outras reuniões com esta finalidade anteriormente. Os tópicos levantados precisam ficar bem claros. Pergunte se há dúvidas em relação ao plano tático e estimule o questionamento, com o objetivo de ativar a memória.

Os principais tópicos podem ser divididos em:

- Quem é quem no time adversário?
- Como se armam para iniciar, para receber e para defender?
- Como atacam?
- Como contra-atacam?
- Como devemos sacar?
- Como receber?
- Como levantar?
- Como atacar?
- Como bloquear?
- Como defender?
- Como contra-atacar?
- Outras observações.
- Palavras de estímulo.

Utilize desenhos sempre que julgar necessário. Incentive exercícios (ou deixe que os jogadores os realizem por conta própria) para aliviar a ansiedade, aumentar a concentração e entrar em estado de excelência.

O jogo

No aquecimento para a partida, o grupo deve estar altamente concentrado. Todos os jogadores se conhecem e muitos apresentam excelente relacionamento, mesmo sendo adversários naquele momento. Os mais experientes são mestres em desconcentrar os "amigos" adversários com brincadeiras, acenos, risinhos e caretas já nesse momento. Alguns continuam a proceder assim durante o jogo e conseguem tirar o "amigo" da partida. Não permita bate-papos e brincadeiras desse tipo, proibindo-os, se for preciso. Evite o desperdício de energia com aquecimentos longos ou correrias, principalmente no ataque e defesa. Inicie os exercícios 25 minutos antes do aquecimento de rede, antecipando-os em dias mais frios.

No aquecimento de rede, habitue os jogadores a não promover disputas de quem bate mais para baixo. O trabalho deve ser dirigi-

MEIOS AUXILIARES

do para a realidade do jogo, com ataques mais alongados para a linha de fundo e buscando diferentes direções.

O técnico também deve se concentrar, fugir de bate-papos e, se necessário, isolar-se. Havendo insistência, fale que está concentrado no jogo e peça desculpas por não dar a atenção que gostaria. Normalmente a imprensa procura o técnico para entrevista. Informe-se a respeito e, em caso afirmativo, peça para fazê-la em um momento em que não interrompa sua comunicação com o grupo.

O momento em que a equipe se reúne para o grito de guerra pode incluir informações de última hora, relacionadas a mudanças percebidas na equipe adversária, como jogadores contundidos ou tipos de saque efetuados pelo oponente no aquecimento. Esteja atento a esses detalhes, assim como ao rendimento e comportamento de cada um de seus jogadores.

Comunique a posição inicial e cumprimente cada um da comissão técnica, reservas e titulares, transmitindo sentimento de confiança e união. Procure analisar o posicionamento inicial do adversário tão logo ele entre em quadra, o casamento das redes e a intenção do oponente com essa saída. Passe informações aos jogadores sobre a armação contrária, para os acertos necessários no início do jogo.

Nos primeiros momentos da partida, é importante a comunicação com a equipe, lembrando posições e tendências de ataque, bloqueio e saque, principalmente.

As equipes demonstram, logo no início do jogo, como pretendem jogar. Quem perceber essa intenção e conseguir neutralizá-la leva importante vantagem, pois terá liberdade e segurança para aplicar sua tática de jogo mais rapidamente.

A comunicação do técnico com os jogadores deve ser sempre otimizada. Na quadra, o jogador estará preocupado em se concentrar no jogo, portanto, seja claro e fale somente o necessário. O excesso de comunicação irrita o atleta. Utilize a permissão de caminhar à frente do banco para dirigir-se aos sacadores e transmitir-lhes informações.

É possível perceber de pronto quando um jogador não está engajado no plano tático traçado. Ele saca em locais diferentes do combinado, ataca de qualquer maneira; no caso do levantador, vale-se de bolas altas. Isso tem de ser cobrado imediatamente. A disciplina tática é o principal condutor à vitória, devendo haver uma contribuição fiel e total de todos os membros.

Os maiores índices de concentração acontecem no início e no final dos *sets*; os menores, entre os dois tempos técnicos (do oitavo ao décimo sexto pontos); do vigésimo ponto em diante, a concentração aumenta gradativamente até o final do *set*. Esse é um padrão normal. Dependendo da maneira como a equipe entra em quadra, a concentração do início, que deveria ser alta, acaba sendo baixa. Depois de um *set* ganho com facilidade ou do início de um jogo supostamente fácil, um comportamento displicente compromete todo o ritmo da equipe, a ponto de gerar uma situação irreversível. Evite pedir tempo no início do *set*, a menos que o adversário abra vantagem considerável no placar ou sua equipe se desestruture.

Se a disputa estiver acirrada, a duração dos últimos ralis foi longa, a tensão do momento for alta ou houver casos individuais de cansaço ou atendimento médico, deixe a equipe sentar-se no banco durante o pedido de tempo. No entanto, se a parada interrompeu um período de recuperação ou de pleno domínio sobre o adversário, mantenha os jogadores de pé, estimulando a concentração. Só fale de situações passadas se elas puderem ocorrer novamente.

São igualmente contraproducentes comentários do tipo: "o saque está fraco", "o ataque não está colocando a bola no chão", "a defesa não defende". Para isso não é preciso um técnico; todos no ginásio devem ter percebido. Apresente soluções: o que é preciso fazer para o ataque melhorar; como se posicionar para defender mais; o que foi modificado pelo adversário e como proceder diante da modificação, de modo a anular as tentativas e reverter a situação a seu favor.

Muitas vezes é preciso instigar o lado emocional, que se chama comumente de "atacar o brio". A sensibilidade do técnico deve estar

MEIOS AUXILIARES

apurada para agir construtivamente. Se necessário, seja incisivo na cobrança individual ou da equipe. Se for chamar a atenção de alguém em especial, encarregue o assistente-técnico de falar com o grupo. Chame o jogador a um canto e diga o que precisa ser feito.

Fale nos pedidos de tempo mesmo que o placar esteja absurdamente favorável a sua equipe. Mantenha o grupo concentrado e dê dicas de como melhorar o desempenho de cada um. O técnico que fica calado nessa situação passa aos jogadores a impressão de que eles podem ter a mesma atitude e acomodar-se.

Às vezes é preciso dizer ao levantador para acionar certos atacantes e evitar outros. Converse isoladamente, para preservar os preteridos e não abalar a segurança da equipe. No entanto, se ele estiver bem, não interfira com comentários desnecessários.

As regras do voleibol limitam a atuação do técnico no tocante às substituições, que são classificadas em três espécies:
- Físicas – Ocorrem quando o jogador está abaixo da condição ideal exigida pelo jogo, quando sofre contusão que o impede de jogar ou restringe sua atuação.
- Táticas – Podem acontecer para conseguir sucesso em uma situação específica do jogo: um bloqueio, um saque, uma inversão do 5 × 1 etc.
- Técnicas – Quando um jogador não apresenta a qualidade desejada, prejudicando a equipe com seu baixo rendimento.

Com a inclusão do líbero, a limitação nas substituições é aliviada, permitindo que as de recepção e defesa sejam praticamente eliminadas. Uma das trocas mais comuns no voleibol é a inversão do 5 × 1. Só aí gastam-se quatro substituições: a entrada do levantador e do atacante reservas e a volta dos dois titulares em possíveis três rodízios. Assim, o técnico dispõe somente da entrada de um reserva e o provável retorno daquele que saiu. Portanto, seja criterioso ao trocar jogadores.

Se ficar comprovado que um jogador não está apresentando bom rendimento, substitua-o por outro que poderá fazer melhor.

Substituições de ordem técnica devem ser feitas, de preferência, antes dos momentos decisivos do *set*, pois isso dará ao substituto condições de adquirir ritmo de jogo.

As trocas táticas devem ser pontuais. Uma troca tática na metade do *set*, por exemplo, não terá efeito para decidir a partida, assim como o bloqueio que faz o vigésimo quinto ponto é diferente do que faz o sétimo. Portanto, guarde as substituições de ordem tática para os momentos decisivos.

Há substituições que se encaixam entre as técnicas e as táticas. Um levantador (ou um central ou um ponteiro) baixo que esteja sendo muito explorado pelos ataques adversários deve ser trocado, se o técnico julgar necessário, mesmo que esteja bem em outros fundamentos. Nesse caso, é importante uma análise de quanto ele está dando de vantagem à equipe com os outros fundamentos em relação ao bloqueio deficiente.

No intervalo entre os *sets*, o técnico tem mais tempo para analisar o *set* concluído e conversar com o assistente, que tem registros interessantes sobre o adversário e as estatísticas gerais. A orientação aos jogadores deve abordar soluções para as deficiências do *set* anterior e reforçar as virtudes que contribuíram para o sucesso no placar final do *set* ou nos melhores momentos.

O elogio pelo rendimento deve ser moderado, não permitindo acomodação ou sublimação no reinício do jogo. O tempo de três minutos permite conversas particulares e acertos mais detalhados. Procure preencher a ordem de saque o mais rapidamente possível, para evitar punições por retardamento.

É importante para o equilíbrio da equipe que o técnico não demonstre comportamentos distintos em caso de dificuldade ou facilidade. Energia não significa histeria, e calma não deve ser confundida com apatia.

Defenda o plano tático até o final, insistindo naquilo que considerar correto. Porém, tenha flexibilidade, pois um jogo de voleibol entre equipes de alto nível é escrito em capítulos, nos quais os técnicos têm papel fundamental na elaboração de seu desfecho. A

MEIOS AUXILIARES

alternância de sistemas táticos e estratégias é que faz a partida se desenvolver. Quando um dos lados não compreende o intuito adversário e deixa de contra-atacar estrategicamente, ele perde pontos, *sets* e, consequentemente, a própria partida. É por essa percepção aguçada e flexibilidade do plano tático que alguns técnicos são considerados grandes estrategistas.

Após o jogo

Ao final da partida, reúna os jogadores, de preferência no mesmo local em que estiveram antes do jogo, para fazer uma rápida análise da disputa, expondo opiniões de maneira superficial. Pode haver espaço para manifestações de outros membros da comissão técnica ou jogadores, desde que sejam breves. As análises mais profundas serão feitas no dia seguinte. Ninguém consegue, após uma vitória ou uma derrota, estar suficientemente equilibrado para analisar o jogo com frieza. A cabeça quente é mais emotiva do que racional e as considerações acabam não sendo fidedignas. Ressalte algum ponto para reflexão geral e discussão posterior. Confirme horários e programação do dia seguinte e não prolongue esse momento. Cada um estará fechado na análise do próprio desempenho, desfrutando a alegria da vitória ou descobrindo razões para a derrota.

Discuta com a comissão técnica a partida como um todo. Reflita sobre sua atuação no banco, na escalação, nas substituições, na postura, nas orientações. Evite colocações do tipo: "sicrano 'afinou' novamente", "beltrano não podia ter atacado aquela bola para fora" etc. Se sicrano costuma "afinar", ele não serve para uma equipe que deseja a vitória, devendo ser treinado para mudar esse comportamento ou preterido por outro; se você acha que beltrano não podia ter atacado a bola para fora, sua avaliação está se prendendo a um momento isolado do jogo, e isso não é análise de um técnico, afinal uma partida não é definida em uma bola. Estabeleça uma linha para a explanação do dia seguinte, abordando pontos importantes na análise do jogo e projeção do trabalho. A partida que acabou faz parte do passado, mas deve servir de aprendizado para o futuro. A lição não será aprendida se não for aplicada daí em diante.

Os treinamentos seguintes devem ser planejados em função do que vem pela frente, baseados na correção dos erros apresentados e na otimização dos acertos da última partida.

7

ESTRUTURAÇÃO

Esta etapa pode demandar mais ou menos tempo, dinheiro e trabalho. Projetos novos requerem estruturação completa de espaço físico e contratação de pessoal, enquanto equipes que já existiam e apenas entram em nova temporada necessitam de pequenos ajustes e substituição de algumas peças.

A montagem de um departamento, tanto em relação à estruturação física como à humana, nem sempre acontece da forma ideal nem tem tantas pessoas disponíveis para as funções inerentes ao voleibol competitivo. Muitas vezes, a estrutura do clube é apenas adaptada para suprir as necessidades básicas de um time. Em clubes que englobam apenas categorias menores, na maioria das vezes, as obrigações acabam se acumulando nas mãos do próprio treinador. No entanto, o panorama amador não é motivo para que o trabalho seja realizado sem qualidade, tampouco não se vislumbre uma evolução capaz de transformar radicalmente o departamento em algo próximo do que apresentamos neste capítulo.

A intenção é que, mesmo distante da realidade aqui apresentada, as pessoas envolvidas no processo possam exercer as funções administrativas e técnicas com excelência. Quando todos se envolvem, participam e suprem as necessidades básicas e complementares do funcionamento de uma engrenagem, as chances de sucesso aumentam consideravelmente.

Os custos de uma equipe profissional competitiva, até mesmo nas categorias infantojuvenil e juvenil, passaram a ser inacessíveis a muitos clubes. O profissionalismo no esporte levou a uma realidade diferente da época amadora em que a agremiação arcava com as despesas burocráticas e oferecia suas instalações a um punhado de atletas que praticavam o voleibol por diversão, apesar de levá-lo a sério. Atualmente, o patrocinador passou a ter papel decisivo na formação de grandes equipes, e as responsabilidades dos envolvidos são maiores. A empresa coloca seu nome e dinheiro em um time de voleibol e lhe dá condições ideais de trabalho, mas em troca espera que este corresponda as suas expectativas. São comuns, também, as parcerias entre empresas e prefeituras, em que a equipe profissional instala-se em uma cidade que ofereça as condições necessárias para a prática do voleibol (estrutura administrativa, ginásios e instalações vitais). Essa junção pode se dar por iniciativa do patrocinador, que busca instalar-se em determinada região-alvo, de acordo com seus objetivos de *marketing* ou da prefeitura ou clube que procuram empresas interessadas em assumir os custos de um projeto já elaborado.

Muitos procedimentos ocorrem simultaneamente, para que a estrutura se complemente com a chegada do material humano e seja possível dar início às atividades no tempo devido.

Abordaremos, a seguir, todas as etapas de construção dessa nova estrutura. No caso de uma iniciativa mais modesta, sem grande investimento, aconselha-se que os passos sejam seguidos, porém, guardadas as proporções da empreitada e do suporte possível.

ESTRUTURAÇÃO

DEPARTAMENTO DE VOLEIBOL

A instalação de uma equipe de ponta em um clube deve ter o departamento de esportes como o "quartel general" administrativo. Todavia, um departamento específico de voleibol deve ser incorporado e ter funcionamento próprio e autônomo, principalmente quando se trata de equipes com receita alta, para que os interesses do clube não interfiram no funcionamento do projeto. Patrocinadores que instalam o time em cidades terão de adaptar locais onde seja possível o trabalho das pessoas que terão essas funções.

A contratação de técnicos e jogadores abrange procuradores, departamentos jurídicos do clube ou prefeitura e empresa contratante. Efetuadas as contratações profissionais e resolvidas as questões relativas a leis esportivas e trabalhistas e com a documentação específica organizada, o clube requer filiação às entidades estadual e nacional de voleibol, podendo registrar mais de uma equipe e solicitando participação nos campeonatos oficiais. Os contatos com a federação e a confederação devem ser feitos por pessoa atualizada conhecedora das datas de inscrição de atletas, técnicos e da equipe (na temporada e nos campeonatos), do regimento do órgão, regulamento dos campeonatos etc. Normalmente, são esses os procedimentos burocráticos iniciais básicos e cabem ao supervisor, cujas responsabilidades serão detalhadas logo adiante. Um clube precisa de uma infraestrutura adequada, ou seja, quadra de treinamentos e jogos, alguns setores e dependências afins e respectivos materiais. Devem ser providenciados: bolas, carrinhos, bombas e agulhas para encher bolas, calibradores, mesas de treinamento, colchões, colchonetes, plintos, *medicine balls*, cordas elásticas, placas para bloqueio, bolas especiais para levantadores, borrachas tipo *Thera-band*, halteres pequenos etc. Compete a cada profissional envolvido elaborar uma lista de materiais para sua área de atuação. Antes dos treinamentos serem iniciados, toda esta estrutura deve estar pronta para uso.

Este primeiro período requer gastos mais elevados. Um gerenciamento equilibrado equaciona as despesas de acordo com a previsão geral. Além das inscrições de atletas e dos custos administrativos cobrados pelas federações, a montagem da estrutura física consome bastante. Assim como, em certos meses, o número de jogos é maior, o que provoca mais gastos com arbitragem, lanches, viagens etc.

Antes de iniciarem a temporada, os jogadores devem estar cobertos por planos de saúde e o departamento médico, bem equipado. Para facilitar o registro das informações e a comunicação entre todos os profissionais, são importantes meios de controle: calendários, organogramas, históricos, entrada e saída de material, tabelas com resultados e classificação dos campeonatos em disputa. O voleibol, apesar de diferenciado da estrutura empresarial, deve ser gerenciado e dirigido nos moldes empresariais do patrocinador. A condição amadorística não se harmoniza com o nível profissional que o caracteriza na atualidade. Uma empresa que, por exemplo, cobra de seus funcionários que eles trabalhem uniformizados não vê com bons olhos uma equipe sem essa preocupação.

As informações já descritas e os detalhamentos a seguir não devem ser encarados como algo que não está ao alcance de uma entidade que tem somente categorias menores em regime amador.

O técnico que deseja montar um trabalho de alto nível deve buscar formas de se aproximar da estrutura descrita. Comece por aspectos que estejam ao alcance, reivindique melhorias possíveis e que não onerem substancialmente o clube, tente o remanejamento de pessoas que possam executar funções específicas. Procure otimizar o seu próprio tempo de modo a dar atenção maior a sua principal função, que é a de treinador. Em pouco tempo haverá resultados positivos em quadra e reconhecimento das pessoas próximas.

COMISSÃO TÉCNICA

Incluiremos, inicialmente, todos que não são atletas como membros da comissão técnica. Os técnicos desportivos serão dife-

ESTRUTURAÇÃO

renciados posteriormente no título "pessoal técnico". No caso de estruturas mais modestas, muitas peças não fazem parte do grupo de trabalho, sendo fácil descartá-las se o modelo não coincidir com o que se deseja construir.

A comissão técnica se expandiu e abarcou outros profissionais. Atualmente, por meio dos departamentos de *marketing*, as empresas têm uma participação mais efetiva junto dos atletas, pois os compromissos comerciais também fazem parte do planejamento geral da equipe.

Isso modifica a estrutura organizacional do grupo de trabalho, que, com a inclusão desses profissionais (Figura 7.1), passa a ser a seguinte (guardadas algumas diferenças, dependendo da empresa em questão e dos vínculos com o clube ou a prefeitura).

Pessoal de marketing

- ### Diretor de marketing

É, em geral, o pai da ideia do patrocínio. Dentro da empresa, é a pessoa cobrada ou aplaudida pelos resultados da equipe, não somente os de jogos, mas, principalmente, os de retorno do investimento na mídia.

Ao término do contrato ou, como acontece com algumas empresas, ao final de uma temporada, é feita uma avaliação e o patrocínio é renovado ou encerrado.

O voleibol tornou-se um meio de divulgação das empresas. Da mesma forma que acontece quando um produto ou uma marca não obtém retorno esperado, procura-se outra estratégia de veiculação que traga melhores resultados.

- ### Gerente de marketing

É uma função exercida por outro membro do departamento de *marketing*, o qual se relaciona diretamente com a equipe. Realiza visitas regulares para verificar o andamento das atividades. Apesar do dinamismo de suas funções, não deve interferir no aspecto técnico.

Fig. 7.1 – Estrutura organizacional da comissão técnica

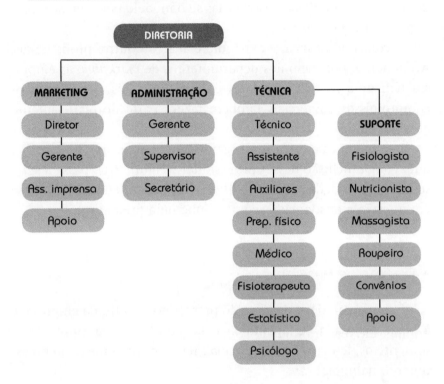

Mantém estreito relacionamento com o gerente de voleibol, por serem os intermediários das relações entre empresa e equipe. Ambos se reúnem para elaborar planos de participação em eventos promocionais, discutir questões relativas ao aparecimento na mídia (por exemplo, uso de material com o nome da empresa pelos jogadores, exposição de faixas e placas durante jogos etc.) e colher informações sobre o trabalho técnico desenvolvido.

Está presente em todos os jogos e eventos, conferindo a exposição da marca, corrigindo problemas afins, sugerindo alterações e fazendo o papel de relações públicas com os convidados em geral, principalmente da própria empresa.

ESTRUTURAÇÃO

- **ASSESSORIA DE IMPRENSA**

Está diretamente ligada à empresa e deve ter livre trânsito na mídia esportiva. É responsável por inserir a equipe – e patrocinador – nos meios de comunicação, por meio de pautas interessantes, contatos constantes com os diversos veículos e textos bem articulados. Mantém-se próxima de técnico e jogadores, devendo haver confiança mútua e relação franca entre eles.

Não entraremos em discussões filosóficas, mas diferentemente da imprensa em geral, a assessoria precisa saber conciliar o compromisso com a verdade e com o interesse particular do contratante. Por exemplo: se há um atleta contundido com possibilidade de jogar na partida seguinte e o adversário pensa que ele não tem condições para tal, a assessoria de imprensa pode colocar no texto que aquele jogador não teria condições de participar se o jogo fosse hoje. Não é uma mentira, em absoluto, mas a confirmação do jogador poderia trazer facilidades ao adversário.

É preferível que sempre o mesmo jornalista trabalhe com a equipe. Ele terá intimidade com o grupo e os atletas saberão que podem fornecer informações que vão ser noticiadas de maneira conveniente e as contadas em *off*, preservadas.

- **ÁREAS DE APOIO**

O apoio ao departamento de *marketing* é concedido por setores da própria empresa ou terceirizados. O departamento jurídico da empresa é constantemente acionado para a elaboração de contratos com jogadores e emissoras de televisão, tirar dúvidas em relação a leis trabalhistas, impostos, tributações etc. Alguns serviços que podem ser terceirizados estão relacionados à promoção em jogos ou eventos, como: ônibus para torcida, seguranças, alimentação, organização, confecção de bandeiras, brindes, flâmulas, *banners*, faixas etc.

Pessoal administrativo

- ### Gerente de voleibol

É o elo entre a equipe e a empresa. Promove reuniões sistemáticas com o pessoal de *marketing*, nas quais são abordados temas referentes ao time e à relação equipe-patrocínio. É o intermediário das contratações, trata com os jogadores ou com seus procuradores questões relativas a salário, elaboração de contratos e assuntos afins. Quando qualquer membro da equipe tem problemas ou necessidades relacionadas ao patrocinador, é ao gerente que deve recorrer. Em alguns clubes, essa função é desempenhada por um diretor; todavia, o ideal é que seja um cargo remunerado e a pessoa, contratada.

Ele deve ser respeitado no meio voleibolístico, pois transita em todos os níveis de hierarquia e funções do esporte (jogadores, dirigentes, mídia, procuradores); honesto, pois gerencia a verba destinada à equipe; organizado, uma vez que todo o montante deve ser corretamente administrado para não faltar e suprir as necessidades mensais; com bons relacionamentos dentro da empresa e nos órgãos esportivos; criativo, pois procurará sempre novas iniciativas para divulgar o nome da empresa com eventos que envolvam a equipe de vôlei.

- ### Supervisor

É responsável pelo funcionamento do departamento e condução das questões administrativas. É a ele que o técnico se reporta para comunicar problemas que estejam atrapalhando os treinamentos, como falta de material, substituição de bolas, consertos no ginásio etc. É sua incumbência, também, inscrever equipes e atletas nos campeonatos, promover as transferências, enviar comunicados às federações ou outros clubes. Lê e interpreta os regulamentos das competições; deixa os membros da equipe a par das correspondências recebidas, reuniões, eventos e datas importantes; transmite ao técnico informações recebidas da empresa, do clube,

ESTRUTURAÇÃO

da assessoria e da gerência; e supervisiona o almoxarifado, providenciando a renovação do estoque antes que falte qualquer material ou medicamento.

Ele deve estar próximo do grupo para resolver problemas de imediato e vivenciar o ambiente, tomando decisões por ter presenciado e não por ouvir falar; entrar em contato com outros clubes e federações para marcar jogos amistosos; agendar viagens e horários de treinos; acertar com hotéis e companhias aéreas os horários de voo, refeições, lanches, reuniões etc.; e fazer com que os problemas extraquadra não atrapalhem os treinamentos e jogos, deixando que técnico e jogadores se preocupem somente com a parte técnica.

O supervisor divide com o gerente de voleibol questões mais graves de indisciplina. Nesse caso, ele funciona como para-raios, protegendo o técnico de desgastes com os atletas. No primeiro momento, a responsabilidade pela disciplina cabe ao técnico, mas, se questões relativas a pontualidade, material e uniforme tornam-se constantes ou prejudicam a unidade do grupo, o supervisor interfere com advertências, multas, afastamentos ou até a dispensa, em casos mais graves de indisciplina. As punições – a atletas e membros da comissão técnica – devem seguir normas anteriormente estabelecidas e comunicadas ao grupo. Os casos extremos são discutidos em conjunto com a comissão técnica, mas a comunicação da punição parte sempre do supervisor.

Quando o clube tem equipes masculina e feminina ou categorias menores, o ideal é que haja outro supervisor: um para o feminino e outro para o masculino ou um para a equipe principal e outro para as categorias menores. O que atua com os menores assume a função extra de acompanhar o rendimento escolar dos atletas (principalmente daqueles vindos de outras cidades) e a organização e a disciplina dos locais em que eles moram (alojamentos, casas ou apartamentos). No caso de alugar residências para esse fim, o supervisor se encarrega da apresentação de fiadores, do controle do pagamento de contas e da resolução de problemas advindos do grupo residente.

Antes do jogo, ele é responsável pela organização da quadra: confere material, instalações, placas de publicidade, bilheteria, locais reservados para imprensa e tribuna de honra; orienta os boleiros e enxugadores; deixa súmulas prontas para serem utilizadas pela arbitragem; entrega a documentação dos atletas; verifica placar, altura da rede, limpeza da quadra e sistema de som. Durante o jogo, deve estar atento a ocorrências que atrapalhem seu andamento, providenciar algo que seja requisitado por membros da equipe, atender autoridades, imprensa ou espectadores com dúvidas ou querendo explicações, receber o policiamento e providenciar água para a arbitragem e autoridades. Após o jogo, é ele quem paga árbitros, boleiros e enxugadores, recolhe a documentação, verifica se a ordem impera, oferece apoio a qualquer dificuldade encontrada no controle de invasões ou confusões e, com a ajuda de um auxiliar, retira material e placas de publicidade.

Por ser uma função de muita proximidade com técnicos e atletas, é importante que o supervisor permaneça nesta linha divisória e faça comentários relativos à equipe apenas com o técnico, nunca com os jogadores ou assistentes, pois é um cargo de confiança e poder. Apesar de, provavelmente, entender relativamente de voleibol e treinamento desportivo, deve respeitar e apoiar as decisões do técnico. Dentro de um ambiente democrático, não deve se abster de emitir sua opinião, porém, sem pretender determinar a linha de conduta do técnico, que é hierarquicamente superior a ele nas questões técnicas.

É fundamental, também, que ele nunca tome decisões precipitadas, sem o conhecimento do técnico. Antes de marcar compromissos para a equipe, confirmar horários de viagem ou outros procedimentos administrativos, ele deve consultar o técnico e só decidir e comunicar o grupo após receber o acordo do treinador.

- SECRETÁRIO

Cuida da parte burocrática do departamento; trabalha na elaboração de documentos, cartas, inscrições; atende os telefonemas; e deixa organizados os arquivos. Outro secretário pode ser requisitado no caso de várias categorias disputantes, pois o trabalho aumenta.

Pessoal técnico

O técnico deve se basear em dois princípios para a escolha do que podemos agora chamar de Comissão Técnica (CT): capacidade profissional – que levará a equipe ao nível mais alto possível de competitividade – e ética – que conduzirá o trabalho de maneira saudável e confiável. Há poucos lugares para muitos pretendentes no mercado de trabalho do voleibol de alto nível e, diante desse cenário, infelizmente, a luta por um lugar torna-se insalubre. Quando a ética é esquecida, muitas vezes um trabalho honesto e transparente é comprometido por interesses e vaidades pessoais. Não deixe que esse vírus contamine o grupo e, se detectado, elimine-o. Falta de ética resolve-se, metaforicamente, na guilhotina.

Uma CT deve estar afinada em filosofia, disposição para o trabalho e busca de novos conhecimentos. A montagem de um grupo de trabalho deve ser justa (em todos os sentidos). É importante que todos trabalhem o suficiente, sem excessos e com qualidade, de acordo com o limite humano de rendimento. A CT e suas funções assemelham-se às de uma equipe em quadra. Se o levantador precisar receber o saque, o esquema todo não funcionará. Se houver dois levantadores, ocorrerá conflito ou acomodação de ambos. Haverá acúmulo de trabalho e desgastes desnecessários em uma CT com número reduzido de integrantes, ao passo que em um grupo inchado haverá divisão de tarefas além do necessário e uma consequente dispersão.

Postura, pontualidade, apresentação, comunicação, presteza e prontidão, entre outras qualidades, devem fazer parte do comportamento único de todos os integrantes da comissão. O técnico deve deixar claro que não encobrirá falhas ou desvios de comportamento que possam comprometer a integridade do grupo.

Deve haver um ambiente favorável à circulação de opiniões entre os membros da CT, em que todos tenham liberdade para se expressar. Sugestões de mudanças ou correções não podem ser adiadas e devem ser discutidas no momento em que ocorrem, porque muitas situações se alternam em uma sessão de treinamento e, se forem deixadas para depois, poderão ser esquecidas.

O voleibol profissional exige dedicação permanente dos membros da CT. Todos devem estar disponíveis e preparados para resolver quaisquer problemas profissionais em tempo hábil.

Muitas vezes eles estarão distantes dos eventos familiares de fim de semana ou de férias, e essas ausências precisam ser bem compreendidas pelo próprio profissional e por seus parentes.

- Técnico

É o comandante geral da equipe e líder da CT. Deve ter formação universitária, preferencialmente em Educação Física ou Esporte, e especialização em voleibol. Delega responsabilidades claras e autoridade aos membros da CT, dos quais exige participação qualitativa e quantitativa em todos os momentos, principalmente na área em que cada um atua. Havendo categorias menores, será o coordenador técnico delas. Deverá reverter o trabalho de formação de atletas em prol do próprio clube e do futuro do atleta, de modo a fazê-lo chegar pronto à categoria adulta.

O técnico coordena a CT no planejamento da temporada, reunindo-se sistematicamente com o assistente-técnico e preparador físico para ajustes de percurso. É quem toma decisões, mas deve democraticamente consultar os pares nas questões mais importantes sobre treinamentos e formas de dirigi-los, além dos episódios que envolvem indisciplina ou outros problemas. Reúne-se, também, com os técnicos das categorias menores e eventualmente com os atletas para alguns acertos ou avaliações gerais.

Planeja os treinos; avalia as sessões realizadas; analisa os dados estatísticos de jogo e treino para basear a formulação de exercícios e objetivos individuais; estuda os adversários; analisa as filmagens feitas dos próprios atletas e diagnostica problemas biomecânicos,

ESTRUTURAÇÃO

idealizando corretivos; e controla a frequência e o rendimento de cada atleta.

O técnico deve ter liderança; ser confiável e capaz; decidir em prol do grupo, mesmo que isso resulte em desafetos pessoais; ter sensibilidade para se impor para resolver problemas, assim como deixar que outras situações se resolvam sem sua interferência; motivar os jogadores para treinos e jogos, assim como variar as técnicas de motivação; ser modelo positivo para os atletas, dentro e fora da quadra; desenvolver a responsabilidade e a determinação; desenvolver boa relação com os jogadores e membros da CT; e criar bom clima emocional de treinamento.

Ele elabora o plano tático a ser desenvolvido em cada partida e o apresenta e discute com o grupo. A partir das modificações propostas, traça um plano tático geral a ser aplicado e treinado. Promove reuniões antes dos jogos, resumindo os pontos táticos mais importantes, motivando o grupo e canalizando a atenção e a cooperação. Depois do jogo, avalia rapidamente o rendimento da equipe, deixando para o dia seguinte uma análise mais profunda e individual.

O técnico deve atualizar-se constantemente em diversos conteúdos, como treinamento desportivo, neurolinguística, administração, *marketing*, fisiologia, filosofia, teoria da aprendizagem, informática e psicologia, além de acompanhar as evoluções do voleibol mundial.

Ao final de cada temporada, elabora um relatório de avaliação das atividades desenvolvidas e resultados alcançados, o qual será repassado ao gerente de voleibol e posteriormente à empresa.

- ASSISTENTE-TÉCNICO

Deve ser formado em Educação Física ou Esporte, ter especialização em voleibol e conhecimentos consistentes para dividir responsabilidades com o técnico em treinamentos e jogos e discutir com este alternativas técnicas, táticas e pedagógicas.

Ele precisa ter habilidade com a bola; dominar fundamentos; sacar com precisão em séries contínuas; levantar para ataque; atacar bolas em treinos de defesa; e ter noção de ritmo de trabalho, para comandar qualquer tipo de treinamento. Serão de responsabilidade do assistente os treinos individuais de correção ou reforço.

Em uma divisão ideal de funções, o técnico delega os treinos de alguns fundamentos ao assistente e, dependendo da capacidade deste, incumbe-o de organizar taticamente algum aspecto da equipe para os jogos.

Quando a temporada é iniciada com um novo assistente, o ideal é que o técnico dirija todos os treinamentos até ele assimilar os métodos. A partir daí, gradativamente, ele pode assumir algumas funções autônomas.

Nos dias que antecedem um jogo, o assistente faz a análise dos aspectos que lhe foram pré-determinados pelo técnico. No banco, durante a partida, as conversas entre os dois devem ser rápidas, claras e objetivas. Em questão de minutos, cinco ou sete pontos acontecem, e o quadro do jogo modifica-se completamente. O técnico decide, mas as informações do assistente são sempre levadas em conta. Comentários vazios ou negativos do tipo "esse jogador é assim mesmo" ou "se o árbitro não tivesse dado aquela bola fora..." devem ser evitados. A preocupação deve estar voltada para pontos solucionáveis.

De grande valia são os intercomunicadores com fones de ouvido, que eliminam interferências e ruídos. É por meio deles que o estatístico mantém contato direto com o assistente, passando números absolutos para serem analisados por este. Hoje em dia é possível receber quase todas as informações por *notebooks* conectados ao sistema *wireless*, no entanto, o fone sempre é um meio de comunicação rápido para algumas informações que não precisam estar na tela do computador ou que sejam urgentes.

Após o jogo, o assistente deve passar a limpo todas as observações feitas durante a partida e entregá-las ao técnico. Esse material servirá de base para a preparação de outro confronto contra o mesmo adversário e para a utilização nos treinos subsequentes.

ESTRUTURAÇÃO

Os membros da CT precisam sentir-se úteis e importantes nas respectivas funções. Quando isso não acontece, eles tendem à acomodação, limitando-se a cumprir ordens, além de demonstrar descontentamento. Cabe ao técnico dar-lhes autonomia e responsabilidades.

- **Auxiliares técnicos**

Devem saber executar todos os fundamentos para auxiliar nos treinamentos com saques, ataques e levantamentos. Participam dos exercícios no lugar de jogadores impossibilitados, de preferência em ações no fundo de quadra. Em coletivos específicos podem fazer o papel de adversários, representando em quadra as características destes. Ex-atletas, alunos de faculdade de Educação Física e Esportes e técnicos de categorias menores são as pessoas ideais para exercer essas funções.

- **Preparador físico**

É o profissional responsável por sessões específicas (como está detalhado no Capítulo "Meios auxiliares"); aquecimento da equipe em treinamentos e jogos; acompanhamento de atletas que precisam fazer reforços articulares ou exercícios diversos.

Durante o aquecimento de jogo, deve cobrar concentração geral do grupo para a partida e procurar mantê-lo em estado de excelência. Durante o jogo, deve estar atento ao desempenho físico dos jogadores e orientar os reservas, mantendo-os em aquecimento permanente para que estejam em condições ideais se forem convocados a entrar em quadra. Caso o técnico solicite, o preparador pode fazer anotações de ordem técnica ou tática, se tiver conhecimento suficiente. Após o jogo, dirige o alongamento final e o relaxamento.

Durante este trabalho conclusivo, assim como acontece no inicial, não pode permitir a dispersão – autógrafos, interferências da imprensa ou de outras pessoas.

- ## Médico

Nem sempre há um médico somente para o departamento de voleibol no caso de equipes mais modestas. No entanto, equipes profissionais devem dispor de um profissional exclusivo. Devido ao fato de a maioria das contusões no voleibol ocorrer nas estruturas musculoesqueléticas, é normal que um ortopedista assuma a função, porém, esse profissional deve ter conhecimento abrangente. Um médico com especialização em medicina desportiva é de grande valia à equipe.

Ele orienta os atletas, visando à prevenção de contusões e trata dos contundidos. É importante que eventualmente acompanhe os treinamentos e informe os técnicos sobre a melhor maneira de agir com atletas que passaram por cirurgias, que estão em recuperação de contusões ou que possuem problemas crônicos.

Ele dirige as avaliações médicas iniciais, requisita exames que julgar oportunos e indica outros especialistas, se necessário. É importante que tenha livre trânsito em clínicas e hospitais conveniados, para agilizar exames e antecipar resultados.

Antes do jogo, avalia e dá o parecer quanto ao aproveitamento dos jogadores lesionados. Deve assistir à partida, atender a eventuais emergências e acompanhar os contundidos. Após o jogo, efetua as avaliações médicas necessárias e acompanha os jogadores sorteados para o exame antidoping. Em caso de convocações para seleções estaduais ou nacionais, o médico envia relatório médico à federação ou confederação, notificando sobre tratamentos aos quais o atleta está sendo submetido. Ao final da temporada, apresenta esse relatório, que será anexado ao do técnico.

- ## Fisioterapeuta

Deve ser um profissional devidamente habilitado e com experiência no esporte, pois tratar de atletas é bem diferente de lidar com outras pessoas. Ao contrário do médico, deve estar à disposição durante todos os períodos de treinamento, principalmente

ESTRUTURAÇÃO

antes e depois dos treinos, para preparar o atleta para a sessão ou recuperá-lo para a seguinte, assim como nos dias que antecedem jogos importantes, para realizar tratamentos intensivos. A carga de treinamento a que um jogador de voleibol é submetido hoje em dia exige acompanhamento fisioterapêutico constante, tanto na prevenção como na recuperação de contusões.

O trabalho de um fisioterapeuta deve ser executado em sintonia com o do médico – com troca de informações sobre tratamentos e evolução dos quadros –, do preparador físico – recomendando procedimentos que complementem a fisioterapia – e do técnico – discutindo sobre alguns exercícios que podem ser evitados, para não agravar a contusão.

Durante as atividades, é imprescindível que mantenha em ordem o material de primeiros socorros, para uma emergência. Para efeito de controle, convém anotar os tratamentos de contusões crônicas e agudas e a frequência dos atletas às sessões. As ausências devem ser comunicadas imediatamente ao técnico. O atleta precisa ter consciência de que sua integridade física reflete-se no rendimento do grupo. Portanto, deixar de fazer um tratamento é irresponsabilidade profissional e falta de consideração para com a equipe, que precisa dele em totais condições de jogo.

Ele deve ter bom relacionamento com os jogadores, sem no entanto se deixar levar pelo excesso de intimidade. A sala de fisioterapia torna-se um lugar propício à confissão, à fofoca e ao boato. Se o fisioterapeuta der ouvidos e alimentar controvérsias estará agindo contra os interesses do grupo. É importante que ele relate ao técnico informações que julgar pertinentes, como relatos de cansaço generalizado ou situações que podem se tornar mais problemáticas em relação ao relacionamento coletivo.

- Estatístico

Deve ter sólidos conhecimentos de voleibol e informática. É importante que o estatístico e o técnico conversem bastante no início da temporada para que aquele conheça a maneira que este lê o jogo. Cada um tem, esquematicamente, um modo de entender o voleibol e a comunicação entre ambos será mais eficiente se os dados passados pelo estatístico levarem a uma decodificação mais rápida.

Essa conversa inicial determinará o que será abordado, os parâmetros que serão utilizados na análise dos dados e como isso será transmitido durante e após o jogo, o que será impresso e como serão passadas as informações pelo intercomunicador.

Cabe a ele colher e organizar as filmagens de outros jogos, tendo um banco de dados que possa ser acessado a qualquer momento. O programa Datavolley, comentado no capítulo anterior, permite o armazenamento e a padronização das análises, para que o técnico recorra a qualquer vídeo ou estatística disponível.

A análise estatística do treino deve ser também combinada entre ambos, para que os dados colhidos durante a sessão não se percam e se tornem inúteis. As situações a serem analisadas não precisam necessariamente seguir padrões utilizados em jogos. Da mesma forma, o técnico pode dispor do estatístico para filmar situações específicas que visem à correção técnica, instruindo-o sobre ângulos de filmagens (para análise da biomecânica do movimento) ou para observações táticas (posicionamentos conjuntos de defesa, por exemplo).

Ele deve acompanhar todos os jogos ao vivo. A análise de alguns fundamentos pode ser feita após a partida, por meio do vídeo. É conveniente que a análise feita durante o jogo seja revista para que eventuais equívocos sejam corrigidos para a entrega do relatório final. Antes da temporada, o estatístico organiza os dados acumulados de futuros adversários e, ao final, entrega um relatório resumido sobre os jogadores e a campanha do time.

- Psicólogo

Seu papel já foi discutido no título "Preparação psicológica", no Capítulo 6.

Suporte

• Fisiologista

É um especialista, não necessariamente um médico, que acompanha os treinos de forma esporádica, mas mantém contato permanente com o preparador físico. Funciona como consultor na condução do planejamento.

Relatórios individuais periódicos são transmitidos ao fisiologista para avaliação dos resultados, do trabalho executado, da projeção e da prescrição de treinamento a partir dessas análises. Deve ser consultado no início, no final da temporada, sempre que houver dúvidas e no encerramento das etapas de planejamento e períodos importantes da competição.

Atualmente há recursos modernos para verificar se a carga de treinamento é adequada para cada atleta e se as condições fisiológicas deles são capazes de suportar a intensidade que está sendo administrada.

O fisiologista comanda a coleta de material sanguíneo nesses casos e a análise dos resultados, assim como a prescrição do treinamento. Assim, a fisiologia pode contribuir significativamente para o cumprimento de um planejamento adequado e a chegada a um estado de excelência na temporada.

• Nutricionista

É responsável pela elaboração dos testes sobre hábitos alimentares e de cardápios balanceados para cada etapa do planejamento. Acompanha a preparação das refeições em hotéis (mesmo a distância) quando há concentração, detecta equívocos nas escolhas das refeições individuais e, por meio de questionários e exames de sangue, investiga deficiências que possam estar relacionadas à alimentação, receitando suplementos, caso necessário, para certos jogadores ou determinadas etapas da temporada.

- ## Massagista

Além da função específica, que se intensifica em períodos mais exigentes e que antecedem os jogos mais importantes, é responsável por outros procedimentos, principalmente quando se senta no banco de reservas durante as partidas. É comum que o massagista acumule, também, as funções de roupeiro ou almoxarife, quando deve estar disponível sempre antes e depois dos treinos para promover a preparação e posterior recolhimento do material.

Deve estar disponível em todas as atividades da equipe, ser solícito e estar atento às necessidades da comissão técnica e atletas. Antes do treino, faz eventuais imobilizações de dedos, punhos e tornozelos, para o jogador treinar sem riscos ou dores, apronta o material que será utilizado e prepara as bebidas isotônicas e gelo para tratamentos após a sessão.

Nos treinos com temperatura elevada, os jogadores molham a quadra com suor. Com outros membros da comissão que forem solicitados, o massagista enxuga a quadra, para que não haja interrupções prolongadas. Deve atender os atletas sempre que requisitado para massagens, porém, deve criar uma agenda para que não haja espera exagerada ou para que as sessões não precisem ser abreviadas.

Durante o jogo, providencia o material de banco – toalhas, copos, água, bebidas isotônicas, material de primeiros socorros, camisas sobressalentes etc. – e, finda a partida, recolhe-o, tornando-se responsável pelo que for extraviado.

- ## Roupeiro ou almoxarife

É encarregado de todo o material utilizado, deixando bolas calibradas e camisas de jogo e peças do uniforme limpas e passadas. Consertos e reparos nos materiais, roupas e equipamentos são de sua responsabilidade. Na ausência de uma pessoa exclusiva para preparar a estrutura de treino e jogo (rede, postes, antenas etc.), ele assume essas funções.

ESTRUTURAÇÃO

- Convênios e seguros

Os convênios médicos e odontológicos devem cobrir exames laboratoriais, ultrassonografias, tomografias computadorizadas e radiografias, além de consultas, tratamentos, hospitais, prontos-socorros e atendimentos gerais em todo o país e no exterior, no caso de equipes que viajam bastante. Alguns planos de saúde para grupos têm contratos anuais.

Seguros de vida e de trabalho trazem tranquilidade tanto para a empresa como para os atletas, pois cobrem tratamentos de ocorrências a que eles potencialmente estão sujeitos.

- Pessoal de apoio

É formado por profissionais que podem atuar dentro do clube ou ser terceirizados: carpinteiros, ferreiros, pintores, costureiras, lavanderias etc.

MONTAGEM DE EQUIPES

É hora de escolher os principais atores da companhia. A harmonia entre todos os integrantes (comissão técnica e atletas) deve ser a maior virtude do grupo. Muitos técnicos cometem equívocos irreparáveis no momento de escolher as peças. Não basta somente raciocinar em função de posições e nomes. É preciso cuidado e conhecimento de cada elemento que se deseja contratar. As divergências de caráter, objetivos e filosofia de trabalho aumentam a possibilidade de atritos e problemas.

A escolha dos atletas deve ser de responsabilidade do técnico. Este é auxiliado pelo supervisor (nas questões administrativas) e pelo assistente-técnico (em relação à técnica e tática), mas a palavra final é dele. Muitas vezes não é possível, por questões financeiras ou de oscilações do mercado, montar o grupo que se deseja, o que faz com que o plano inicial de montagem seja modificado. Durante este processo, o gerente de voleibol (ou o supervisor) não obtém sucesso com o atleta pretendido, o que o leva a buscar alternativas entre as opções disponíveis no mercado. Como em um jogo de baralho, é preciso armar outra estratégia, diante da necessidade de se desfazer de algumas cartas.

O modelo sugerido a seguir refere-se a uma equipe de ponta, com verba suficiente para contratar atletas de renome. Porém, guardadas as proporções, é possível formar um grupo mais modesto seguindo as diretrizes levantadas, para que se alcance equilíbrio técnico, coesão tática e força coletiva.

A verba disponível para contratações deve ser respeitada, pois o orçamento pode estourar já nesse momento se não houver racionalidade. Há uma flexibilidade para que os acertos aconteçam, porém, o gerente não pode comprometer a temporada com extravagâncias. O ideal é que se abra negociação com os atletas considerados prioritários, concentrando esforços para montar o time titular idealizado. É comum acontecer de se abrir mão de um reserva mais talentoso para se acertar com um titular desejado. Esses remanejamentos devem ser discutidos a todo momento entre gerente, supervisor e técnico, para que este possa reagrupar as cartas em suas mãos. Assim como não deixa de ser normal que um nome de peso seja substituído por dois menos cotados.

A montagem da equipe exige um cuidadoso estudo, em que é preciso analisar questões técnicas e táticas, individuais e coletivas. É um quebra-cabeça em que cada peça se encaixa com as outras. A análise individual precisa levar a uma visão geral do quadro a se formar. Não pode haver peças soltas no tabuleiro por, ao final, não terem ligação com as demais.

Individualmente, convém analisar:
- Caráter e comportamento anterior (as atitudes podem fazer parte da personalidade do indivíduo) – Ele causou algum problema em outros times? De que tipo? Quantas vezes?
- Condição dentro do elenco (alguns não lidam bem com a titularidade absoluta ou com um eventual revezamento) – Será reserva ou titular? Haverá algum jogador disputando posição com ele ou reinará absoluto?

ESTRUTURAÇÃO

- Conceito no âmbito do voleibol (a confiabilidade leva à cooperação entre os membros de um grupo, ao passo que a desconfiança nunca conduz a um rendimento coletivo pleno) – Ele é bem conceituado? É um exemplo de profissional? Goza de confiabilidade entre os pares?
- Histórico médico (um bom jogador tecnicamente pode não suportar a carga de treinamento a ser exigida na temporada ou que o técnico julgar necessária para ele em particular) – Será possível tê-lo durante toda a temporada? Passou recentemente por cirurgia? Suporta cargas altas de treinamento e jogo?

E, coletivamente, convém analisar:
- Quais as prioridades em cada posição? Quais as opções em cada posição que podem compor um grupo em sintonia?
- Os jogadores pretendidos já atuaram juntos? Quais foram os resultados obtidos? Qual a relação reserva-titular que tiveram os atletas que podem ser contratados nessa mesma situação?
- Quantos passadores há no grupo?
- O líbero idealizado deseja atuar nessa função ou já foi testado em situações de pressão?
- Em caso de contusões ou convocações para seleções, quem serão os substitutos? Os resultados sem esses jogadores mais importantes precisam ser mantidos, conforme a exigência do patrocinador, ou podem ser relevados?
- Qual será a média de altura do grupo? Alguns jogadores mais baixos devem ser contratados?
- O patrocinador exige um "carro-chefe"? Qual será a estratégia de montagem? Quantos serão os jogadores de nível internacional, de nível médio e que completem o grupo?
- Há um grupo juvenil que será aproveitado, pela própria filosofia do clube (formação de jogadores e aproveitamento das categorias menores)?
- Os reservas serão jogadores que podem mudar a forma de jogo ou terão o mesmo estilo dos titulares? Os levantadores terão características diferentes ou iguais entre si?

No momento de selecionar os atletas, virtudes psicológicas e morais precisam ser consideradas. O jogador deve ter:
- motivação;
- determinação;
- responsabilidade;
- ambição;
- disciplina;
- tolerância ao esforço e às frustrações;
- tenacidade;
- vontade;
- combatividade;
- concentração;
- equilíbrio emocional;
- sentido de coletividade;
- inteligência emocional;
- inteligência espacial;
- inteligência social.

Além dos aspectos já levantados, a composição da equipe deve considerar o equilíbrio da relação titular *versus* reserva. O técnico tem uma equipe titular em mente, no entanto, não é garantido (aliás, pouco provável) que os sete titulares se mantenham como tal durante toda a temporada e do início ao fim dos jogos. Um grupo que tenha reservas em condições de assumir a titularidade em alguns períodos ou partidas pode garantir o sucesso da temporada. Do mesmo modo, é necessário que alguns talentos mais jovens precisem de qualidade de treino e modelos técnicos e profissionais para evoluir na carreira.

A montagem sugerida a seguir pode variar, dependendo da filosofia de jogo do técnico e da possibilidade do clube. Alguns preferem ter doze jogadores de mesmo nível técnico e em condições de serem titulares, enquanto outros se prendem a sete atletas permanentes, optando por outros que apenas complementem o grupo de treinamento.

Pode acontecer, também, de um time ser composto de 50% de juvenis, seguindo a filosofia do clube de dar oportunidade a atletas formados nas categorias de base. A sugestão é ter quinze atletas, para que se possa dar volume aos treinos de início de temporada, dividindo o estímulo entre mais jogadores; dar homogeneidade a um número maior de atletas; contar com eles em condições ideais, caso seja necessário substituir alguns por contusão:
- seis jogadores teoricamente titulares (além do líbero);
- três reservas imediatos, de nível similar ou próximo dos titulares;
- três reservas ocasionais (com funções específicas para cada fundamento, por exemplo, um bom bloqueador, um sacador eficiente e outro defensor); e
- três para composição (juvenis talentosos, de preferência).

Destes atletas, de acordo com a função, o ideal é ter:
- três levantadores
    » um titular (bem determinado);
    » um reserva (com características diferentes, podendo entrar em situações especiais para mudar a velocidade e o estilo de jogo); e
    » um juvenil (terceiro levantador).
- três atacantes de ponta
    » dois titulares (um com características mais ofensivas e outro com mais habilidade na recepção);
    » um reserva (em condições de ser titular ou para entrar em situações especiais, quando os outros não estiverem apresentando bom rendimento).
- três atacantes de meio
    » dois titulares (de preferência com habilidade tanto no bloqueio como no ataque); e
    » um reserva (em condições de brigar para ser titular ou com habilidade mais acentuada que os titulares ou de bloqueio ou ataque veloz).

- dois atacantes opostos
    » um titular (de garantido poder de decisão); e
    » um reserva em condições de entrar em qualquer situação, pois essa função provoca um desgaste muito grande pelo fato de o jogador ser acionado constantemente).
- dois líberos
    » um titular (bem definido); e
    » um reserva (mais jovem e somente para eventual contusão do titular).

Adotar faixas salariais dentro das quais os valores são negociados é altamente benéfico para evitar mal-entendidos e criar confiabilidade. Na hora da contratação, todos devem saber que há critérios que serão respeitados e que valem para todos, logicamente sem expor detalhes particulares. O responsável pelo acerto deve, a qualquer custo, obedecer essas faixas e sustentá-las. Quando falta sinceridade e os critérios são desobedecidos, os efeitos sobre a unidade do grupo não demoram a aparecer. Muitas vezes, pessoas que tratam dos contratos colocam tudo a perder ao fazer acertos sigilosos com alguns jogadores. Na intenção de garanti-los, fogem do que foi firmado com outros atletas.

A confiança na palavra do gerente ou supervisor é fundamental neste momento, pois, mais cedo ou mais tarde, esses desvios vazam e refletem na produção da equipe e no relacionamento do grupo, que entende uma atitude dessas como traição, o que provoca falta de confiança no clube ou na empresa, perda de credibilidade do responsável e crença de que há privilégios no elenco. Começa, então, uma sucessão de problemas que podem tornar-se irreparáveis.

O ideal é que as faixas salariais obedeçam a seguinte regra (podendo ser adaptada a equipes mais modestas, de modo a criar diferenciações baseadas em rendimento técnico, histórico de títulos e potencial):

- Titulares
    » Negociação livre – Atletas de seleção (nível internacional).
    » Faixa 1 – Atletas que já fizeram parte de seleção e têm prestígio (nível nacional).
    » Faixa 2 – Atletas com potencial (jovens) ou que estão abaixo dos classificados nas primeiras faixas.
- Reservas
    » Faixa 3 – Atletas adultos.
    » Faixa 4 – Atletas juvenis ou menos gabaritados.
    » Faixa 5 – Composição dos 15.

Assim que o grupo estiver fechado, convoca-se uma reunião para que todos sejam apresentados e para abordar os pontos principais da temporada a ser iniciada. A comissão técnica deve expor a filosofia de trabalho, as regras gerais de condução, os objetivos gerais e específicos e a expectativa em relação a *performance* e comportamento do grupo.

A empresa patrocinadora deve, também, se posicionar, esclarecendo os objetivos gerais do patrocínio, os objetivos paralelos de *marketing* e a postura que espera dos membros da equipe em relação a isso.

Nenhum integrante deve deixar de participar dessa reunião, mesmo que a apresentação precise ser adiada, pois é um momento coletivo importante de tomada de consciência para todo o decorrer da temporada.

REFERÊNCIAS E SUGESTÕES BIBLIOGRÁFICAS

ANUÁRIO DE VOLEIBOL 95/96. Casa Editora Ltda.

ARAGON, P. & RODADO, P. *Voleibol*. Madri, Augusto E. P. Telena, 1985.

BAACKE, H. *Curso para entrenadores de voleibol*. Buenos Aires, Amibef, 1973.

_____. "La eficácia creciente del ataque". *Revista Stadium*, n. 51, pp. 14-7, 1975.

BAACKE, H. et al. *Manual do treinador*. Brasília, Ministério da Educação e da Cultura, 1981.

BAIKOUCHEV, I. El colocador. *Revista Stadium*, n. 16, pp. 22-4, 1978.

BARROS JR., A. B. *Voleibol*. Rio de Janeiro, Tecnoprint, 1979.

BAYER, C. *La enseñanza de los juegos deportivos colectivos*. Barcelona, Hispano Europea, 1986.

BELYAEV, A. "Attacking combinations (volleyball)". *Soviet Sports Review*, n. 16, pp. 109-13, 1981.

BOJIKIAN, J. C. M. e BOJIKIAN, L. P. *Ensinando voleibol*. São Paulo, Phorte, 2012.

BORSARI, J. R. *Manual de educação física – voleibol*. São Paulo, EPU, 1975.

_____. *Voleibol – aprendizagem e treinamento, um desafio constante*. São Paulo, EPU, 1989.

BORSARI, J. R. & SILVA, J. B. *Voleibol*. São Paulo, São Paulo Editora, 1972.

BRASIL. Ministério da Educação. *Curso de educação física por correspondência – voleibol*. Brasília, MEC, 1966.

BUTCHEL, J. Variante de ataques comunicativos. *Revista Stadium*, n. 61, pp. 19-23, 1977.

CARVALHO, J. Treinamento em voleibol. Curso ministrado em Ubatuba, julho/1984.

CARVALHO, O. M. *Voleibol moderno*. Brasília, MEC/SEED, 1980.

CBV. *Regras oficiais de voleibol*. Rio de Janeiro, Palestra, 1997.

CHAURRA, J. T. et al. *Escuelas de formacion deportiva com enfoque integral y entrenamiento deportivo infantil*. Armênia, Editorial Kinesis, 1998.

CORDEIRO, C. *Apostila do curso nacional de treinadores*. São Paulo, FPV, 1985.

DAIUTO, M. B. *Voleibol*. São Paulo, Brasil Editorial, 1971.

DIETRICH, K. et al. *Os grandes jogos – metodologia e prática*. Rio de Janeiro, Ao Livro Técnico, 1984.

DURRWACHTER, G. *Voleibol: treinar jogando*. Rio de Janeiro, Ao Livro Técnico, 1984.

EGSTROM, G. H. & SCHAAFSMA, F. *Voleibol*. Dubuque, W. C. Brown, 1966.

EMERY, E. R. *Modern volleyball*. Nova Iorque, McMillan, 1953.

ERAS, L. C. *Balonvolea actual*. Madri, Raycar, 1965.

EEFE. *Voleibol*. Rio de Janeiro, Biblioteca do Exército, 1962.

FERRARESE, J. F. *El voleibol*. Barcelona, De Vecchi, 1976.

FIEDLER, M. *Voleibol moderno*. Buenos Aires, Stadium, 1976.

FIVB. "Alterações das regras oficiais". *Boletim oficial*, 1998.

REFERÊNCIAS E SUGESTÕES BIBLIOGRÁFICAS

FRASCINO, J. *Voleibol, o jogador, a equipe*. São Paulo, Brasipol, 1984.

_____. *Edição comemorativa do cinquentenário da Federação Paulista de Volleyball*. Promoplan Editora, 1993.

FROHNER, B. *Escola de voleibol*. Rio de Janeiro, Ediouro, 1983.

FROMEL, K. Como mejorar el ataque en voleibol. *Revista Stadium*, n. 60, pp. 42-4, 1976.

GALLAHUE, D. L. *Understanding motor development: infants, children, adolescents*. 2.ed. Indianápolis, Brown & Benchmark Publishers, 1989.

GRATEREAU, R. *Initiation aux sports collectifs*. Paris, Bourrelier, 1957.

GUILHERME, A. *Voleibol à beira da quadra*. São Paulo, Brasipol, s. d.

GZONDZEL, G. & POZNANSKI, R. "El colocador en el voleibol actual". *Revista Stadium*, n. 62, pp. 3-6, 1977.

HEGEDUS, J. *La ciencia del entrenamiento deportivo*. Buenos Aires, Stadium, 1988.

IVBV-CBV. *Manual do treinador*. Rio de Janeiro, Palestra, 1984.

KAPLAN, O. *Voleibol actual*. Buenos Aires, Stadium, 1974.

MAGILL, R. A. & ANDERSON, D. I. "Critical periods as optimal readiness for learning sport kills". In: SMOLL, F. L. & SMITH, R. E. (orgs.). *Children and Youth in sport – a biopsychosocial perspective*. Indianápolis, Brown & Benchmark Publishers, 1996.

MAIA, S. Campeonato Mundial de 1986. *Revista Saque*, n. 12, pp. 25-9, 1986.

MATVÉIEV, L. P. *Fundamentos do treino desportivo*. Lisboa, Livros Horizonte, 1976.

MIHAILESCU, S. *Voleibol*. Madri, Federación Spaniola de Voleibol, 1973.

ODENEAL, W. T. et al. *Volleyball moderno*. São Paulo, Deifel/Fórum, 1975.

PATKIN, A. The director of attack. *Soviet Sports Review*, n. 16, pp. 168-71, 1981.

ROSE JR., D. et al. *Modalidades esportivas coletivas*. Rio de Janeiro, Guanabara Koogan, 2006.

SAMULSKI, D. *Psicologia do esporte*. Disciplina ministrada no curso de pós-graduação em Educação Física, USP, outubro/1989.

SAMULSKI, D. et al. *Treinamento esportivo*. Barueri: Manole, 2013.

SANDEFUR, R. *Volleyball*. Califórnia, Goodyear Publishing, 1970.

SCATES, A. E. *Volleyball*. Boston, Allyn and Bacon, 1976.

SCHAAFSMA, F. & HECK, A. *Volleyball for coaches and teachers*. Dubuque, W. C. Brown, 1975.

SEEFELDT, V. The concept of readiness aplied to the acquisition of motor skills. In: SMOLL, F. L. & SMITH, R. E. (orgs.). *Children and Youth in sport – a biopsychosocial perspective*. Indianápolis, Brown & Benchmark Publishers, 1996.

SILAKHOVA, R. The pass of Kadzuko Ogava. *Soviet Sports Review*, n. 16, pp. 36-7, 1981.

SLAYMAKER, T. & BROWN, V. H. *Power volleyball*. Filadélfia, W. B. Saunders, 1970.

SOTIR, N. *Volley-ball, initiation et entreinement*. Paris, Amphora, 1968.

STOYANOV, D. & ANDUX, C. Tendencia de la tactica en el ataque. *Revista Stadium*, n. 52, pp. 36-8, 1975.

TEIXEIRA, H. V. *Aprenda a jogar voleibol*. São Paulo, Ícone, 1992.

TEODORESCU, L. *Problemas de teoria e metodologia nos jogos desportivos*. Lisboa, Livros Horizonte, 1984.

THE ATHLETIC INSTITUTE. *Voleibol, tecnica y entrenamiento*. Madri, Augusto E. P. Telena, 1982.

VARGAS, R. *La táctica del voleibol en competición*. Madri, s. e., 1976.

VOLPI, O. *Volleyball*. Montevidéu, Mundo Nuevo, s. d.

WELCH, J. E. *Volleyball*. Nova Iorque, Association Press, 1962.

ÍNDICE REMISSIVO

3 × 3 (ou sistema de duplas) 62
4 × 2 62
4 × 2 (ou 4 × 2 simples) 62
5 × 1 63
6 × 2 (ou 4 × 2 ofensivo) 62
6 × 6 (ou 6 × 0) 62

A

"Abafa" 182
Adaptabilidade 102
Advertência 86
Agressividade 270
Alemanha Oriental 24
Almoxarife 334
Análise técnica e tática 299
Aprendizado 99
Aquecimento 308
Argentina 33
Ary Graça Filho 6
Assessoria de imprensa 321
Assistente-técnico 301, 327
Atacantes 85
Ataque de segunda 58, 183

Automatização 115
Auxiliares técnicos 329

B

Between 69, 227
Bloqueio 52, 84, 151, 251
  defensivo 53
  ofensivo 53
Bola 78
Brasil 7
  chegada do voleibol 7

C

Cadeias musculares 267
Carlos Arthur Nuzman 9
Checoslováquia 26
China 30
Circuito Mundial 7
Comissão técnica 74, 318
Comitê Olímpico Internacional 5
Composição das equipes 79
Comunidades menos abastadas 103

Concentração 270
Confederação Brasileira de Desportos 8
Confederação Brasileira de Voleibol 7
Confederação Sul-Americana de Voleibol 3
Contagem de pontos 80
Contato com a bola 83
Contratação de pessoal 315
Convênios e seguros 335
Corrida normal 123
Cortada 50, 144
Criação e evolução 2
Criatividade 102
Cuba 24

D

Deep runner 267
Defensores 85
Defesa 54, 165
  com as mãos espalmadas acima da cabeça 181
  com os pés 182
  com uma das mãos (embaixo ou no alto) 181
  com um dos braços 181
Departamento de voleibol 317
Descontrole emocional 274
Desmico 69, 226
Desqualificação 86
Diagonais de Kabbat 267
Direção de equipes 303
Diretor de marketing 319

E

Elementos técnicos 44
Elwood S. Brown 4
"Empurrada" 57, 180
Ensino 108
Equipamentos 78
Equipe de arbitragem 78
Estados Unidos 34
Estatística 300
Estatístico 331
Estresse 270
Estruturação 315

Exercícios educativos e formativos 115
"Explorada" 57, 179
Expulsão 86

F

Facilitação neuromuscular proprioceptiva 267
Faust-Ball 2
Filipinas 4
Fintas 224
Fisiologista 333
Fisioterapeuta 330
Fixação 115
Fintas 68
Formação
  em quadrado 74
  em semicírculo 73
Formações defensivas 71, 244
  posições de defesa e áreas de responsabilidade 255
  treinamento 254
Formações ofensivas 65, 217
Fundamentos 100

G

Gaiola 205
Galope 123
Geração de Prata 11
Gerente
  de marketing 319
  de voleibol 322
Grand Prix 6

H

Habilidades 99, 106
História 1
Holanda 39

I

Idade ideal 104
Improvisação 102
Início do jogo 82
Interrupções 83
Invasões 84
Itália 37

ÍNDICE REMISSIVO

J

Japão 4, 28

L

Largada 57, 179, 183
  de segunda 58
Lawrence Rinder 2
Levantador 234
  treinamento 234
Levantamentos 218
  com uma das mãos 183
Líbero 85, 256
Liderança 271
Liga Mundial 6

M

Manchete 48, 135
  alta 49, 138
  com um dos braços 49, 140
  de costas 49, 140
  invertida 49, 139
  seguida de rolamento 140
Manifestações psicossomáticas 274
Marcações dos árbitros 87
Marketing 319
Massagista 334
Médico 330
Meia-força 57, 180
Meios auxiliares 261
Mergulho 56, 174
  frontal ("peixinho") 175
  lateral 177
Método
  Dinâmico-Paralelo 108
  Progressivo-Associativo 108
Metodologia 202
Minivôlei 193
Montagem de equipes 335
Movimentações específicas 121

N

North, Central America and
  Caribbean Volleyball
  Confederation 3
Nutricionista 333

O

Objetivo 1

P

Passada
  cruzada 123
  lateral 123
  mista 124
Penalidade 86
Periodização 283
Peru 32
Pessoal
  administrativo 322
  de apoio 335
  técnico 325
Pilates 267
Planejamento 280
Polônia 23
Posicionamento de espera 72
Posições básicas 117
  alta 121
  baixa 119
  média 120
Posições de expectativa 117
Posições em quadra 81
Preparação
  física 261
  psicológica 268
Preparador físico 329
Processo metodológico 108
Processo pedagógico 113, 193
  estruturação 113
Proteção de ataque 70
Psicologia 268
Psicólogo 332
  desportivo 269
Punições 86
"Puxada" 185

Q

Quadra 77
Quedas 55

R

Recepção 59

349

sistemas 59
Recuperação de bolas que voltam da rede 182
Recurso 178
de ataque 57, 179
de bloqueio 184
de defesa 181
de saque 184
do levantador 58
Reeducação postural global (RPG) 266
Regras 76
evolução 90
Relatórios de treinamento 300
Reservas 272
Responsabilidade social 271
Rolamento 56, 170
Romênia 27
Roupeiro 334
Rubén Acosta 6

S

"Saltito" 124
Saque 44, 239, 241
análise técnica do passador 241
balanceado 46
chapado 47, 164
flutuante 160
por baixo 142
posições 240
regiões da quadra 240
tática coletiva 242
técnica 239
tipo tênis 46, 158
treinamento 244
uso tático 70, 239
viagem 47, 163
Secretário 324
Sequência dos elementos do jogo 45
Sérvia e Montenegro 40
Simulação de ataque 58, 184
Sinais oficiais 90

Sistemas de jogo 61, 207
4 × 2 210
5 × 1 214
6 × 2 212
6 × 6 209
Sistemas de recepção 194
com cinco jogadores 197
com dois jogadores 199
com quatro jogadores 197
com três jogadores 198
Supervisor 322

T

Tapinha 182
Tática 58, 187
coletiva 189
individual 187
metodologia 192
Técnica 117
Técnico 326
Toque 49
Toque por cima 128
com uma das mãos 133
em suspensão 132
lateral 133
para a frente 130
para trás (ou de costas) 131
seguido de rolamento 134
Trampolim acrobático 267
Treinamento e aplicação 202
Treinamentos 304

U

União Soviética (URSS) 19

V

"Viagem ao Fundo do Mar" 11
Vôlei de praia 6, 16

W

William George Morgan 2, 90